강의하지 말고 참여시켜라

강의하지 말고 참여시켜라

| 권순현 지음 |

테크빌교육

아! 이런 수업방법이 있다니!

교직 생활 25년을 되돌아보면 많은 갈등과 어려움이 많았는데 그중 가장 크게 비중을 차지하는 것은 교사가 매일 수행해야하는 수업이었다. 정말, 교사는 수업에 의해서 행복해지기도 하고 불행해지기도 한다. 교사는 수업을 통하여 아이들의 행복을 먹는 존재이다. 학생들이 수업에 흥미를 잃고 조금씩 외면할 때 교사는 힘들고 슬퍼지며 비참해지기까지 한다.

필자도 처음 교직에 임할 때 초롱초롱한 학생들의 눈빛이 수업에 집중하고 만족해하는 모습을 보면서 얼마나 좋아했는지 모른다. 그런데 시간이 지나면 지날수록 수업에 자신감이 생기는 것이 아니고 수업이 갈수록 어렵게 느껴진다. 종종 힘들고 지쳐서 남모르게 속앓이를 할 때가 한두 번이 아니었다. 한때는 아이들이 수업 중에 잠자거나 소란스럽고 집중을 못하는 상황에서 너무 힘들고 지쳐서 자괴감마저 들고 괴로울 때가 많았다.

계속 이렇게 교단에 선다는 것이 괴롭고 부담이 되어서 다른 직업을 준비하기까지 하였다. 어떤 때는 환경을 탓하기도 했다. '그래 원래 학생들은 수학을 싫어하고 어려워하잖아. 더군다나 예능계 학생들은 수학을 혐오할 정도로 싫어하고 수능시험에도 선택이니까 당연한 거야. 어쩔 수 없는 환경이야'라면서 마음을 달래곤 했다. 그러면서 나의 수업방식이 정말 좋은 것인지 진단 한번 해보지 않고 옛날 해오던 방식을 가지고 혼자 만족해왔다. 학교 공개수업이나 방송수업, 학원수업 등 여러 가지 수업을 참관했지만 다 비슷했고 내 수업방식도 비슷하다고 생각했기 때문이다. 그 모두가 사실은 자기합리화였다.

하지만 항상 수업에 부족함을 느끼고 더 좋은 수업을 해야겠다는 생각이 잠재해있었고 그런 가운데 참여수업을 알게 되었다. 창의적 교수법, 협동학습, 협력학습, 배움의 공동체, 강풍법('강의를 풍요롭게 하는 방법'이란 뜻으로 이하 '강풍법'이라고 칭함), 액션러닝, 프로젝트 학습, 퀀텀교수법, 코칭교수법 등은 모두 학생들을 적극 참여하게 만드는 교수법으로, 필자에게 사막에서 오아시스의 샘물을 만난 것처럼 큰 감동의 샘물처럼 다가왔다.

수업을 새로 디자인하다

드디어 참여수업을 적용하기 위해 수업을 새로 디자인하기 시작했다. 조를 편성하고 생동감이 있는 수업을 위해 퀴즈 문제, TOP10을 활용하여 팀의 활성화하기 등을 적용하기 시작했는데 반응도 좋고 아이들이 재미있어 하며 적극 참여하는 것을 보면서 진한 감동을 느꼈다.

'아! 이렇게 하면 되는구나.'

생동감이 있는 Opening(수업시작), 활발한 수업 마무리Closing, 재미있는 복습Review, 질문으로 수업 시작하기 등을 하나씩 적용하기 시작하면서 교실이 조금씩 살아나기 시작했다. 몇 년 후에는 시각적학습법, 청각적 학습, 스토리텔링, 체각적 학습, 운동감각적 학습 등을 내 수업에 조금씩 활용하면서 내 수업은 점점 풍성해졌다. 학습 방법 중에서 '서로 가르치기'가 24시간 이후 기억율이 90%로 학습효율성이 제일 높다. 그런데 내가 맡은 수학은 서로 가르치기를 할 수 있는 좋은 과목 중에 하나이다. 수업에서 짝을 멘토와 멘티로 구성하고 서로 가르치고 배우게 하며 조편성에서 4명을 수준별로 편성하여 서로 가르치기를 수업에 도입하여 좋은 결과를 이끌어 냈다. 그리고, 이렇게 학교 현장에서 학생 중심과 활동 중심의 수업을 하면서 외부에 알려지게 되어 참여수업에 대한 내용으로 교사 대상 연수 특강을 1년에 수십 차례 하게 되었다.

교사의 생명은 수업이다

수업에서 학생들이 재미있어하고 행복해하면 얼마나 행복한지 필자는 경험해봤다. 살아있고 감동이 있는 수업을 하면 교사는 학생을 만나고 싶어 하고 학생은 교사를 좋아하며 존경하게 된다. 그 과정에서 필자는 '교사의 생명은 수업이다'라는 결론을 얻었다. 교사가 다른 것들을 아무리 잘하고 만족한다고 해도 수업에서 실패하면 불행하다고 생각한다.

그렇다. 교사의 생명은 수업이다.

일본에서 '배움의 공동체'를 도입하여 학교를 혁신한 도쿄 대학교 교육학연구과 교수로 재직하고 있는 사토 마나부는 "수업이 바뀌면 학교가 바뀐다"라고 주장했다.

수업이 변하면 인성도 변한다.

학교의 중심은 수업이어야 한다.

수업의 중심은 학생이어야 한다.

주입식, 강의식인 교사 중심의 수업이 아니고 학생이 중심이 되는 참여식 수업이어야 한다.

또한 수업에서 학생 관계(소통)를 풍성하게 할 수 있는 경청, 질문, 칭찬, 격려 등이 녹여져야 한다.

수업에서 이 두 가지, '참여수업과 학생 관계 중심의 교육'이 녹아질 때 행복한 학교를 만들 수 있다.

새로운 비전과 꿈을 향하여

이제 참여수업을 내 수업에 적용한 횟수가 10년이 되면서 점점 확신을 갖게 되어 만족감이 높아지는 것 같다. 한해가 거듭할수록 조금씩 업그레이드되는 것을 발견할 수 있다. 하지만 수업이라는 것이 어찌 쉽고 만만하겠는가? 준비하고 또 준비하고 기대를 갖고 교실에 들어가지만 수업을 진행하면서 많은 암초들을 만나게 된다. 아이들은 변한다. 정보화시대, IT세대가 아닌가? 아이들은 어릴 때부터 멀티미디어의 이미지와 영상의 현란함 속에서 자라왔다. 이런 아이들을 가르치는 우리 교사들은 끊임없이 연구하고 변하지 않으면 수업에서 실패를 할 수 밖에 없다. 필자는 지금도 현실에 만족하지 않고 계속 업그레이드를 할 것이고 좋은 수업, 좋은 교육이 있으면 어디라도 갈 준비가 되어있다.

몇 달 전에 읽은 후쿠타 세이지의 《핀란드 교실혁명》은 많은 충격으로 다가왔다. 교육의 혁명은 작은 교실에서부터 시작해야한다는 것, 그 교실에서 '교사는 단 한사람도 포기하지 않는다'라는 신념을 통해 협동학습을 도입한 것이 핀란드의 교실 혁명이다. 그래서 필자의 교육 모토도 '단 한명도 포기하지 않는다'라는 마음으로 다시 다짐하며 시작해 본다.

필자가 첫 번째로 출간한 책인 《살아 숨쉬는 감동의 교수법》을 새롭게 전폭적으로 개편하게 되어 감회가 새롭다. 이 책은 필자의 진정한 마음이 담겨있어서 가장 아끼는 소중한 책이다. 많은 분들이 이 책을 통하여 수업을 하는 교사로서 자신감뿐만 아니라 행복을 경험했으면 한다.

• 차례 •

PART 1

재미가
있어야
잘 배운다

- 흥미가 없는 수업의 효과
- 한국 학생들은 배움에 흥미가 없다
- 인재가 되는 기초는 배움에 대한 흥미이다
- 인재 양성의 핵심인 독서도 흥미가 우선이다
- 재미있는 교수 · 학습 방법은 무엇일까?

흥미가 없는 수업의 효과

　필자는 교수법에 대한 강의를 할 때면, 우선 연수 참가자들에게 다음 표를 보여준다.

	수업(학습)에 대한 재미(흥미)	수업(학습)에 대한 내용 이해
A	○	○
B	○	×
C	×	○
D	×	×

　A 상황 : 수업(학습)에 대한 재미(흥미)도 있고 수업(학습)에 대한 내용을
　　　　　이해한 경우
　B 상황 : 수업(학습)에 대한 재미(흥미)는 있지만 수업(학습)에 대한 내용
　　　　　을 이해 못한 경우
　C 상황 : 수업(학습)에 대한 재미(흥미)는 없고 수업(학습)에 대한 내용을

이해한 경우

D 상황 : 수업(학습)에 대한 재미(흥미)도 없고 수업(학습)에 대한 내용을
　　　　이해 못한 경우

그리고 가장 바람직한 수업의 순서를 다음에서 택하라고 말한다.

① A ⇒ B ⇒ C ⇒ D

② A ⇒ C ⇒ B ⇒ D

③ A ⇒ B ⇒ D ⇒ C

　대부분 연수 참가자들의 분포는 ②가 70%, ①이 30% 정도이고 ③은 가끔 1~2명이 선택한다.

　그러면 다시 C의 상황인 '수업(학습)에 대한 재미(흥미)는 없으면서 수업(학습)에 대한 내용을 이해한 경우'즉, 수업(학습)에 대한 재미(흥미)는 없는 상태에서 억지로 이해시킬 경우 학생들, 교사들, 학습의 효과면에서 어떤 영향이 미치는지 팀별로 적어 보게하고 발표를 하면서 정보를 공유한다. 그러면 다양한 정보들이 나오는데 내용은 다음과 같다.

강의하지 말고 참여시켜라

재미(흥미)없는 수업으로 이해시켰을 때 학생, 교사, 학습에 미치는 영향

학생들에게 미치는 영향	교사들에게 미치는 영향	학습의 효과
과목을 싫어한다.	기운이 빠진다. 목이 아프다.	금방 배운 내용을 잊어버
교사를 싫어한다.	화가 난다. 좌절한다.	린다.
학교도 싫어한다.	그 반이 싫어진다.	억지로 앉아있는 학생으
수업중 잠을 잔다.	아이들이 밉다. 우울해진다.	로 공부도 저하됨.
다른 친구를 괴롭히며 딴짓한다.	가슴이 답답하다. 짜증이 난다.	주변 친구도 공부 못하게
과목에 대해 거부를 갖게 된다.	직업에 회의가 느껴진다.	해 성적이 저하된다.
소극적인 수업 참여를 한다.	그만두고 싶다.	학생들의 이해력 저하.
다른 과목을 한다.	기계적으로 수업하게 된다.	진도율 저조.
성적이 떨어진다.	수업에 흥미가 없다.	학습동기 부여 저조.
수업을 방해한다.	자신의 능력에 대해 고민한다.	학습준비물 부족.
학교 부적응한다.	동료 교사와의 관계 악화.	남는 게 없다.
등교거부를 한다.	폭력적으로 변화.	공부 자체가 싫어진다.
월요병. 개학병.	자기계발을 하지 않는다.	교과서 자체를 거부한다.
일탈행동. 비행 증가.	존재 이유 상실. 두려워짐.	성적 향상 안됨.
사회문제화. 범죄 증가.	함께 지루해진다.	공부에 대한 반감.
짜증을 낸다.	열의가 떨어진다.	목표의식 상실.
공부자체 흥미를 잃는다.	교수법을 모색해 본다.	진도가 안 나간다.
실패감. 무능력감.	다른 일자리를 찾게 된다.	이해도 낮아진다.
스트레스 발생.	후배들에게 교사직을 권하지 않는다.	역효과가 난다.
반항심. 무관심.	집에 가서도 짜증낸다.	과목에 대한 관심을 상실
지루해 한다.	질투심이 생긴다.	한다.
양호실에 자주 간다.	빨리 늙는다. 명퇴하고 싶다.	교사를 신뢰하지 않는다.
휴대폰 쓴다.	방학만 기다린다.	들으나 안 들으나 마찬가
지우개 자른다.	반복된 말을 한다. 자신감 상실.	지이다.
짝을 괴롭힌다.	교사로서의 사명감이 사라진다.	
비행기접어 날린다.	무능력감을 느낀다.	
만화 그린다.	수업이 하기 싫어진다.	
시계만 본다.	학생 통솔이 어려워진다.	
존경심이 없다.	월요병. 개학병.	
	학생들에게 적대시하거나 화낸다.	
	스트레스 증가로 인한 병가.	

필자도 교사로서 공감이 가는 내용이 많이 있다. 독자들은 몇 개나 해당이 되는지 체크를 해보자. 이처럼 수업에서 만족을 못하면, 행복을 누리지 못하면 교사로서 의미가 없는 어려운 상황에 처하게 된다.

한국 학생들은 배움에 흥미가 없다

재미와 흥미가 없는 상태에서 이해를 시키려면 학생과 교사, 부모 모두에게 엄청난 스트레스를 야기시킨다. 서로 깊은 상처를 받는다. 흥미 없는 학생들을 억지로 수업하는 것이 얼마나 힘든가? 교사와 부모는 학생을 억지로 이해시키기 위해서 통제하고 야단을 치며 심지어는 폭력(?)을 행사한다. 이런 상황에서 학생들은 억지로 참으면서 공부를 하거나 반항을 한다. 그러면 학습에 대한 흥미는 더 떨어지는 악순환이 계속되는 것이다. 그러나 부모나 학교는 학생이 공부를 못하는 원인을 개인의 노력 부족으로 탓한다. 역경을 딛고 이겨낸 소수의 영웅들의 모습만 보라고 한다. 노력하면 누구나 성공할 수 있다는 이야기를 앵무새처럼 반복할 뿐이다. 대학 입시시험 볼 때까지만 인내하면서 열심히 공부하라고 하기만 한다.

그런데, 성인에게 재미없는 교육을 받으라고 하면 어떤 반응이 일어날까? 성인들을 2그룹으로 나누어 실험을 해보았다. 똑같은 내용으로 A그룹의 성인들은 4시간 동안 재미없는 방법(강의식)으로 교육을 했고 B그룹은 모둠을 짜서 토론, 발표, 협력학습, 서로 가르치기 등으로 4시간의 교육을 받았다. A그룹의 반응은 4시간이 40시간처럼 느껴졌다고 하고 교육시간 내내 지루해했다. 다음에는 이런 교육을 받을 생각이 없다고 한다. B그룹의 반응은 4시간이 언제 빨리 지나갔는지 모를 정도로 재미있게 교육을 받았다고 한다. 조원끼리 토론하고 쓰기도 하고 발표도 하면서 교육을 받다 보니 벌써 교육이 끝났다는 것이다.

성인들은 학생들에게 자신도 재미없어 하는 것을 억지로 떠밀고 있지 않는가? 성인들처럼 4시간짜리 교육을 한번으로 끝나는 것도 아니고 매일 3~10년 동안 0교시부터 야자(야간자율학습)까지 재미없는 학습을 한다고 생각하면 아찔하지 않은가?

우리나라는 핀란드에 이어 학력이 2번째로 높은 나라다. 하지만 이런 결과는 한국 학생들이 책상에 앉아있는 시간이 워낙 길어서 나온 결과일 뿐이다. 2009년 8월 한국청소년정책연구원이 발표한 '아동·청소년 생활패턴에 관한 국제 비교연구'에 따르면 학습시간 대비 성취도로 순위를 매기면, 한국은 OECD 국가 중 최하위권으로 떨어진다. 한마디로 학습효율이 떨어진다는 것이다. 그런데 사교육비는 세계 최고 수준이다.

우리는 공부하기 싫어하는 학생들에게 공부를 시키기 위해 정말 막대한 비용과 노력을 지불하고 있다. 억지로 학생들을 공부시키기 위해 0교시 수업, 야간자율학습, 방학과 학기 중의 보충학습을 강요한다. 교사나 학부모는 강제로라도 공부를 시키려고 애를 쓰는 반면 공부하기 싫은 학생들은 어떻게 해서라도 빠져나가기 위해 온갖 잔꾀를 부린다. 그 과정에서 발생하는 스트레스를 측정한다면 과연 어떤 수치가 나올까? 그런데다 자녀가 수험생이 되면 정상적인 가정생활은 불가능하다. 유아기부터 자녀의 공부를 위해 너무도 많은 것을 희생하는 것이 우리의 가정이고 부모이다.

현재 학교 현장에서 이루어지는 수업의 형태는 학생 중심의 학습이 아닌 교사중심의 암기식과 강의식 위주이고 협동학습보다는 일제학습, 경쟁학습으로 학생들에게 학습에 흥미를 떨어뜨리게 하고 있으며 창의성과 자율성을 신장시키지 못하고 오히려 학생들을 바보형, 수동형 인간으로 만들고 있는 것이 현실이다.

필자는 학기 초에 학생 진단평가와 더불어 학생들과 서로 지켜야 할 규칙세우기를 한다. 다음 4가지 항목을 학생들이 기록하게 하고 조장이 조원들의 의견을 모아서 칠판에 기록하게 한다. 4가지 항목은 다음과 같다.

① 학생 수준 파악하기
② 수업시간에 선생님에게 바라는 점, 요구하고 싶은 것 1가지
③ 수업시간에 선생님이 학생에 바랄 것 같은 것 1가지
④ 상·벌점에 관한 의견 1가지

이 중에서 ② 항목을 학생들이 칠판에 기록한 내용을 보면 다음과 같다.

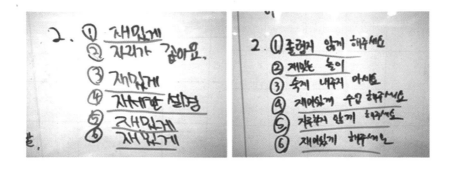

강의하지 말고 참여시켜라

인재가 되는 기초는 배움에 대한 흥미이다

평생교육시대의 인재는 스스로 배움을 추구하는 사람이다. 평생교육은 공부를 억지로 해서 되는 것이 아니라, 공부가 즐거웠던 기억을 지닌 사람이 추구할 수 있는 것이다. 따분하고 하기 싫은 공부를 고3때까지는 억지로 할 수 있어도 평생 동안 할 수는 없다. 공부가 즐거웠던 기억이 있어야 평생 학습할 수 있는 저력이 생긴다. 평생교육시대에는 가끔씩 만이라도 공부에 희열을 느끼는 기회를 만들어 주어야 한다. 학생들은 몰입을 하게 되며 학습에 대한 희열을 느끼는 경험을 하게 될 것이다.

유태인은 아이비리그 대학교 30%, 노벨상 수상 10%를 차지할 만큼 위대한 민족이지만 선천적으로 두뇌가 우세한 것은 아니다. 유태인은 어릴 때부터 '공부란 달고 맛있는 것'이라는 것을 인식하기 위해서 초등학교 신입생 때 꿀로 케이크에 알파벳을 쓰게 하고 그것을 먹으면서 '배움은 꿀처럼 달다'라고 외치게 한다. 이들은 이런 과정을 통해서 배움에 대한 기대감을 키워나간다. 보통 사람이 인재가 되려면 가장 중요한 것이 무엇이며 가장 기초가 되는 것은 바로 배움에 대한 흥미와 즐거움이다. 배움에 대한 호기심과 즐거움이 무서운 집중력을 발휘하게 되고 인내심을 만들어 낸다. 그 집중력과 인내심이 배움에 대한 몰아 경지까지 가게 되어 결국 영재가 되는 것이다. 괴테는 "천재는 끊임없이 배움을 추구한 면학의 결과이다"라고 말했고 쇼펜하우어도 "천재는 몰아이다. 흥미와 집중이다"라고 말했다.

학생의 특징은 어느 것에 흥미를 느끼면 금방 거기에 열중한다. 게다가 한번 어떤 일에 흥미를 갖게 되면 놀라운 노력과 인내심을 갖고 끊임없이 집중한다. 흥미의 불을 끄지 않고 배움이 활활 타오를 때 인재가 만들어진다. 그러나 아이가 권위에 억압당하면 비판력을 잃게 된다. 그것은 아이의 호기심과 탐구심을 억누르게 되는 것이다. 규율로 억압하면 아이는 비판력을 잃고 독창성, 의지력을 잃게 되어 결단력이 있는 행동을 할 수가 없어서 자기 혼자서는 아무것도 할 수 없게 된다.

아이가 배움에 대한 흥미가 없는 상황에서는 절대로 강요하지 않아야 한다. 배움에 대한 호기심을 갖도록 유도하며 기다려주다가 적절한 때에 배우도록 해야 한다. 예를 들면 어떤 어린아이에게 구구단을 배우게 하려고 하는 상황인데 흥미를 못 느껴 배우기를 거부하면 어떻게 할 것인가? 중요한 것이기 때문에 배워야 한다면서 억지로 혼내가면서 배우게 할 것인가? 그러나 이런 아이에게는 재미있게 가르치는 방법이 필요하다. 실제로 이런 상황에서 아이에게 놀이 형태로 수학을 가르쳤는데 놀랍게도 재미있어 하면서 구구단을 빠르게 익혔다. 콩이나 단추를 같이 세워보는 게임과 주사위 묶음 등으로 합산하는 방법으로 곱셈하는 원리를 깨닫게 한 것이다. 아이가 흥미를 갖게 되자 그 다음은 물 흐르듯 산수에서부터 대수, 기하학까지 진행됐다. 아이에게는 명령하거나 억지로 하면 거의 효과가 없다. 그러니 억지로 하게 하기보다는 호기심을 갖도록 하고 스스로 하게 해야 한다.

인재 양성의 핵심인 독서도 흥미가 우선이다

"20년간 배운 것을 2년이면 잊는다"라는 말이 있다. 그런데 어릴 때부터 억지로 학습해서 배움의 즐거움을 모를 아이들이 성장해서 어른이 되면 다가올 평생교육시대에 얼마나 배움을 유지할 수 있을까? 학생 때에 배움에 대한 성취감과 흥미를 느껴본 아이는 평생을 배우는 데 지장이 없다. 그러나 부모나 교사들한테 공부에 내몰려 하기 싫은 공부를 억지로 한 학생은 평생 배우는 데 장애가 있다.

그런데 놀라운 사실이 있다. 우리나라 성인들의 독서량이 OECD국가에서 최하위권이다. OECD에서는 국가별 1인당 평균 독서량을 조사해서 매년 발표해 오고 있다. 2010년 통계 결과는 월 평균 미국 6.6권, 일본 6.1권, 중국 2.6권 등에 비해 우리나라 국민들은 월 평균 0.8권을 읽어 OECD국가 중 꼴찌인 것으로 나타났다. 1위인 인도의 월 평균 10.7권에 비하면 참담한 수준이다.

우리가 잘 알고 있는 것처럼 대부분 인재들은 책을 좋아하거나 많이 읽은 자들이다. 물론 책을 많이 읽었다고 해서 인재가 되는 것은 아니다. 그렇지만 현재 사회 곳곳에서 영향력을 발휘하는 사람들을 보면 대부분 독서를 많이 한 사람들이다. 우리가 성장하려면 끊임없는 독서가 필요하다는 증거다. 그런데 문제는 독서가 좋다고 해서 어릴 때부터 독서의 즐거움도 채 못 느낀 상태에서 무조건 책을 읽고 독후감을 쓰게 하여 '독서는 재미없는 것'이라고 느끼게 하는 것이 문제다. 그렇게 독서의 즐거움을 모르며 자라게 되는 것이다. 그러니까 나이 들어서 성인이 되어도 독서를 하지 않는 것이다.

《탈무드》에는 '돈을 빌려주는 것은 거절해도 좋지만 책을 빌려주는 것을 거절해서는 안된다'라는 격언이 있다. 유태인은 책 한 권을 읽고 나면 친척이나 친구를 불러 축하 파티를 한다. 그렇게 자람으로써 학문을 향한 열정을 평생동안 가진다는 사실에 대단히 긍지를 느끼며 살아간다. 반면 한국인은 학교 졸업과 동시에 독서와 배우는 것을 멀리 한다.

유태인 어머니들에게 가장 소중한 시간은 아이를 침대에 눕혀 놓고 잠들 때까지 이야기하기도 하고 축복기도 해주고 책을 읽어주는 시간이다. 아이들은 상상의 나라로 가기도 하고 하루 동안의 불안감을 없애주며 하루를 평온하게 마무리하는 것이다. 구약성서의 많은 이야기들은 상상력을 풍부하게 해준다. 이런 상상력은 시인이나 작가를 만들기도 한다.

배우는 재미를 일깨우기 위해서 먼저 배우는 것은 즐거운 작업이며 책속에는 흥미 거리가 무한하다는 것을 가르쳐주어야 한다. 아이에게 항상 배우는 것의 재미난 점이나 즐거운 면을 먼저 이야기 해 주어야 한다. 자녀가 보는 책에서 부모가 먼저 흥미 있는 요소를 미리 살펴보고 흥미를 유도하는 것이 중요하다.

수업이 재미있어야 한다

이쯤에서 앞서 제시한 C 상황인 '수업(학습)에 대한 재미(흥미)는 없으면서 수업(학습)에 대한 내용을 이해한 경우', 즉 수업(학습)에 대한 재미(흥미)는 없는 상태에서 억지로 이해시킬 경우를 다시 생각을 해보자. 가장 최악의 상황이라는 것이 이해될 것이다.

그러면 B 상황인 '수업(학습)에 대한 재미(흥미)는 있지만 수업(학습)에 대한 내용을 이해 못한 경우'를 생각해보자. 배움이 재미있지만 아직은 이해를 하지 못한 상황이다. 학습자가 배움에 대해서 흥미를 갖고 있다면 어떤 일이 일어날까? 당장은 이해를 못해서 어려움이 있지만 배우는 것이 재미있기 때문에 언젠가는 성취를 할 것이다. 배움에 대한 흥미는 놀라운 인내와 집중력을 발휘한다. 그래서 B 상황인 아이인 경우에는 희망이 있는 것이다. C 상황보다 좋은 상태이다.

다음은 D 상황인 '수업(학습)에 대한 재미(흥미)도 없고 수업(학습)에 대한 내용을 이해 못한 경우'를 생각해보자. 학습에 대한 흥미가 없으므로 포기를 한 상황이다. 이런 경우에는 하기 싫은 공부를 억지로 내몰린 상황은 아니다. 따라서 배움의 즐거움을 깨닫게만 해준다면 희망이 있는 상황이다.

필자의 지인 가운데 학창 시절에는 공부의 즐거움이 없어서인지 허송세월을 보내다가 뒤 늦게 향학열이 붙었는지 늦은 나이에 검정고시를 통하여 대학 입학을 하고 계속해서 박사 학위를 취득하는 등 배움의 길로 들어선 경우가 있다. 우리는 이런 경우를 종종 볼 수 있다. D 상황이 공부를 지겹도록 싫어해서 수능시험이 끝나자마자 배움을 놓아버리는 C의 상황보다는 더 나은 경우가 아닌가?

이제 우리 생각을 수업으로 옮겨 보자. 우리는 수업을 할 때 어떻게 해야 될까? 재미없는 수업을 하게 되면 위와 같은 상황이 그대로 적용된다. 아이들에게 흥미를 잃어버린 수업은 많은 부작용을 만들어 낸다. 아이들이 인터넷에 탐닉한다면, 그럴 만한 이유가 있는 것이다. 어른들이 텍스트에 익숙하다면 자라나는 아이들은 영상 매체에 보다 더 친근감을 갖는다. 이성보다는 감성에 앞서며 은근함보다는 즉시성에 더 몰두한다. 여기에서 교사들은 성공할 수 있는 수업의 요소들을 추측해 볼 수 있다. 학생들과 더불어 흥미있는 수업으로 바뀌어야 한다는 점을 말이다.

요즘 학생들은 공부에 대한 태도가 과거와 확연하게 달라졌다. 진지하게 몰입하는 게 아니라 게임처럼 즐기기를 원한다. 예전의 진지한 수업 스타일을 고집하다가는 지루해하는 학생들로부터 교사나 강사가 외면당할 수밖에 없는 것이다. 학생들의 트렌드를 유심히 관찰하고 이를 받아들이는 것도 학교 수업이 학생들을 만족하게 하는 하나의 방법이 될 수 있다.

재미있는 교수·학습 방법은 무엇일까?

필자는 참여수업을 강의하면서 참가자들에게 '재미(흥미)있는 교수·학습 방법은 무엇일까?'를 생각하고 팀별로 적어 발표를 하게 한다. 다음처럼 다양한 방법들이 나온다.

재미있는 수업	
긍정적인 마인드 길러주기.	교사가 노래 부른다.
자신의 수준에 맞는 공부를 할수 있게 한다.	넌센스퀴즈를 낸다.
변화를 주는 수업(생각, 발표, 조직화).	학생에게 교사 역할을 해보게 함.
능동적 수업(학생스스로 찾는).	중간 중간 게임하기.
교사의 노력(유머 게임 다양한 수업 방법).	성적오르면 상을 준다.
학생주도(수업은 학생이 학습하는 시간).	재미있는 그림을 보여 준다.
긍정의 말, 칭찬, 격려, 인정하기.	재능있는 학생의 장기를 보여 준다.
동영상 보여주기.	대화를 많이 한다.
흥미유발할 문제를 제시.	흉내를 낸다.

강의하지 말고 참여시켜라

스스로 의문을 품을 수 있게.

몸을 움직이는 수업을 한다.

학생들끼리 해결할수 있는 방법을 찾는다.

칭찬을 가능한 많이 해야 한다.

흥미분야를 선택해야 함.

아이들 정서문화 이해해야 한다.

오프닝을 잘한다.

권위를 없애야.

협동학습을 한다.

사랑하는 마음으로.

교사가 행복(가정 평화).

수업에 학생 전체를 참여시킴.

쉬운 내용에서부터 난이도를 높인다.

적절한 질문을 한다.

수업의 전문성을 충분히 익힌다.

수업연구를 많이 해야 함.

매체 활용.

교사도 노력해서 유머 감각.

다양한 수업방법을 돌려가면서 활용.

매시간 다르게 흥미.

마술. 춤. 노래. 박수치는 방법 배우기.

학생들의 요구 내용을 분석한다.

다양한 유머를 수집. 활용한다.

학생을 학습내용 속에 주인공으로 등장시키기.

학생들의 특성에 맞는 방법 선택.

교사라는 직업에 자긍심 및 애정.

학생들에게 목적의식을 일깨운다.

선생님도 즐거운 수업.

정말 좋은 방법들이다. 이런 방법들을 수업에 다양하게 활용한다면 얼마나 풍부한 수업이 될까? 일단 말하게 하고 행동하게 하면 먼저 능동적으로 생각을 하게 된다. 이런 생각을 통해서 번뜩이는 통찰력과 아이디어가 나오게 되어 창의성이 길러지게 된다. 따라서 우리는 수업에서 학생들에게 말하게 하고 행동하게 하고. 서로 가르치게 하고 협동하게 하며 그룹으로 토론하며 발표하게 해야 한다.

학생들은 수업시간에 수동적으로 가만히 앉아서 구경만 하는 것보다 능동적으로 수업에 참여하고 싶어 한다. 따분하거나 졸립지 않고 재미있으면서 실력이 향상되기 때문이다. 능동적인 참여를 통해 자긍심을 느끼고 성취의 희열을 느끼기까지 한다. 이런 상황을 보면서 수업을 하는 교사는 얼마나 행복할까? 학생들이 행복하면 교사는 더욱 행복하다. 이런 행복한 교실을 만들어 보자.

필자는 참여수업에 관해서 1년에 50회 이상 교사 대상으로 강의를 한다. 특강으로 보통 2시간, 3시간, 6시간 등 다양한 시간이 주어진다. 강의 시작(Opening)부터 생동감이 있게 교사들을 참여시키면서 진행을 한다. 연수 받는 교사들이 몇 개의 팀을 이루어서 팀별로 경쟁하기도 하고 협력한다. 서로 토론하고 기록하고 발표를 통해서 과제를 수행하기도 한다. 연수생들은 시작한지 얼마 안됐는데 벌써 점심식사 시간이 다 되었다는 사실에 놀라워하고 오후에 일정도 다양한 참여식 교수법으로 강의를 하면 어느새 그날 일정이 끝나는 시간이 되는 것에 놀라워 한다. 이런 연수를 통하여 받은 교육 내용이 몇 달 후에도 몇 년 후에도 생생하게 기억에 남는다고 한다. 그러나 보통 강의 위주의 연수는 끝나고 나오는 순간에 '오늘 배운 것이 뭐지?'라는 반응이 나온다.

이렇듯 학습은 재미와 직접적으로 비례한다. 이것은 교사가 유머나 게임, 오락을 통하여 재미있게만 하라는 것이 아니다. 우리 대부분의 교사들은 개그맨이나 유명한 명강사도 아니다. 또한 학생들에게 있어 진정한 학습의 즐거움과 재미는 자신이 수업에 참여를 능동적으로 했을 때이다. 교사는 그렇게 대단한 능력을 가질 필요가 없는 것이다. 교사는 학생들의 열정과 참여를 이용해서 그들 스스로 개인적인 학습 활동으로 빠져 들게 함으로써 오락 프로그램에서 얻을 수 있는 즐거움을 학습에서도 얻게 할 수 있다.

· **PART 2** ·

왜
강의하지 말고
참여시켜야
하는가

- 참여식 수업의 장단점
- 강의식 수업과 참여식 수업 함께 하기

참여식 수업의 장단점

필자는 초등학교 시절부터 강의식 수업에 길들여져 있었고, 교사가 돼서도 강의식 수업이 당연한 것으로 알고 수업을 진행해 왔다. 특히, 수학 교과의 수업 방법은 전통적으로 칠판에 교사가 문제를 풀어 주는 강의식이 지금까지 주류를 이루고 있다. 그래서 수학 과목에서 학생들의 참여식으로 수업을 한다는 생각을 해 보기 어려운 환경이다.

그동안 다양한 연수(교육기관에서 주관하는 직무연수, 자율연수, 특수연수 등)에 참여했는데 대부분이 강의식 강의였다. 이렇듯 오랫동안 참가자 중심의 강의를 경험하지 못했기 때문에 그중요성을 인식하지 못했다. 그러던 어느 날 참여 중심의 교육을 경험하고, 그 가치를 깨닫게 되었다. 그 후에 강의식으로 일관해 왔던 수업 방식을 학습자 중심의 참여식으로 전환하면서, 강의식 수업이 왜 효율성이 떨어지고 참여식 수업이 어떻게 흥미를 유발하며 얼마나 효율성이 높은지 알게 되었다.

도널드 L. 핀켈의 《침묵으로 가르치기》라는 책을 보면, 말로 가르치는 것은 '효과적이지 못하다'라는 정도에서 그치지 않고 잘못된 방법이라고 주장한다. 물론 강의식 수업이 어느 정도 필요하다는 것은 인정한다. 그러나 어떤 단순한 지식을 전달할 때조차 말로 가르치는 것은 효과적이지 못하다고 말하고 있다.

열정적인 강의를 듣고 감동을 받았는데도, 교실 문을 나서는 순간 무엇을 배웠는지 잘 기억나지 않을 때가 많다. 그는 5년 뒤 강의 내용이 머릿속에 남아 있을까?'라는 의문이 든다며 의문점을 제기한다. 지난 25년간 교육학자들이 내놓은 연구 결과에 따르면, 강의식으로 전달한 지식은 머릿속에 오래 기억되지 않는다고 한다. 그래서 핀켈 교수는 "독자들도 고등학교와 대학에서 배운 내용을 얼마나 기억하고 있는가? 기억이 난다면 어떤 방식으로 학습한 내용인가?"라고 과감하게 질문한다.

외국의 사례를 보면 이미 오래전부터 교실 수업을 교사 중심의 강의식 수업이 아닌 학생 중심의 참여식 수업으로 전환하고 있다. 최근에는 우리나라에서도 학생 참여 중심의 수업이 효율적인 것으로 점차 인식되면서 실천하는 학교가 늘어나고 있다. 반면에 학습 진도를 빨리 나가기 위해서 많은 양의 교과 내용을 학습하려면 교사 중심의 강의식 수업을 해야 한다는 주장도 만만찮다. 대학 입시라는 거대한 산 앞에서는 어쩔 수 없다는 것이다.

강의식 수업이 효과적이지 못하다고 주장하는 사람들은 학습에 대한 학습자들의 흥미가 떨어져 지루해지고 수동적이 되어서 많은 양을 학습할 수는 있지만 오랫동안 기억에 남지 않아서 오히려 학습 효과가 떨어진다고 주장한다. 즉, 참가자의 학습 참여도가 낮아서 학습에 대한 동기부여가 어렵고, 학생들의 집중력이 떨어져 결국에는 창의성도 기를 수 없게 된다는 것이다. 수능 대비를 위해서도 주입식 교육으로는 제대로 준비시킬 수 없다고 말한다. 참여식 수업이 필요하다고 주장하는 사람들은 우선 학습자가 재미있어 하고, 학습 내용을 오랫동안 기억할 수 있다고 강조한다. 즉, 수업에 대한 학생들의 흥미와 집중도가 높아져 적극적인 참여로 이어진다는 것이다. 이렇듯 학습자들의 열의가 높으면 다양한 활동을 통해 지식의 습득이 용이할뿐더러 기억력을 오랫동안 유지할 수 있다는 것이다.

물론 강의식 수업이 긍정적인 면도 없지는 않다. 학생들의 통제가 쉬워 시간 활용의 효율성을 극대화할 수 있으므로 많은 양의 내용을 전달할 수 있다. 그러나 다양성과 창의성이 중요해진 오늘날 강의식 수업은 긍정적인 측면보다 부정적인 측면이 훨씬 더 많다. 앞에서 언급한 대로 강의식 수업에만 의존하면 학습자들이 수동적으로 되기 쉽고, 학습에 대한 흥미가 떨어져 창의성을 충분히 발휘하지 못할 수 있다.

이러한 이유로 교사 중심보다는 학생 중심의 수업이 진행되어야 한다. 기존 교사 중심의 교육 방식으로는 각종 멀티미디어와 인터넷 등에 노출된 다양한 학생들을 교육하기란 쉽지 않다. 그러나 학생들의 자율성과 자발성을 존중하고 장려하는 교육으로 변화되어야 한다. 우리 교육이 이러한 변화의 흐름에 적응하지 못하면 학생들의 학교 이탈로 수업 붕괴나 교실 붕괴를 초래할 수도 있다.

획일적인 교육에서 다양하고 특성화된 교육으로, 규제와 통제 중심의 교육에서 자율과 책무성에 바탕을 둔 교육으로, 주입식 교육에서 협력학습으로, 칠판과 분필 중심의 교육에서 학생 참여 중심 교육으로의 전환이 절실히 요구된다.

[강의식 수업과 참여식 수업의 장단점]

	교사 중심의 강의식 수업	학생 중심의 참여식 수업
장점	• 통제하기가 쉽다. • 많은 내용의 전달이 가능하다. • 시간 절약이 가능하다. • 교사가 편하다. • 많은 사람에게 전달이 가능하다. • 시간 조절이 가능하다. • 논리적으로 전개하기가 편하다. • 난이도가 높은 내용을 가르칠 수 있다. • 진도를 빨리 나갈 수 있다. • 수업 준비가 편하다. • 이해력이 높은 학생들에게 학습 효과가 높다.	• 많은 참여를 통해 학습자들의 기억력이 좋아진다. • 수업의 주체자로서 자긍심이 높아진다. • 배려심과 사회성을 기를 수 있다 • 다양한 경험을 할 수 있다. • 의사소통이 활발해진다. • 창의성, 사고력 등이 향상된다. • 민주 시민 양성이 가능하다. • 왕따 예방이 된다. • 폭력 예방이 된다. • 학습자들의 참여도가 높아진다. • 학습자들의 흥미와 집중도가 높아진다. • 자기주도적 학습이 가능하다. • 협동학습이 이루어진다. • 다양한 관점에서 생각할 수 있다.
단점	• 지루하고 흥미를 유발하기 어렵다. • 학습자들의 참여도 낮고, 졸거나 잠을 잔다. • 생동감이 별로 없다. • 학습자들이 수동적으로 된다. • 기억이 오래가지 않는다. • 학생들이 반감을 가질 수 있다. • 학습 효과가 떨어진다. • 수준별 수업 진행이 어렵다. • 창의성이 잘 발휘되지 않는다. • 상호 의사소통이 잘 이루어지지 않는다. • 동기부여가 어렵다. • 학습자 스스로 생각할 기회가 거의 없다.	• 수업이 산만해질 수 있다. • 진도를 맞추기가 어렵다. • 수업 준비 시 고려 사항이 너무 많다. • 옆 반에 방해가 될 수도 있다. • 통제하기 어렵다. • 방관자가 생길 수 있다. • 의도한 방향과 다르게 진행될 수 있다. • 수업량이 적을 수 있다. • 소외되는 학생이 생길 수도 있다. • 학부모들의 반대에 부딪힐 수도 있다. • 학생 개개인의 학습 욕구를 충족하지 못할 수 있다.

한국이 유지하고 있는 현재의 '경쟁 모델'은 앞으로는 좋은 평가를 기대하기 어려울 것으로 생각된다. 특히, 핀란드 학생의 2배 가까이 되는 우리

나라의 학생들의 학습 시간과 주입식 교육은 학생들의 창의력과 사고력을 저해하고 있다. 우리나라 교육의 새로운 도약을 위해서는 무엇보다도 교육의 근본적인 개혁이 시급해 보인다.

강의식 수업과 참여식 수업 함께 하기

우리나라에서 우수한 성적을 자랑하던 학생들이 미국의 아이비리그에 진출하면 두각을 나타내지 못한다. 창의적이고 논리적인 사고 능력이 부족하기 때문이다. 아이비리그 대학들은 문제 해결 능력과 리더십을 중요시한다. 그런데 주어진 문제를 똑같은 방식으로 풀이하는 방식의 수업에 길들여진 학생들은 어려움을 겪을 수밖에 없다. 기계적으로 하는 암기 위주와 강의식 수업으로 인해 우리나라 학생들은 비판적 사고 능력이 부족하다는 지적을 많이 받고 있다.

그렇다면 학생 참여식 수업을 하면서도 많은 양을 효율적으로 교수할 수 있는 방법은 없을까? 유능한 교사는 두 가지 방법(강의식 방법과 참여식 방법)을 능숙하게 다룰 수 있는 트레이너가 되어야 한다. 교사는 교실에서 수업을 능수능란하게 지휘하는 지휘자다. 상황에 따라서 학생들의 적극적인 참여를 이끌어내어 생동감 있는 수업을 전개하기도 하고, 때로는 열정적인 강의를 통해 전체 학생들을 집중시킬 수 있어야 한다.

다음 내용은 촉진자facilitator로서의 성공 요소와 강의자speaker로서의 성공 요소를 정리한 것이다.

- 촉진자와 강의자의 성공 요소

촉진자로서의 성공 요소	강의자로서의 성공 요소
• 성격이 좋아야 한다. • 인내심이 있어야 한다. • 유머 감각이 있어야 한다. • 자신감과 열정이 있어야 한다. • 준비를 많이 해야 한다. • 창의적 아이디어가 풍부해야 한다. • 긍정적 사고를 해야 한다. • 상황 판단을 잘해야 한다. • 전달력이 좋아야 한다. • 다양한 교수법을 알아야 한다. • 연수를 많이 받아야 한다. • 멀티미디어 기술이 있어야 한다. • 리더십이 있어야 한다. • 수업 참관을 많이 해야 한다. • 포용력이 있어야 한다. • 사회성이 좋아야 한다. • 근면성과 봉사정신이 있어야 한다.	• 목소리 톤이 좋아야 한다. • 감정이 풍부해야 한다. • 의상에 신경 써야 한다. • 쇼맨십이 있어야 한다. • 수업 내용이 다양해야 한다. • 유모 감각이 있어야 한다. • 호소력이 있어야 한다. • 카리스마가 있어야 한다. • 전문 지식이 있어야 한다. • 외모에 자신감이 있어야 한다. • 언변이 좋아야 한다. • 자신감이 있어야 한다. • 제스처를 잘해야 한다. • 눈 맞춤을 잘해야 한다. • 재미있어야 한다. • 비유나 예화를 많이 알고 있어야 한다.

교사나 강사라면 촉진자와 강의자의 성공 요소가 모두 필요하다. 만약 강의식으로 수업할 때에도 스토리텔링 기법을 활용하면 흥미와 동기 유발을 촉진하여 긍정적인 효과를 기대할 수 있다.

그런데 현실적으로 참여식 수업을 진행하기 위해서는 배우고자 하는 열정과 많은 준비가 필요하다. 또한 많은 시행착오도 각오해야 한다. 그렇지 않으면 중간에 포기하는 일도 생기게 마련이다. 그래서 열정과 끈기를 가지고 계속적인 훈련과 많은 사람들과의 정보 공유가 필요하다. 하나씩 차근차근 배우고, 자신이 배운 기법을 점차적으로 적용해 나간다면 몇 년 후에는 어떤 상황에서도 적절하게 학생 참여를 유도할 수 있게 된다. 이렇게 성취감이 쌓일수록 점점 교사의 자신감도 높아지고, 그럴수록 감동적이고 행복한 수업에 가까워질 수 있다.

지난 2010년 7월 KBS 1TV에서 《떠들썩 교실, 수업이 변화하고 있다》라는 프로그램이 방영되었다. 핀란드와 일본에서는 이미 오래전부터 학생 참여 중심의 수업을 해서 교육의 선진화를 이루었는데, 우리나라에서도 점차적으로 알려지고 있고, 몇몇 학교는 이 방식을 도입하고 있다는 내용이었다. 세계 최고의 교육을 자랑하는 핀란드의 교실을 보면 학생들이 끊임없이 적극적으로 참여한다. 학생들은 교사와 서로 묻고 답하며, 학생들 간에도 서로 가르쳐 주고 토론을 한다. 우리나라의 교실과 달리 핀란드 교실은 늘 떠들썩하며 소란스럽기까지 하다. 우리나라도 하루빨리 이러한 학교들이 점점 더 많아져서 즐겁고 떠들썩한 교실들로 넘쳐나기를 바랄 뿐이다.

PART 3

생동감 있는
수업 오프닝의
4가지 원리

- 수업 참가자의 4가지 유형
- 오프닝의 효과
- 생동감 있는 오프닝의 4가지 원리

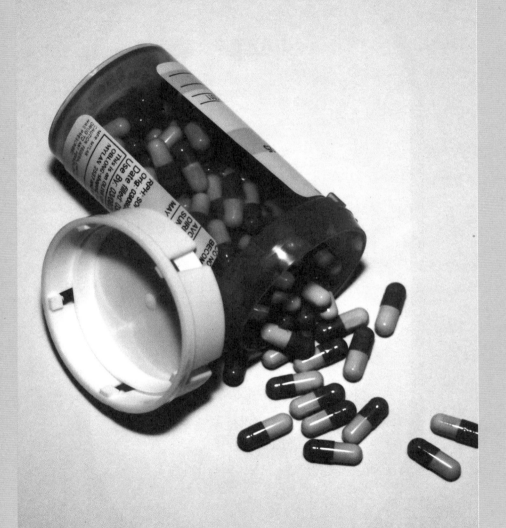

수업 참가자의 4가지 유형

보통 학생들은 포로자, 휴가자, 교제자, 학습자 4가지 형태로 수업에 참여한다.

1. 포로자 유형

포로자 유형의 수업 참가자란 억지로 학교에 와서 수업에 참여하는 학생으로서 수업에 대한 흥미가 별로 없기 때문에 수업시간에 종종 훼방꾼이된다. 필자는 종종 포로자 중에 정도가 심한 학생들을 '테러리스트'라고도한다. 이런 학생들은 공부에는 전혀 관심이 없어서 수업 중에 떠들거나 휴대전화를 가지고 장난하며, 심지어는 전체 분위기를 산만하게 만들어서 교사들을 당황스럽게 한다. 이들은 교사들이 가장 어려워하는 유형 중 하나로, 보통 한 학급에 1~2명씩 꼭 있게 마련이다.

놀라운 것은 포로자 유형이 너무 많다는 것이다. 대략적으로 포로자 유형의 분포(교차 복수로 한 비율)를 보면 학교 상황에 따라 조금씩 다르지만 전체 학생의 80% 이상을 차지한다. 대부분의 학생들이 억지로 수업에 참여하고 있는 것이다. 이 유형은 유치원생은 물론이고 대학생과 성인들에서도 두루두루 많다.

필자는 단위학교에서 강사로 초청받아 강의를 간 적이 많았다. 보통 단위학교 연수는 특강 형태로 2시간 정도 한다. 이때 선생님들은 거의 90% 이상이 포로자 유형으로 참여한다. 이럴 때 필자는 포로자로 참여한 선생님들을 학습자로 변화시키기 위하여 보통 40분 이상을 다양한 방법으로 오프닝Opening을 한다. 다행히 대부분의 교사들이 40분 정도 지나면 학습하고자 하는 마음이 활짝 열려서 흥미를 가지고 참여하게 된다. 이런 경험을 통해 성인 교육을 할 때 오프닝이 얼마나 중요한지, 그렇다면 포로자 유형의 학생이 많은 수업에서도 오프닝이 얼마나 중요한지를 알 수 있었다.

2. 휴가자 유형

휴가자 유형의 수업 참가자란 보통 가정에서 컴퓨터 게임, 채팅, 또는 늦게까지 학원 수업이나 과외 등으로 인해 충분한 수면을 취하지 못한 상태에서 학교에 등교한 학생을 말한다. 이들은 학교에서 "선생님, 제가 수업을 방해하지 않을 테니 저 좀 가만히 내버려 두세요. 잠 좀 잘게요. 그래도 수업을 방해하는 아이들보다는 괜찮잖아요?"라고 말하는 학생들이다. 교사의 입장에서 이런 학생들은 수업을 방해하지는 않으니까 그래도 좀 낫지 않겠느냐고 생각할 수도 있지만, 실은 교사의 자존감이 무너지고 자괴감이 몰려오는 경우다.

필자가 300여 명 정도의 학생들을 대상으로 설문조사한 결과, 휴가자 유형의 비율이 약 25%로, 한 학급에서 보통 25% 정도가 수업 중에 잠을 자는 것으로 나타났다. 그런데 조선일보에서 2010년, '잠자는 학교'라는 제목으로 일주일간 기획 시리즈로 이어진 기사에서는 훨씬 더 많은 비율의 학생들이 수업 중에 잠을 자는 것으로 집계되었다. 25% 이상이라니, 정말 놀랍지 않은가? 기사를 보면 35명 가운데 8~9명에서부터 어떤 반은 30명 중 25명까지가 휴가자로 나온다. 다음에 몇 가지 사례를 소개하겠다. 기사를 보면 학교는 정말 잠자는 곳인 것만 같다.

3. 교제자 유형

교제자 유형이란 집에서 혼자 심심하게 있으니 차라리 학교에 가면 친구들이라도 있기 때문에 학교에 오는 학생들이다. 이들은 수업에는 흥미가 없고 다른 것—친구 문제, 이성 문제—에 관심이 많아서 수업에 집중하지 못하는 학생들이어서 교사들이 어려움을 겪는 유형이다. 이런 학생들은 주로 수업 중에 거울을 자주 본다. 이런 교제자 유형의 학생들은 포로자 유형, 휴가자 유형과 함께, 또는 번갈아 가며 수업에 집중하지 못하고 결국 방해자로 남아 있게 된다. 이렇듯 포로자, 휴가자, 교제자 유형의 학생들이 전체 학생의 80% 이상을 차지한다.

4. 학습자 유형

마지막은 적극적인 학습자 유형으로, 수업에 적극적으로 참여하는 학생들이다. 이들은 교사의 희망이요, 기쁨이다. 이들마저 없다면 학교는 어떤 상황일까? 생각만 해도 앞이 캄캄하다. 그래서 이들은 교사의 보배다.

이렇게 대략적으로 4가지 유형의 분포(교차 복수로 한 비율)를 보면 학교 상황에 따라 조금씩 다르지만 포로자(80%), 휴가자(50%), 교제자(60%), 학습자(20%)의 비율로 구성되어 있다.

이런 수업 상황에서 교사들은 종종 외로운 이방인이 되기도 한다. 교실에서 교사들이 학생들에게서 외면 당하고 있는 것이다.

대부분의 학생들이 포로자, 휴가자, 교제자로 있는 교실에서 수업을 한다면 어떨까? 생각만 해도 아찔하다. 필자는 지난해 서울 소재의 모 공고 교사들을 대상으로 2일간 '참여수업'을 주제로 강의한 적이 있다. 첫날 오전 강의를 마치고 선생님들과 함께 점심 식사를 하던 중에 옆에 있던 선생님이 심각한 얼굴로 이야기했다. 그 내용은 이러하다.

"우리 학교는 중학교 때 내신 성적 80~90%대의 학생들이 입학합니다. 그래서 수업을 하는 선생님들이 너무 괴로워하고 힘들어합니다. 몇몇 교사는 우울증에 시달릴 정도로 심각하지요. 공립이기 때문에 5년을 채우면 다른 학교로 전근을 갈 수 있어서 어서 빨리 시간이 가기만을 기다립니다."

선생님들로부터 이런 사정을 전해들은 필자는 오후 시간에 다음과 같이 강조하면서 강의를 진행했다.

"정도의 차이는 있지만 어떤 학교를 가더라도 포로자, 휴가자 유형의 학생들이 80% 이상입니다. 중요한 것은 교사의 역량에 따라 포로자와 휴가자 유형의 학생들을 학습자 유형으로 만들 수 있다는 것입니다. 오늘 연수를 통해서 다 함께 그 방법을 생각해 봅시다."

앞서와 같은 상황에서 교사가 일방적으로 강의식, 주입식으로만 수업한다면 학생들의 집중력과 창의성이 제대로 발휘될 수 없다. 무엇보다도 수업은 시작부터가 중요하다. 아무런 오프닝도 없이 무작정 시작한다면 학생들을 진정한 학습자로 변화시키기가 더 어려워질 뿐이다. 수업 시작부터 생동감과 역동성이 넘쳐야 한다. 그럴 때 포로자와 휴가자 유형의 학생들이 학습자들로 바뀌어 살아 있는 교실이 될 수 있다.

그렇다면 제대로 된 오프닝의 효과로는 어떤 것들이 있을까?

오프닝의 효과

필자는 교사 연수에서 오프닝의 효과에 대해서 기록하게 하고, 모둠별로 발표하게 한다. 그러면 다양한 오프닝의 효과가 제시된다. 그 내용을 정리하면 다음과 같다.

■ **선생님들이 제시하는 '오프닝의 효과'**

• 래포rapport가 형성된다.	• 주의가 환기된다.
• 집중하게 한다.	• 마음이 열린다.
• 마음을 편안하게 한다.	• 친교가 두터워진다.
• 긴장감이 해소된다.	• 친밀감이 높아진다.
• 주의를 집중시킨다.	• 서로를 가로막았던 벽을 없애 준다.
• 학습자(적극 참가자)가 되도록 지원한다.	• 인간관계가 좋아진다.
• 동기를 부여한다.	• 복습이 잘된다.
• 졸음을 쫓는 데 도움이 된다.	• 지난 시간을 잘 기억할 수 있다.
• 수업에 대한 흥미와 관심을 높여 준다.	• 긍정적 마인드가 형성된다.
• 효과적으로 소통하게 한다.	• 자긍심이 생긴다.

· 자존감이 높아진다.	· 수업에 활력이 생긴다.
· 성취감이 높아진다.	· 생가열기가 가능하다.
· 기대감이 고취된다.	· 서로 간에 일체감이 형성된다.
· 호기심을 유발한다.	· 진단과 평가가 가능해진다.
· 학습 분위기가 조성된다.	· 신뢰감이 높아진다.

선생님들의 조별 발표가 끝났을 때 "이렇게 학습 효과가 좋은 오프닝을 왜 하지 않으시나요?"라고 질문하면 대부분 웃음으로 대답한다. 물론 오프닝을 시행하는 선생님들도 있겠지만, 대부분은 익숙하지 않아서 못하는 경우가 더 많다.

그러나 수업에서 생동감 있는 오프닝은 선택이 아니라 필수다.

생동감 있는 오프닝의
4가지 원리

오프닝을 어떻게 하면 좋을까? 여기에는 4가지 원리를 바탕으로 한다. 그 첫 번째 원리로 다음 빈칸에 들어갈 답을 한번 맞춰 보자.

1. 이 방법은 _____을 깨뜨리는가?

정답은 바로 '선입관'이다. 즉, 선입관을 깨뜨리기다. 먼저, 지루하고 재미없을 것이라는 학생들의 선입관을 깨뜨리고 학습하는 것이 재미있을 수도 있다는 확신을 심어 주는 것으로 시작해야 한다.

필자가 예전에 수업을 하기 위해 교실에 들어서면 가장 먼저 하는 것이 떠드는 학생들에게 야단을 치거나 화를 내는 것이었다. 그리고는 명령조로 딱딱하게 수업을 시작하곤 했다.

"조용히 해."

"떠들지 마."

"책 펴라."

"떠드는 학생들에게는 벌점을 줄 거야."

등등의 말들로 강압적인 분위기를 조성했다. 지금 생각하면 학생들이 얼마나 짜증이 나고 힘들었을까 싶다. 가뜩이나 어렵고 싫어하는 수학 수업인데 말이다.

그러다가 처음 오프닝으로 수업을 시작했을 때 학생들은 필자의 낯선 행동(?)에 이상하다는 반응을 보이면서도 하나둘씩 즐겁게 참여하면서 재미있어 하는 것이 아닌가. 나는 교실에 들어서자마자 갑자기 박수 치기를 한다든지, 재미있는 퀴즈 내기, 사탕 주기 등으로 수업 시작부터 생동감이 돌도록 힘썼다.

더불어 지난 시간에 학습한 내용을 복습할 때도 학생들이 흥미를 느낄 만한 방법을 고민해 그대로 적용했다. 예를 들면,

"지난 시간에 학습한 내용을 기억해서 모둠별로 종이에 쓰도록 하렴. 가장 많은 내용을 쓴 모둠에는 칭찬 스티커를 줄 거야. 잘 생각나지 않으면 내가 한 농담이나 몸동작 따위를 써도 좋아."

혹은

"지난 시간에 배운 내용 중에 핵심 내용이라고 생각하는 것을 메모지에

한 가지씩 기록해 보자. 다 기록한 조는 모둠 안에서 한 명씩 돌아가면서 발표를 시작해 볼까?"와 같이 말이다.

이러한 방법은 복습과 동시에 수업을 활력 있게 시작하는 매우 좋은 방법이다. 학생들이 기록한 내용을 교실 벽에 붙여 놓게 한다. 그러면 학생들이 교실 안을 오갈 때 한 번쯤은 그 내용을 볼 것이기 때문이다.

가장 어려운 수업시간은 점심 식사 후 5교시다. 식곤증 때문에 졸음이 쏟아져 수업에 집중하기 힘든 시간이다. 1교시도 수업하기 어려운 시간이다. 학생들은 머릿속이 복잡하기만 하다. 어떤 학생은 부모님에게 혼이 나서 기분이 안 좋은 상태로, 또 어떤 학생은 지각하지 않기 위해서 헐레벌떡 뛰어오느라 정신이 없다. 또 다른 학생은 이미 등교 길에 담임선생님께 한소리 들은 후다. 저마다 이런저런 이유로 머리가 복잡하다. 그러니 수업에 집중이 될 리가 없다. 이런 상황에서 생동감 있게 수업을 시작하면 복잡한 생각에서 좀 더 쉽게 벗어날 수 있다.

우리는 대개 어떤 정보를 듣기만 하면 금방 잊어버린다. 좀 더 오래 기억할 수 있는 방법은 없는 걸까? 물론 있다. 다음 구절을 한번 입으로 소리 내어 말해 보자.

"선입관 깨트리기."

이와 같이 입으로 소리 내어 말한 것은 더 오랫동안 기억에 남는다.

그런데 이렇게 말하는 것보다 더 오랫동안 기억력을 유지하는 방법이 있다. 바로 행동으로 표현하는 것이다. 직접 행동함으로써 학습할 때 학습 내용을 더욱 오래 기억할 수 있다. 그래서 나는 이 방법을 즐겨 사용한다. 학생들이 즐거워할뿐더러 학습 내용을 오랫동안 기억하는 데 유용하기 때문이다.

2. 이 방법은 _____을 촉진하는가?

정답은 '커뮤니케이션'이다. 즉, '커뮤니케이션 촉진하기'다.

교실의 어색한 분위기를 친밀하고 편안한 분위기로 조성해야 한다. 우리의 뇌는 긴장할수록 기억력이 떨어진다. 학기 초에 조를 편성해 보면 모둠원 간에 서로 어색해서 협력이 잘 이루어지지 않는다. 이럴 때 모둠원 간에, 또는 학급 전체 학생들 간에 친밀해지도록 유도하며 수업을 시작하는 것이 좋다.

커뮤니케이션 촉진하기의 반대는 엄격하고 딱딱한 수업이다. 칠자도 예전에는 수업을 시작할 때 학생들이 떠들거나 졸지 않게 하기 위해 때로는 '사랑의 매'도 서슴지 않았다. 그런데 이 '사랑의 매'란 것이 좋은 방법이 아니라는 것을 교수법을 연구하면서 알게 되었고, 지금은 당연히 멀리하고 있다.

그렇다면 좋은 교수법에는 어떤 것들이 있을까? 예전 개그 프로그램의 한 코너 중 유명했던 '봉숭아학당'을 기억하는가? 나는 봉숭아학당에 학습적인 요소만 포함된다면 무척 좋은 수업 방식이 될 것이라고 생각한다. 봉숭아학당에서는 소통이 있고, 대화가 있으며, 발표와 토론이 활발히 이루어진다.

이제 봉숭아학당의 활기찬 분위기를 우리 교실에도 연출해 보자. 우선 학기 초에는 모둠원들이 다 같이 협력해서 과제를 수행하도록 하는 것이 좋다. 처음에는 모둠 이름 짓기, 모둠 노래 만들기, 모둠 구호 만들어 외치기 등 간단한 것부터가 좋을 것이다. 그리고 '커뮤니케이션 촉진하기'를 액션으로 표현해보자.

3. 이 방법은 ＿＿＿을 유지하는가?

정답은 '자긍심'이다. 즉, '자긍심 유지하기'다.

만약 내 수업에서 학생들이 자긍심과 자존감을 느낄 수 있다면 얼마나 좋을까? 재미있는 수업, 활기찬 수업을 넘어서 학생들에게 자긍심과 자신감을 갖게 하려면 어떻게 해야 할까? 자긍심을 심어 주는 좋은 방법 중에 하나는 상대방을 칭찬해 주고, 인정해 주는 것이다.

필자는 간혹 수업을 시작할 때 2012년 수학올림피아드 TOP 10을 모둠별로 기록해 볼까? 정답을 가장 많이 맞힌 모둠에는 상을 줄 거야"하며 미션을 준다. 그러면 학생들은 서로 의견을 내면서 때로는 열띤 토론으로 이어지기도 한다. 각 모둠별로 의견을 취합하여 정답을 기록하면, 잠시 뒤에 필자는 10위권의 나라부터 정답을 불러 준다. 정답을 맞히지 못한 모둠에서는 아쉬움과 탄성이 흘러나온다. 동시에 정답을 맞힌 모둠에서는 환호성이 터져 나온다. 정답이었던 본인의 의견이 채택되지 못해 안타깝게 된 경우 순간 원망 섞인 말들이 튀어나오기도 한다.

만약 어느 학생이 "중국은 수학을 잘한다. 인구가 많아서 수학을 잘하는 사람도 많을 것이다"라며 다른 학생들에게 자신의 의견을 관철시켰는데, 나중에 보니까 정답이다. 그럴 때 이 학생의 반응은 어떨까? 외향적인 학생은 "내가 답을 맞혔다"라며 마음껏 기뻐한다. 다소 내성적인 학생들은 대놓고 기뻐하지는 않아도 그 얼굴에는 이미 자긍심이 묻어난다. 비록 작은 것이라도 학생들이 직접 수업에 참여했을 때 즐거움과 기쁨, 자긍심과 자부심을 느끼게 된다. 소소하지만 매시간 이런 경험을 하게 되면 학생들의 자긍심은 점점 더 커질 것이다. 이렇게 자긍심이 높아질수록 학생들은 포로자에서 진정한 학습자로 바뀔 것이다.

그렇다면 학생들에게 이러한 자긍심을 느끼게 하려면 쉬운 문제를 내야할까? 아니면 어려운 문제를 내야 할까?

물론 쉬운 문제를 내야 한다. 어려운 문제를 내면 낼수록 많은 학생들이 문제를 맞히지 못하게 되고, 실망한 학생들은 포로자가 되거나 잠을 청할 것이다.

따라서 많은 전문가들이 학생들의 50% 정도가 정답을 아는 문제를 내면 좋다고 하는데, 필자 생각에 수업 시작 부분에서는 보통 70% 이상이 아는 문제를 내는 것이 효과적이다. 그럼 한번 따라 해 볼까? 자긍심 유지하기! 이제 '자긍심 유지하기'를 액션으로 해 보자.

4. 이 방법은 _____와 연관성이 있는가?

정답은 '수업 내용'이다. 즉, '수업 내용과의 연관성'이다. 수업은 수업 내용과 연관성 있는 것으로 시작하는 것이 좋다. 그래서 필자는 오프닝 때 지난 시간에 배운 내용을 반드시 복습한다.

자, 한번 따라 해 보자. 수업 내용과 연관성 있게!! 이제는 액션으로 해 보자.

필자는 직무연수에서 교사를 대상으로 강의할 때 다양한 방법으로 시작함으로써 강의가 재미없고 무익할 것이라는 선입관을 깨는 것부터 시작한다. 감동적인 동영상 보여주기, 다양한 동작으로 박수 치기, 재미있는 넌센스 퀴즈 등 다양한 활동으로 딱딱한 분위기에 열기를 불어넣는다.

그리하여 교사들과 래포를 형성하고 강의에 대한 기대감을 갖도록 만든다. 그러면 직무연수에 포로자나 교제자, 휴가자로 참석한 교사들의 부정적이고 소극적인 마인드가 점점 변화되어 나중에는 즐겁게 참여하면서 진정한 학습자로 거듭나는 모습을 많이 보게 된다.

연수 강사로서 가장 어려운 경우는 한 학교의 전 교사를 대상으로 연수를 실시할 때다. 이런 연수는 보통 교사들이 원해서 하는 것이 아니고, 관리자(교장, 교감)에 의해서 의무적으로 실시하기 때문이다. 이런 연수들의 대부분은 교사들이 오랜만에 여유 시간을 즐길 수 있는 중간고사나 기말고사 기간에 실시한다. 그러니 연수 대상자인 교사들은 대부분 포로자로서 연수에 참여하게 된다. 처음 강사 소개 시간부터 분위기는 냉랭하다. 이때 강사가 마음을 단단히 먹지 않으면 위축되기 마련이다. 소극적이고 부정적이며 냉소적이기까지 한 분위기를 반전하여 열정적으로 참여하는 분위기로 만들어야 한다.

처음부터 분위기를 너무 고조시켜서 진행하면 오히려 역효과가 일어날 수도 있다. 예를 들면, 감동적인 동영상으로 오프닝을 하면서 그들의 마음을 조금씩 열어 나가야 한다. 그리고 점차적으로 생동감 있는 분위기를 조성해 나간다. 이 과정을 진하게 되면 오프닝 시간이 길어지게 마련이다. 오프닝만 보통 40분에서 길게는 1시간 정도 걸릴 수도 있다.

그래서 필자는 수업에서 오프닝때 두 가지를 반드시 한다. 첫 번째는 지난 시간에 배운 내용을 복습하는 것이다. 그렇다고 교사가 일방적으로 '내가 지금부터 지난 시간에 배운 것을 복습해줄게요. 잘 들으세요'라고 하면 학생들은 관심이 없고 집중을 못해서 효과가 거의 없을 것이다. 이럴 때 참여식으로 복습을 한다. 학생들이 참여하면서 복습을 하면 재미있어하면서 효과가 좋을 것이다. 참여하는 복습 방법에 대해서는 다음 장에 넣기로 한다.

꼭 실시하는 두 번째는 오늘 학습할 내용을 질문으로 시작하는 것이다. 많은 교사들이 그 시간에 학습할 내용을 일방적인 강의식으로 가르치는 경우가 많다. 이렇게 하게 되면 학습을 통해 사고력, 창의력과 비판적 사고를 키우지 못하고 주입식 교육으로 학습 효율성이 매우 낮다. 예를 들면 오늘 학습할 내용이 '민주주의와 사회주의의 특징'이라면 교사가 주입식으로 가르치는 것 보다 학생들에게 민주주의와 사회주의의 특징이 무엇인지 기록해보게 하고 간단하게 모둠별로 토론도 하고 발표를 해보게 한다. 그 후에 교사는 몇 가지만 보충을 해주면 된다. 이렇게 수업을 진행하면 학생들은 자기의 의견이 교사의 의견과 맞을 때는 자긍심이 향상되며 기타 의견들도 잘 받아들이고 학습 내용을 오래 기억할 수 있어서 좋다.

PART 4

생동감 있는 수업 오프닝의 방법들

- 퀴즈, 게임 등을 활용한 오프닝 사례
- 학기 초에 활용 가능한 오프닝
- 복습과 함께하는 오프닝 사례
- 수업 분위기를 집중시키는 오프닝
- 수업에 활력을 불어넣는 다양한 오프닝
- 뇌체조를 이용한 오프닝

퀴즈, 게임 등을 활용한 오프닝 사례

1. 'TOP 10' 활용하기

각 교과별로 수업 내용과 관련된 10위권 내 순위에 대한 내용이 많다. 이것을 오프닝 때 모둠별로 활용하면 다양한 효과를 얻을 수 있다. 예를 들어 학기 초에 수업을 시작할 때 "2012년 수학 올림피아드 TOP 10을 모둠별로 기록해 볼까? 정답을 가장 많이 맞힌 모둠에는 상을 줄 거야"라며 미션을 주는 방법이 있다. 이 방법을 좀 더 구체적으로 설명해 보겠다.

● 진행 방법

① 해당 교과에 적절한 내용에 대한 10위권 내 순위를 미리 파워포인트에 준비한다.

② 모둠별로 학생들에게 빈 종이를 배부한다.

③ 10개 나라를 순위에 관계없이 기록하게 한다. 이때 나라 명을 주어진 종이에 꽉 찰 만큼 크게 기록하도록 한다. 더 흥미롭게 진행하기 위해서

는 다른 모둠으로 정탐을 보내어 수정해도 된다고 규칙을 정해 준다.

④ 교사 멘트 : 이제 10위부터 정답을 보여줄 거예요. 맞으면 동그라미 표시를 하세요. 우리 모둠이 정답을 맞히면 어떻게 해야 하죠? 그래요, 환호성과 함께 박수를 치면 됩니다. 자, 10위입니다.

⑤ 정답을 많이 맞힌 모둠부터 보상을 한다.

⑥ 마지막으로 TOP 10에 대한 내용을 교사가 설명한다.

(1) 20-50 클럽에 가입한 7개국 기록하기

● 진행 방법

① 교사는 20–50 클럽에 가입한 나라에 대한 자료를 파워포인트에 미리 준비해 둔다.

② 모둠별로 나눠 줄 A4용지를 준비한다.

③ 파워포인트 내용을 보여주면서 20–50 클럽에 가입한 7개국을 순서에 상관없이 기록하게 한다. 정답을 많이 맞힌 모둠부터 칭찬 스티커를 나눠 줄 것이라고 말해 준다. 이때 20–50 클럽이 무엇인지 질문하면서 친절하게 설명해 준다.

④ 몇 분 후에 정답 맞히기를 한다. 정답을 맞힌 항목에는 동그라미 표시를 하고, 그 모둠은 환호성과 함께 박수를 치도록 한다.

⑤ 교사는 모둠별로 맞힌 개수를 체크하여 보상한다.

⑥ 20–50 클럽에 대한 의미를 자세히 설명해 준다.

20-50클럽 가입 연도 순위 7개 국가
7위 한국(2012년)
6위 영국(1996년)
5위 독일(1991년)
4위 이탈리아(1990년)
3위 프랑스(1990년)
2위 미국(1988년)
1위 일본(1987년)

잘 생각해 보면 각 교과에서 활용 가능한 부분이 많이 있다. 이와 관련된 인터넷 사이트, 카페, 서적들도 많이 나와 있다. 네이버 카페 중 '세계 순위'라는 카페http://cafe.naver.com/worldrank를 참고해도 좋다.

TOP 10 게임을 진행할 때는 교사가 활기차고 흥미진진한 분위기를 시종일관 조성하도록 노력해야 한다. 그러기 위해서는 간단한 보상을 활용해도 좋다. 또한 개인별보다는 모둠별 활동이 더 효과적이고, 참가자들의 70~80% 정도가 맞힐 수 있는 문제가 좋다.

2. 진진가(하얀 거짓말)의 활용 사례

어떤 문제나 제시된 내용 중에서 가짜를 찾아내는 방법은 흥미를 유발하기에 효과적이다. 이는 '진진가'(진실 2개, 가짜 1개)라고도 하고, 협동학습에서는 '하얀 거짓말'이라고도 한다.

필자도 자기소개를 진진가로 진행하곤 한다. 다음 파워포인트의 내용은 필자에 대한 소개다. 다섯 가지 중 한 가지는 가짜다.

나를 소개합니다(진진가)

1. 나는 2010년에 '올해의 과학교사상'을 받았다.
2. 나는 집에서 설거지를 자주 한다.
3. 나는 등산을 좋아한다.
4. 나는 학교에서 교무부장 업무를 담당하고 있다.
5. 나는 지난해에 교수법 강의를 50회 이상 했다.

• 멘트

저에 대한 소개를 하겠습니다. 다음 다섯 가지 중 한 가지는 가짜입니다. 그 한 가지가 무엇인지 맞춰 보세요. 모둠원들의 의견이 각자 다를 수 있습니다. 모둠별로 의논하여 하나의 가짜를 결정하세요. 잠시 뒤에 조장이 발표하도록 하겠습니다.

교사는 모둠별로 확인한 후에 다섯 가지 설명 각각을 소개하면서 가짜가 무엇인지 공개한다. 그리고 정답을 맞힌 모둠에 보상한다. 여러분도 각자의 교과에 진진가를 어떻게 활용할 수 있을지 생각해 보기 바란다.

다음은 수업에서 진진가를 진행할 때 참고할 만한 구체적인 방법이다.

• 진행 방법

① 교사가 먼저 자기소개를 시범 보이기 위해서 파워포인트에 자기소개에 관한 내용을 진실 3개, 거짓 1개를 만들어 둔다. 그런 다음 학생들에게 '가짜를 찾아라'라는 게임이라고 소개한 후에 유쾌하게 진행한다.

② 모둠별로 앉은 상황에서 학생들 각자 자기를 소개하는 내용을 3개는 진실, 1개는

거짓으로 기록하게 한다.

③ 각 모둠별로 학생들이 돌아가면서 본인이 기록한 내용을 읽어 주면 가짜를 찾아 기록하도록 한다.

④ 모둠별로 다시 학생들이 돌아가면서 자기소개 내용 중 가짜가 무엇인지 이야기 하며 본인을 자연스럽게 소개한다.

⑤ 모둠별로 가장 많이 정답을 맞힌 학생에게 칭찬과 함께 보상을 제공한다.

진진가로 자기소개를 하는 것처럼 학습 내용을 토대로 가짜를 찾는 활동을 하면, 재미있고 자연스럽게 학습 내용을 기억할 수 있게 된다.

3. 퀴즈 또는 넌센스 퀴즈의 활용 사례

수업을 시작할 때 주의를 집중시키거나 동기부여하기 위해서는 간단한 넌센스 퀴즈를 내는 것이 좋은 효과를 낼 수 있다. 필자는 상황에 따라서 재미있는 넌센스 퀴즈나 수학 퀴즈를 활용한다. 특히 수학 과목은 수학적 뇌와 감각을 깨워 줄 수 있는 재미있는 퀴즈들이 많이 있다.

예를 들어, 함수나 수열 부분을 가르칠 때 오프닝에서 패턴과 관련된 문제를 퀴즈 형식으로 지속적으로 내면, 패턴 인식을 담당하는 뇌를 자극하여 활성화하고, 흥미를 유발하여 본 수업에서도 많은 도움이 된다. 처음에는 수업 내용과 직접적인 관련이 없는 재미있는 퀴즈로 시작해도 좋다.

다음은 재미있는 수학 퀴즈의 몇 가지 예시다. 다른 교과의 경우, 그 교과와 관련된 내용으로 퀴즈를 준비하여 진행할 수 있다.

• 재미있고 기발한 수학퀴즈

1) 화살 다섯 발을 1, 3, 5, 7, 9점이 적힌 과녁에 쏘아서 모두 맞혔다면 다음 중 얻을 수 있는 점수는?

① 1점   ② 16점   ③ 20점   ④ 27점   ⑤ 47점

2) 계산 문제에서 1 + 2 + 3 + …… + 100을 어떻게 풀 것인가?

3) 다음 계산에서 전체를 한눈으로 본다.

21 + 7 + 9 + 3 + 6 + 4 = ?

4) 패턴 인식 문제

• 1, 1, 2, 1, 2, 3, 1, 2, 3, 4, 1, 2, 3, 4, 5, … 다음에 나오는 수를 몇 개 나열하면?

• 1, 1, 2, 1, 1, 2, 3, 2, 1, 1, 2, 3, 4, 3, 2, 1, … 다음에 나오는 수를 몇 개 나열하면?

• 2, 1, 4, 3, 6 … 다음에 나오는 수를 몇 개 나열하면?

• 빈칸에 들어갈 숫자는?

3	4	5	6	7	8	9	10
		52	63	94	46		

- 다음 수는 일정한 규칙이 있다. 빈칸에 들어갈 숫자는?

			22	21
10			13	
		7	14	
2				
1	4			

5) 기발한 발상을 떠오르게 하는 퀴즈

- 소주병의 부피를 구하는 방법에는 어떤 것들이 있는지 생각해 본다.

- 다음 값을 구하시오.

  $(x-a)(x-b)(x-c) \cdots (x-z)=$

- 크기가 같은 금반지와 은반지를 끼고 있다. 안쪽에 있는 금반지를 빼려면 어떻게 해야 할까? (단, 은반지는 항상 손가락에 있어야 한다.)

- 5분짜리와 3분짜리 모래시계를 가지고 4분을 잴 수 있을까? (단, 모래시계를 뒤집는 시간은 무시한다.)

- **에디슨의 에피소드**

  에디슨이 연구실에서 실험 도중 전구의 부피를 구하려다 갑자기 바쁜 일이 생겨서 그의 조수에게 전구의 부피를 알아내라고 지시하고 나갔다. 저녁에 돌아와서 보니 그의 조수가 땀을 뻘뻘 흘리면서 아직도 전구 부피를 계산하고 있었다. 무척 복잡한 적분을 하고 있는 조수를 보고 기겁하며 에디슨이 말했다.

"그냥 물을 채워 보면 될 것을.…… 쯧쯧.…… 머리는 왜 달고 다녀?"

도대체 수학이란 무엇일까? 머리를 굴린다는 것은 수학과 무엇이 다른가?

- **병 속에 갇힌 바퀴벌레를 꺼내려면?**

  (단, 병을 깨트려서는 안 되고, 코르크 마개를 뽑아서는 안 된다.)

넌센스 퀴즈에 대한 자료나 교과 내용과 관련된 퀴즈도 인터넷을 검색하면 많이 찾을 수 있다.

또 다른 방법 중 하나는 학생들에게 번호순으로 돌아가면서 문제를 내고 맞히는 식이다. 이것은 학생들이 직접 참여한다는 의미에서 매우 좋은 방법이다. 학생들이 발표한 문제를 일 년만 모아도 방대한 자료가 될 것이다.

학기 초에 활용 가능한 오프닝

1. 규칙 정하기

학기 초인 3월과 9월은 매우 중요하다. 참여수업을 하려면 많은 준비가 필요한데, 그 모든 기틀이 학기 초에 잡혀야 하기 때문이다.

교실 분위기는 학생들의 태도와 행동을 상당히 좌우한다. 수업을 마지못해 듣는 학생도 다른 학생들의 모습에서 한껏 들뜬 기대감과 짜릿한 긴장감, 적극적인 태도 등이 감지되면 혼자만 시큰둥하게 앉아 있기가 쉽지 않다. 군중심리가 발동되기 때문이다.

일 년간의 교실 분위기를 가장 크게 좌우하는 순간이 바로 수업 첫 시간이다. 첫날 수업시간에 학생들을 둘러보면 서로 곁눈질하기 바쁘다. 앞으로 이 수업에 어떻게 참여할 것인가를 생각한다. 대부분의 경우에는 채 몇 분 안 되어 결정이 난다. '다른 수업과 별 다를 바가 없다'와 '이 수업은 뭔가 다르다'로 나뉘는 것이다. 우리의 주의력은 '뭔가 다르다'고 인식되는 대상에 집중하게 되어 있다. 졸거나 장난을 치거나 잡담하는 학생이 없도록 하기 위해서는 수업 첫날부터 교실을 학습적인 분위기로 조성해야 한다. 한 번 흐려진 분위기를 훗날 되돌리기란 무척 어렵기 때문이다.

이때 학생들과 규칙 정하기를 한다. 어느 학교든지 교칙이 있겠지만, 이 규칙은 학생들과 해당 수업 시간에만 지키기로 하는 약속이다. 그래서 각 반마다 다르게 정할 수 있다. 그러나 합의되지 않은 규칙은 항상 불만이 뒤따르기 때문에, 학생들과 충분히 대화하여 합의를 이끌어내는 것이 중요하다. 그래야 정해진 규칙을 잘 지키게 된다. 내가 사용하는 방법은 다음과 같다.

● 진행 방법

① 모둠별(모둠이 없는 경우 4~6명을 묶어서)로 포스트잇이나 이면지를 나누어 준다.

② '선생님께 바란다'를 주제로 토론하고(5분간), 그 내용을 종이에 적는다.

③ 토론된 내용 중 다섯 가지에만 밑줄을 긋고 발표하도록 한다.

④ 발표된 내용을 칠판에 적는다.

⑤ 이번에는 '선생님이 바란다'를 주제로 토론한다.

⑥ 같은 방법으로 발표 내용을 칠판에 적는다.

⑦ 합의 된 수업 규칙 5개(학생, 교사 각각)를 지킬 것을 선서한다.

⑧ 끝으로 어겼을 경우에 행하게 될 벌칙을 정한다.

이 방법을 1학기 초와 2학기 초에 걸쳐 2회 실시한다. 규칙을 정하는 과정을 동영상으로 촬영하거나 사진을 찍어 두면 좋다. 합의된 규칙을 정리하여 수시로 공유하면 좋은 효과를 기대할 수 있다. 2학기 때는 이미 경험이 있기 때문에 더욱 진지해지고 분위기가 무르익는다. 학생들은 교사에게서 인격적인 대우를 받는다고 생각하여 서로 간에 신뢰가 두터워지기도 한다.

2. 스스로 학습목표 세우기

공부를 하는 데 있어서 학습목표를 설정하는 것은 무척 중요하다. 보통 학습목표는 교사가 일방적으로 제시하는데, 이럴 경우 학습목표에 대한 잘못된 인식이 심어질 수 있고, 적극성과 책임감이 결여될 수도 있다. 필자도 이전에는 연구수업이나 공개수업 때만 보여주기 식으로 학습목표를 제시하곤 했는데, 교수법을 연구하면서 학습목표가 얼마나 중요한지 알게 되었다. 그래서 수업시간마다 학습목표를 칠판에 기록하여 제시하고 학생들과 한목소리로 읽기도 하지만, 정작 학생들은 학습목표에 큰 관심이 없는 것 같았다. 그런데 학생들 스스로 학습목표를 세우고 실행하도록 하니 좋은 효과가 나타났다. 수업이 종료될 즈음 학생들 스스로 학습목표를 얼마나 달성했는지 평가하도록 한다. 학습목표를 세울 때는 학습 내용과 관계된 것 외에도 오늘 수업에 임하는 자세, 태도, 결심, 의지와 관련해서도 목표를 세우게 한다. 그러자 학생들 스스로 자신이 수업에 임하는 태도를 돌아보게 되었다.

(1) 스스로 학습목표 세우기(예)

"오늘은 교과서 12~14쪽에 나오는 실수에 대해서 배울 거예요. 학생들 스스로 읽어 보고 학습목표를 기록해 보세요."

⇨ 실수에 대해서 알고 이해할 수 있다.

"오늘 수업에 임하는 태도, 자세, 결심, 의지 등의 목표를 노트에 기록해 보세요."

⇨ 집중해서 수업에 임하겠다.

오늘 제시되는 문제를 모두 풀겠다.

졸지 않겠다.

적극 참여 하겠다.

(2) 스스로 학습목표 평가하기(수업 마무리 부분에서 실시하기)

평가 방법은 다양하다. 다음 사진 자료를 보면 도움이 될 것이다. 서술식 평가와 점수 평가(상, 중, 하 평가 방식 / 만점 기준으로 채점하기 등) 방식 등이 있다.

㉵ 서술식 평가 : 유리수와 무리수에 대해서 알 수 있었다.

학생 스스로 학습목표를 세워 기록하는 것은 학기 초는 물론이고 학기 내내 실행 가능한 전략이다. 다만, 학생 스스로 목표를 설정하는 데 대한 학생들의 이해와 적극적인 참여를 유도하기 위해서는 학기 초에 교사가 얼마나 준비하고 훈련하느냐에 따라 그 성패가 좌우된다. 따라서 학기 초에 충분한 설명과 매 시간별 확인과 연습이 필요하다. 또한 매 시간 실행하기 위해서는 끈기가 필요하다.

앞서 제시한 방법 외에도 학생들에게 학습목표를 인식시키는 몇 가지 방법이 더 있다. 우선 학습목표를 초성으로 보여주고 맞히도록 하는 게임 방법이 있다. 이는 학생들의 호기심을 자극하여 학습목표를 각인시킬 수 있는 좋은 방법이다.

㉵ ㅂㅅㅅ의 ㅅㅊㅇㅅ을 ㄱㅅ할 수 있다. ⇨ 복소수의 사칙연산을 계산할 수 있다.

그리고 학습목표의 글자들을 섞어서 조합하기 식의 퍼즐 형태로 진행하면 좋은 효과를 기대할 수 있다.

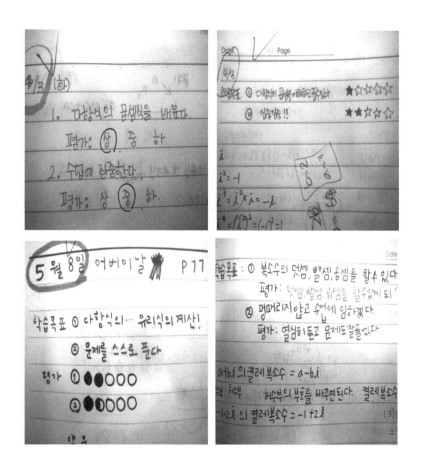

3. 기타 오프닝 사례

(1) 모둠 구성하기

모둠을 구성한 후에 모둠 이름, 모둠 구호 등을 만들어서 발표하고, 각 모둠의 구호를 외치게 한다. 모둠별로 학생 각각의 임무(조장, 발표자, 기록자, 수호천사 등)를 편성하도록 한다.

(2) 멈춤 신호 정하고 연습하기

교사가 "박수 두 번 시작" 하면 학생들은 하던 일을 모두 멈추고 박수를 두 번 친 다음 교사를 향해 집중하게끔 약속을 잡는다. 일종의 '신호'다. 필자는 이것을 '집중 박수'라고도 하고 '브레이크 박수'라고도 한다. 자동차가 80킬로미터 속도로 달리고 있는데 브레이크가 없으면 사고가 나는 것처럼 수업에서 하던 활동을 멈추고 집중하지 않으면 원활한 수업 진행이 어렵다. 그래서 이런 '신호'가 반드시 필요하다. 3월 한 달간 꾸준히 연습하면 나중에는 자연스럽게 이 신호를 받고 집중하게 된다.

(3) 모둠 활동 – 모둠원들의 공통점 찾아 기록하기

모둠 활동을 통해 모둠원들 간에 공통점을 찾아본다. 공통점을 찾기 위해 활발하게 토론하는 과정에서 서로에게 좀 더 관심을 갖고, 친밀해지는 계기가 될 수 있다.

● 진행 방법

① 모둠별로 켄트지 한 장씩을 배부한다.

② 모둠원들 간에 유대감을 갖고 협동심을 높이기 위한 활동으로 모둠원들 간에 공통점 찾아서 기록하게 한다.

③ 시작할 때는 양으로 승부하게 한다.

④ 너무 뻔한 공통점은 인정하지 않는다(예를 들면, '학생이다.', '1학년 1반이다', '양말을 신었다' 등등).

⑤ 모둠별로 발표하는 시간을 가진다. 발표 도중에 너무 뻔해서 인정할 수 없는 부분

강의하지 말고 참여시켜라

에 대해서는 서로 의견을 나누면서 진행하면 친밀감을 더욱 높일 수 있다.

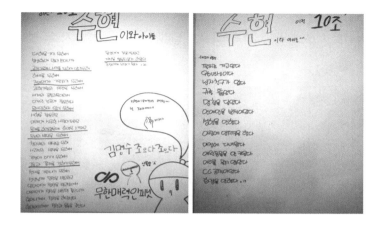

(4) 마인드맵 그리기

학습에서 가장 중요한 것은 전체를 머릿속에 그리고 있는 것이다. 전체
인 숲을 모르고 부분적인 나무들만 알 경우 그 정보들은 연결이 안 될뿐더
러 쓸모없는 지식이 되어 기억에서 곧 사라질 것이다. 전체를 잘 파악하도
록 하는 방법 중 하나는 마인드맵을 그리게 하는 것이다. 특히 교과서 목차
를 가지고 마인드맵을 그리게 되면 앞으로 학습해야 할 부분의 맥을 짚어
볼 수 있어서 효과적이다. 그래서 필자는 학기 초에 목차를 가지고 반드시
마인드맵을 그려 보게 한다. 물론 그 효과는 매우 좋다.

● 진행 방법

① 개인별 또는 모둠별로 진행할 수 있다. 개인별로 할 때는 노트 전체 면에 그리게
　하고, 모둠별로 진행할 때는 미리 배부한 켄트지에 협력하여 그리게 한다.

② 맵을 그리기 전에 맵에 대한 자료와 그리는 방법에 대한 동영상 보여준다.

③ 잘된 맵을 몇 장 선택하여 며칠간 교실에 게시한다. 마인드맵의 형태는 우리 뇌가 잘 습득할 수 있는 연결망으로 이루어져 있어서 반복해서 보면 자연스럽게 기억할 수 있다.

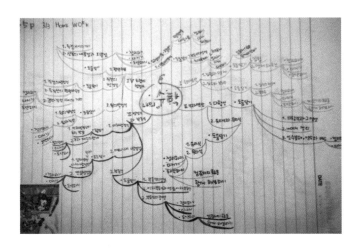

(5) 이름 기억하기

학기 초에 학생들이 서로의 이름을 잘 기억하도록 하기 위한 방법이다.

• 진행 방법

학급의 리더가 지정한 학생부터 자기 이름을 "한○○입니다"라고 소개하면, 바로 옆 사람은 "한○○ 옆 김○○입니다"라고 말하고, 또 그 옆 사람이 "한○○ 옆 김○○ 옆 이○○입니다"라고 소개하는 방식이다. 이러한 방식으로 학생들이 자기소개를 하면서 옆 친구의 이름을 외우는 게임이다.

(6) 학기 초에 해당 교과목과 친해지기

필자의 경우 수학 담당이기 때문에 수학 과목을 예로 들어 설명하겠다. 학기 초에 학생들이 수학 과목과 친해지게끔 하기 위해 모둠별로 수학 교과서의 특징을 쓰게 한다. 더 많은 특징을 적은 모둠이 승리하는 식이다. 이렇게 하면 한 번에 수학 교과서의 특징을 알 수 있고, 딱딱한 수학 과목과 친해지는 계기가 된다.

● 진행 방법

① 모둠별로 켄트지를 한 장씩 배부한다.

② 새로 배부된 수학 교과서를 보면서 특징을 쓰게 한다.

③ 더 많은 특징을 적어 낸 모둠이 승리한다.

④ 상위 모둠에는 적절한 보상을 하고, 몇몇 모둠이 발표하도록 한다.

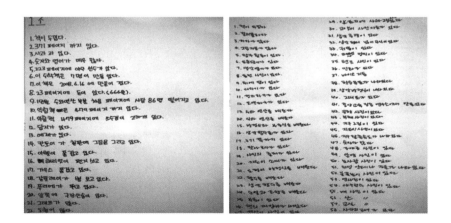

오프닝은 학기 전체 수업에 많은 영향을 미친다. 그만큼 철저하게 준비

하는 것이 좋다. 모둠 편성, 모둠 이름 짓기, 모둠 구호 외치기, 모둠의 네트워크 형성하기 등은 뒷부분에서 더욱 자세히 다룰 것이다. 여기서는 오프닝 시 모둠원들 간의 공통점 찾기 활동이 모둠을 새로 편성할 때 실시하면 친목과 화합을 다지는 데 좋은 방법이라는 것쯤을 기억해 두면 좋다.

복습과 함께하는 오프닝 사례

오프닝 때 지난 시간에 배운 내용을 복습하는 것이 가장 핵심이다. 에빙하우스의 망각곡선에 따르면, 동일한 내용을 5~6번 정도 복습해야 90% 이상의 상태를 유지할 수 있다. 따라서 수업 마무리 시점은 물론이고 수업 시작 시점에 반드시 복습을 해야 한다. 그러나 교사가 일방적으로 전달하는 방식은 효과가 거의 없으며, 학생들이 적극적으로 참여했을 때 오랫동안 기억에 남게 된다.

여기에서는 오프닝 때 복습하는 방법을 3가지 정도만 살펴보고, 다양한 복습 방식의 사례는 5~6장에서 소개하겠다.

1. 복습 내용 기록하기

지난 시간에 배운 것을 오프닝 때 기록하게 하고 발표하도록 한다. 이렇듯 학습 내용의 복습 방법은 다양하다. 여기서 소개하는 몇 가지 방법을 숙지하여 다양하게 응용할 수 있다.

(1) 모둠별로 켄트지에 기록하기

• 진행 방법

① 모둠별로 켄트지 혹은 A4용지를 나누어 준다.

② 지난 시간에 배운 내용을 모둠별로 협력하여 기록하게 한다.

③ 많은 참여를 유도하기 위해 가장 많은 내용을 기록한 모둠이 승리하는 것으로 한다. 상위 모둠에는 보상할 것이라고 공지한다.

④ 책이나 노트를 보고 기록해도 된다.

⑤ 3분 정도가 지나면 교사가 "그만"을 외치고, 모둠별로 개수를 세어 기록하게 한다. 많이 기록한 모둠부터 보상을 제공한다.

⑥ 이번에는 양이 아닌 질을 기준으로 승패를 가르겠다고 명시한다. 모둠별로 기록한 내용 중에 핵심이라고 생각하는 부분에 빨간색으로 밑줄을 긋게 한다. 밑줄을 그은 내용을 발표하게 하여 내용이 좋은 모둠에는 보상을 한다.

이것은 지난 시간에 배운 내용을 역동적으로 복습할 수 있는 방법이다. 교사는 이 방법으로 진행할 때 학생들이 적극 참여할 수 있도록 적절한 멘트와 함께 격려와 칭찬을 아끼지 말고 충분히 해 주도록 한다.

(2) 연상해서 기록하기

이 방법은 앞의 방법과는 조금 달리 노트와 책을 모두 덮은 후에 오직 기억으로만 복습 내용을 기록하는 것이다. 이때 더 많은 기억을 되살리기 위해서 교사가 한 농담이나 특별한 이야기, 몸동작 등을 기록해도 인정해 준다. 그러면 학생들은 먼저 지난 시간 교사가 했던 특별한 행동에 대한 기억을 떠올려 기록할 것이다. 그러면서 자연스럽게 지난 시간에 학습한 내용을 기억하게끔 한다.

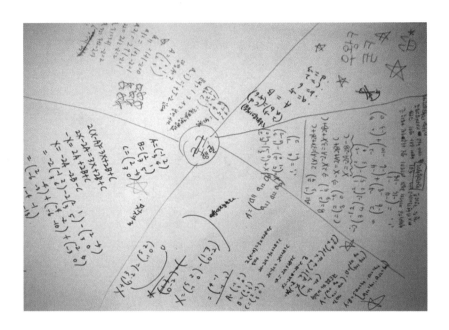

• 진행 방법

① 먼저 책이나 노트를 모두 덮도록 한다.

② 모둠별로 켄트지나 A4용지를 나누어 준다.

③ 지난 시간에 배운 내용을 모둠별로 협력하여 기록하게 한다. 교사가 한 농담이나 특별한 이야기, 몸동작 등을 기록해도 인정한다고 공지한다.

④ 많은 참여를 유도하기 위해 가장 많은 내용을 기록한 모둠이 승리하는 것으로 한다. 상위 모둠에는 보상할 것이라고 공지한다.

⑤ 3분 정도가 지나면 교사가 "그만"을 외치고, 모둠별로 개수를 세어 기록하게 한다. 많이 기록한 모둠부터 보상을 제공한다.

⑥ 몇몇 모둠이 기록한 내용을 발표하도록 한다.

이 연상 기록법은 오랫동안 기억을 유지시켜 주는 강력한 복습 방법이다. 처음에는 기록하는 양이 적을 수 있지만, 몇 달간 지속적으로 훈련하면 많은 양을 기록하게 될 것이다.

(3) 포스트잇에 기록하기

이 방법은 지난 시간에 배운 내용을 포스트잇이나 수첩(쪽지)에 기록하게 하여 모둠별로 나누거나 전체가 공유하도록 한다. 포스트잇에 기록한 것을 교실 한쪽 벽에 부착해서 오가며 볼 수 있게 하는 매우 좋은 방법이다.

● 진행 방법

① 개인별로 포스트잇이나 쪽지를 한 장씩 나누어 준다.

② 지난 시간에 배운 내용 중 핵심 내용이라고 생각하는 것 한두 가지만 기록하게 한다.

③ 2분 후에 "그만"을 외치고, 기록한 내용을 모둠에서 돌아가면서 나누게 한다.

④ 몇몇 모둠이 기록한 내용을 전체를 대상으로 발표하도록 한다.

⑤ 각 모둠의 모둠장이 포스트잇을 모아서 교실 한쪽 벽에 붙여 놓는다.

지난 시간에 배운 것을 빈칸으로

판별식 D = _____

1) _____이면 _____이다

1) _____이면 _____이다

1) _____이면 _____이다

2. 핵심 복습 내용 맞히기

지난 시간에 배운 내용의 핵심이 되는 부분을 빈칸으로 나두고 맞히는 게임 형식으로 진행한다. 게임 형식으로 진행되므로 재미있고 자연스럽게 복습할 수 있다. 이와 비슷한 방법도 있다. 핵심이 되는 내용을 초성으로만 보여준 다음 맞히게 하는 방법이다. 또는 퍼즐 맞추기 식으로, 핵심 내용을 이루는 단어들을 흩어놓고 조합하여 맞히는 식의 방법도 있다.

이 부분을 진행할 때 모두가 참여할 수 있도록 학생들의 흥미를 유발해야 좋은 효과를 기대할 수 있다. 모둠별로 맞히기 게임 형식으로 진행하는 것도 좋다. 그러나 핵심이 되는 단어를 맞히는 것에만 집중하여 진행한다면 완전한 복습이 안 될 수도 있다. 이때 한 명이 정답을 맞히면, 그 내용에 대해 다른 학생이 설명하도록 하여 더 많은 참여를 이끌어낸다. 설명한 학생에게는 적절한 보상을 한다. 나머지 부족한 부분은 교사가 보충하여 정리해 준다.

수업 분위기를 집중시키는 오프닝

1. 명상

우리 뇌의 전두엽은 우리의 행동과 사고와 감정을 예의 주시하고, 감독하고, 지시하고, 통제하고, 집중시키는 역할을 한다. 특히 집중과 밀접한 관계가 있는 전두엽은 덜 중요한 생각이나 감각을 걸러내고, 중요한 정보에는 초점을 맞춰 집중하도록 한다. 우리가 어떤 일에 집중하는 순간, 실제로 전두엽은 뇌의 변연계와 감각 영역에 억제 신호를 보내고 다른 뇌 영역으로부터 들어오는 방해 자극은 감소시킨다. 전두엽 영역의 활동이 저하될 때 집중의 폭은 짧아지고 산만해진다.

충동을 통제하는 전두엽은 변연계와도 깊은 관계가 있다. 전두엽은 억제 메시지를 통해 변연계가 자신의 통제하에 있도록 한다. 전두엽과 변연계의 이러한 관계로 인해 정서 기능과 더불어 사고 기능이 작용한다. 특히 좌반구 쪽의 전전두엽이 손상되거나 기능이 저하되면 변연계가 적절히 억제되지 않아 과잉 활동을 하게 된다. 이렇게 되면 일관성 있는 행동을 하기 어렵다.

집중하고 있을 때 뇌는 에너지를 매우 많이 소모하면서도 아주 안정된 상태를 유지한다. 그래서 집중해서 일하고 나면 몸은 좀 지치지만 기분은 오히려 가뿐해진다. 이러한 집중이 꾸준히 지속될 때 뇌에서 통합 현상이 일어난다. 즉, 뇌의 통합을 이끌어내는 핵심은 집중이다.

호흡과 몸에 집중하는 명상을 꾸준히 하는 것은 집중하는 힘을 기르는 데 많은 도움이 된다. 집중을 반복하는 것 자체가 집중력을 키우는 방법인 것이다. 그리고 집중하는 힘이 클수록 뇌의 통합은 더 잘 이루어진다.

명상을 할 때는 알파파가 나오는데, 편안한 자세에서 안정적인 호흡을 하는 것만으로도 충분한 효과를 거둘 수 있다. 이때 음악을 듣거나 축복 기도를 하면 주위 집중 효과가 더 커진다. 또한 두뇌 활동이 최적 상태가 되어 기억력과 창의력이 향상된다. 주의 산만함이 줄어들거나 감정이 평정심을 찾으면 성격 역시 밝아진다.

다음 순서를 따라서 함께 해 보자. 교실 분위기도 차분해지고 학생들의 마음도 정돈될 것이다.

● 진행 방법

① 먼저 명상이 학습하는 데 얼마나 좋은 효과가 있는지 명상에 대한 자료(이미지, 동영상, 데이터 등)를 보여준다. 인터넷을 검색하면 명상에 대한 다양한 자료를 찾을 수 있다. 명상하는 방법, 명상 음악도 다양하다.

② 자리에 앉은 상태에서 올바른 명상 자세를 취하도록 손, 팔, 머리, 목, 가슴, 허리, 눈, 입 모양 등의 바른 자세를 순서대로 알려 준다.

③ 손을 앞으로 들어 두 손을 깍지를 끼도록 한다. 그 상태 그대로 자신의 배꼽, 단전에 올려놓도록 한다.

④ 고개는 정면을 바라보고 눈을 감는다. 그 상태에서 미소 짓는 표정이 되도록 의식을 양 눈썹 중심에 둔다.

⑤ 천천히 숨을 깊게 들이쉬고 천천히 내쉬는 복식 호흡을 한다.

⑥ 이때 마음을 가라앉히는 좋은 말이 있으면 간단하게 말한다. 예를 들면, 곧 있을 시험이 걱정되고 불안하면 마음을 침착하게 해 주는 말을 한다.

⑦ 2분간 명상한다. 이때 말하는 것은 금물이다.

⑧ 2분 후에 "그만" 말하고, 자연스럽게 수업을 진행한다.

이때 음악이 있으면 좋다. 음악 준비를 학생들에게 맡기면 더욱 좋다. 차분한 음악을 위주로 준비하도록 한다. 주의할 점은 이 활동을 부담스럽게 생각하는 학생에게는 억지로 참여시키지 말고, 다른 학생들의 명상을 위해 그냥 가만히 앉아 있도록 하는 것이다. 강압적으로 시키려는 의도가 없음을 알릴 필요가 있다.

특히 학교의 정기적 시험(중간고사 혹은 기말고사 등)이나 수능 시험을 보기에 앞서 꾸준히 명상을 한다면 몸과 마음을 안정시켜 주고, 시험 문제를 풀 때 집중력을 높여 줄 수 있다. 명상을 하면서 시험 문제를 풀어 나가는 전 과정을 머릿속으로 모의 훈련해 보는 이미지트레이닝을 하는 것도 유용하다.

2. 다양한 침묵신호

운동장에서 뛰어놀던 학생들은 수업 종이 울리고 나서야 황급히 교실로 들어간다. 교사보다도 늦게 도착한 학생들이 땀을 흘리며 옷을 갈아입고, 어수선하게 가방을 뒤지며 책과 펜을 찾는다. 교사가 수업을 하기 위해서 교실 문을 여는 순간, 이렇게 난장판이 되어 있는 교실의 광경을 본다.

이럴 때 분위기를 쇄신하기 위해서 교사는 어떻게 해야 할까? 어떤 교사는 소리를 지르고, 또 어떤 교사는 시끄럽게 책상을 두드린다. 그러나 이러한 일련의 행동들은 교육적이지도, 유익하지도 않다. 수업 시작부터 분위기는 가라앉고, 서로에 대한 감정만 악화될 뿐이다.

(1) 박수 두 번 시작

수업 시작에서부터 교사는 중심을 잃어서는 안 된다. 학생들을 진정시키고 자신이 원하는 수업 분위기를 조성하는 것이 무척 중요하다. 사실 현재 우리나라 학교의 너무 빡빡한 수업 스케줄과 짧은 휴식 시간은 구조적으로 문제가 많다. 그러므로 다소 시간이 걸리더라도 학생들이 차분히 수업을 준비할 수 있도록 기다려 줘야 한다.

교탁 앞에 가만히 서서 학생 한 명 한 명을 세심한 눈빛으로 바라보며 기다린다. 이 기다림의 시간이 적어도 5분 이상 걸릴 수도 있다. 그러나 교사가 초조해져서는 안 된다. 화를 내서도 안 된다. 성급하게 수업을 시작하기 위해 수업 분위기를 망치지 말아야 한다.

그래도 교실 분위기가 정돈되지 않으면 큰 소리로 "박수 두 번 시작" 하고 말해 본다. 이 말을 들은 학생들은 하던 일을 멈추고 박수를 두 번 쳐야 한다. 이러한 상황은 사전에 학생들과 일종의 규칙을 만들어 놓아야 한다. 교사가 말하면, 학생들이 그렇게 하도록 말이다. 그러면 상황은 말끔하게 정리된다.

개인적으로는 "박수 두 번 시작"을 침묵신호로 가장 많이 활용한다. 교실 분위기를 조용하면서도 경쾌하게 이끌 수 있는 강력한 신호이기 때문이다. 일 년간 이 침묵신호가 잘 지켜지도록 3월 한 달 동안 꾸준하게 연습하고 훈련하는 게 좋다. 그러면 그 이후에는 습관이 되어 자동적으로 할 수 있다.

강의하지 말고 참여시켜라

학생들에게 이 동작이 습관이 되었는지 실제로 실험을 해 본 적이 있다. 쉬는 시간에 학생들이 매점을 가기 위해서 한꺼번에 복도를 지나가기에, 필자는 갑자기 "박수 두 번 시작"이라고 크게 외쳤다. 그러자 지나가는 학생들이 가던 길을 멈추고 저를 향해 돌아본 다음 박수를 두 번 치면서 집중하는 것이 아닌가. 이렇듯 침묵신호가 학생들에게 습관처럼 굳어지면 무척 산만한 상황에서도 좋은 효과를 거둘 수 있다.

(2) 엄지손가락으로 침묵신호 하기

이 침묵신호는 협동학습에서 많이 활용하는 방법 중 하나다. 필자도 이 침묵신호를 사용해 보았는데 그 효과가 매우 좋았다. 대상이 저학년일수록 높은 효과를 기대할 수 있다.

• 진행 방법

① 교사가 박수를 두 번 친 다음 한 손은 입에다 대고, 다른 한 손은 손바닥을 펴서 들고 있다.
② 학생들은 교사와 똑같은 방법으로 동작을 취한 후 그대로 멈춰서 침묵한 상태로 교사에게 집중한다.
③ 교사가 손을 내리면 학생들도 따라서 손을 내린다.

이 방법도 많은 연습과 훈련이 필요하다. 학생들이 익숙해질 때까지 학기 초에 많은 연습이 필요하다. 처음에는 교사의 인내가 요구된다. 단 한 명이라도 제외되면 곧바로 분위기가 산만해질 수 있기 때문에 전원이 침묵신호를 하고 교사가 그다음 신호를 줄 때까지 기다려야 한다. 이 상황에서 기다리지 못하고 옛날 방식대로 학생들에게 소리를 지르거나 통제하려 한다면 긍정적인 반응을 기대할 수 없다.

이 방법들 외에도 침묵신호를 사용하는 방법은 많다. 다양하게 응용해도 좋다. 일 년 내내 같은 방식으로 하면 식상해지기 쉬우니 학기별 또는 분기별로 달리 활용할 수도 있다. 침묵신호는 교사들이 수업 분위기를 쇄신하기 위해 주로 사용하는 "조용히 좀 하렴", "그만 떠들어" 같은 말보다 훨씬 더 효과적이면서 부드럽다. 이를 제대로 실행하려면 무엇보다도 교사의 인내가 중요하다. 한번 실천해 보기를 바란다.

3. 동영상과 이야기, 그리고 게임

(1) 재미있는 동영상과 이미지 보여주기

요즘은 멀티미디어 시대다. 학생들의 호기심을 자극하는 동영상이나 이미지를 보여주면 그들의 주의를 집중시킬 수 있다. 이 자료가 수업 내용과 관련이 있으면 더욱 좋다. EBS에서 제작한 〈지식채널e〉에는 좋은 내용의 동영상이 많이 있는데, 수업에 잘 활용하면 좋은 반응을 얻을 수 있다.

(2) 재미있는 이야기 들려주기

요즘은 스토리텔링의 시대이기도 하다. 이야기가 곧 긍정의 힘을 발휘하는 것이다. 최근 교사에게 일어난 일들이나 다양한 경로로 알게 된 이야기들을 학생들에게 들려주면 굉장한 집중 효과를 기대할 수 있다. 특히, 수업 내용과 관련된 내용을 재미있는 이야기 형태로 각색하여 들려주는 것이 좋다. 아이들은 다음에 어떤 이야기가 이어질지 호기심을 느끼며 집중하게 된다. 자신이 마치 이야기 속 주인공이라도 된 것처럼 이야기에 빠져서 기뻐하거나 슬퍼한다. 스토리텔링에 대한 자세한 내용은 뒷부분에서 좀 더 다루겠다.

(3) 눈 감고 시간 재기 게임

이 게임은 재미있으면서 누구나 쉽게 참여할 수 있는 침묵 게임이다.

• 진행 방법

① 분위기가 산만할 때 모두 눈을 감게 한다.

② 눈을 감고 일정 시간(예 70초)이 지났다고 생각할 때 손을 들라고 한다. 정해진 시간을 가장 근접하게 맞힌 학생에게 선물로 사탕을 주겠다고 말해 준다.

③ 학생들이 눈을 감고 시간을 잴 때 교사는 다양한 방법으로 방해 작전을 편다.

④ 정해진 시간을 가장 근접하게 맞힌 학생에게 사탕을 주면서 집중력이 좋다고 칭찬해 준다.

이 방법은 학생들이 무척이나 좋아한다. 여러 번 해도 효과가 있다. 방해 작전에도 학생들이 끝까지 집중하는 모습이 대견하다. 학생들이 이 게임에 익숙해지면 시작하기도 전에 미리 리듬을 타기도 한다. 어떤 학생들은 자신의 맥박 리듬으로 시간을 재기도 한다.

4. 음악으로 집중력 키우기

음악을 적절히 잘 활용할 줄 아는 교사는 엄청난 혜택을 누릴 수 있다. 교수 시에 음악을 제대로 활용하는 것은 마치 제2의 지도자가 나타나 학생들의 정서를 관리하는 것과도 같다. 우리는 대부분의 학생들이 음악과 친근하다는 것을 잘 알고 있다. 놀랍게도 음악에 대한 사람들의 반응은 마치 뇌에 고정되어 있는 것 같다. 신체 리듬과 음악이 같은 주파수에 공명하면 동시성을 느끼고 더 잘 학습하며 인식력과 기민함이 상승한다.

음악이 우리의 심신에 미치는 잠재적 영향력으로는 다음과 같은 사항들이 있다.

- 근육 에너지 증가
- 분자 에너지 증가
- 심장 박동에의 변화
- 신진대사의 변화
- 통증 및 스트레스 감소
- 수술 환자의 상처 회복 촉진
- 피로 완화
- 정서 안정
- 창조력, 민감성, 사고력 자극

음악 장르별로 학습자 안정시키기, 준비 운동, 휴식, 주의 집중시키기, 에너지 충전 등을 돕는 수단으로 활용할 수 있다. 학습자들의 기분 변화뿐만 아니라, 무의식적으로 긍정적인 메시지나 내용을 전달하기 위해 활용되기도 한다. 무엇보다 가장 기본적인 음악의 효과는 학생들의 행복감을 증진시켜 줌으로써 즐거운 교실 분위기를 조성하는 데 있다.

수업 계획 시 음악의 통합을 시도하고자 한다면 학습자의 선호도를 고려해야 한다. 학습자마다 선호하는 교실의 실내 온도가 다르듯이, 학생들 사이에 음악 선호도 역시 다를 수밖에 없다. 어떤 학생들은 낮은 음의 배경음악(예 장조의 바로크)을 선호할 것이고, 또 어떤 학생들은 자연의 소리나 영감적 가사의 유행곡에 더 긍정적으로 반응할 것이다. 그 밖에 음악 선호도 결정 변수로는 학생들의 문화적 배경, 학습 스타일, 성격 유형 및 경험 등이 있다. 음량 수준, 음악 유형 및 악기 역시 중요하다. 이러한 많은 요인들을 고려하여 학생들에게 적합한 음악 스타일을 적용했을 때 가장 큰 효과를 기대할 수 있다.

그렇다면 개별적인 선호도는 차치하고서라도 일반적으로 어떤 음악이 가장 유익할까? 이에 대한 해답은 의도한 바에 따라 달라진다. 뇌는 예측 가능한 패턴보다 다양성에 주시한다. 예를 들어, 글쓰기에 집중하고 싶다면 잔잔한 음악, 바로크 음악 같은 것이 좋다. 다른 장르와 달리 바로크 음악은 쉽게 예측이 가능하고 상대적으로 산만한 요소들이 적다. 또 교실을 활기찬 분위기로 만들고 싶다면 분당 높은 비트로 구성된 음악을 선곡하면 된다. 반면에 이완된 분위기를 원한다면 자연의 소리나 부드러운 피아노 음악이 적격이다.

5. 자기암시 하기

자기암시는 필자가 적극적으로 사용하는 방법으로, 자기 자신의 잠재의식에 일정한 암시를 주입하는 것이다. 필자가 가르치는 본교 학생들이 예술을 전공을 하기 때문에 대부분 수학을 싫어한다. 중학교 때부터 수학에 대한 흥미를 잃어버린 상태에서 고등학교로 진학한 학생들이 많다. 그래서 학생들에게 수학에 대한 자신감을 심어 주기 위해 자기암시를 활용할 때가 있다.

수업을 시작할 때 다음의 내용을 교사가 먼저 읽고 학생들에게 큰 소리로 따라 읽게 한다. 그런 다음 다 같이 합창한다.

- 나는 수학을 잘할 수 있다.
- 나는 수재자다(수포자의 반대말로 '수학을 재미있게 즐기는 자'를 뜻함).
- 나는 어디서나 필요한 사람이다.
- 나는 언제나 밝게 웃는다(이때는 옆 사람을 보고 서로 미소 짓도록 한다).

여기서 잠깐 프랑스의 약사이자 심리치료사인 에밀 쿠에Emile Coué, 1857-1926에 대한 이야기를 해 보겠다.

에밀 쿠에는 자기암시를 매일 반복하여 일정한 암시를 주입하면 그 힘은 상상할 수 없을 만큼 커진다고 생각했다. 또한 자기암시가 몸과 마음의 병을 고치며, 상상에 충동을 가하여 의지로 할 수 없는 영역도 가능하게 한다고 보았다. 쿠에는 "상상과 의지意志가 부딪히면 상상이 이긴다"라고 설파하였다. 그리고 이러한 자기암시의 원리를 이용하여 평생 동안 수많은 환

강의하지 말고 참여시켜라

자들을 치료하였다.

나는 날마다,

모든 면에서,

점점 더 좋아지고 있다.

위 말은 쿠에가 제시한 자기암시의 대표적인 문구다. 그는 이 주문을 아침저녁으로 20번씩 반복하면 몸과 마음에 신비한 변화가 일어난다고 주장하였다. 이렇듯 자기암시는 우리가 의지로 억지로 하려고 노력해도 불가능한 일들을 무의식의 힘을 통해 이루어 준다. 예를 들어, 아침에 일찍 일어나려고 아무리 노력해도 되지 않는 경우에 꾸준한 자기암시를 통해 무의식에 주입하면 기상 시간이 빨라질 수 있다. 이처럼 무의식이나 상상의 힘이 무척 강하다는 것은 여러 면에서 증명되고 있다.

또한 에밀 쿠에는 '상상력이 의지보다 훨씬 강하다'는 사실도 처음으로 밝혀냈다. 어떤 일에서 성공하기 위해서는 의지력보다 상상력이 한층 더 긴요하다는 것이다. 의지력이 가장 큰 관건이라 여기는 사회적 통념을 뛰어넘는 주장이었다. 그는 또 무의식의 본성에 대한 수많은 실험을 통해 다음과 같은 법칙들을 발견했다.

- 의지와 상상이 부딪칠 경우 예외 없이 상상이 승리한다.
- 의지와 상상이 부딪치면 상상의 힘은 의지의 제곱에 비례한다.
- 의지와 상상이 서로 동의할 경우, 그 힘은 더해지는 것이 아니라 곱해진

만큼 커진다.

- 상상은 마음먹은 대로 움직인다.

상상, 즉 자기암시는 많은 일들을 가능하게 해 준다. 따라서 어떤 일을 앞두고 있다면, 그것이 결코 어려운 일이 아니라 쉽게 해낼 수 있는 일이라고 여겨야 한다. 만약 그 일을 어렵다고 여긴다면, 그것을 해내는 데 필요한 에너지의 열 배 혹은 스무 배의 에너지가 소모된다. 애꿎은 에너지만 낭비할 뿐이다.

생생하게 꿈꾸면 반드시 이루어진다. 생생하게 꿈꾼다는 것은 자기가 무엇을 원하는지 확실히 알고 있다는 뜻이다. 그러면 '어떻게 하면 그것을 보다 빨리 성취할 수 있을까?'라는 끊임없는 질문을 통해 답을 찾게 된다. 이때 잠재의식은 우리가 상상하지도 못할 만큼 놀라운 힘을 발휘한다.

보통 성공한 사람들은 하나같이 자기암시의 대가들이다. 박지성, 김연아, 이승엽, 버락 오바마 등이 그런 사람들의 대표적인 예다. 이들은 자신들이 꿈을 이루는 장면을 상상하면서 시련을 견뎌 냈고, 그 꿈을 실현했다.

여러분도 꼭 실천해 보기 바란다. 점차 긍정적인 변화가 일어날 것이다.

수업에 활력을 불어넣는 다양한 오프닝

1. 《개그콘서트》 활용하기

현재 인기 있는 TV 오락 프로그램을 활용하면 좋은 효과를 볼 수 있다. 예를 들면, 무한도전, 런닝맨, 개그콘서트 등을 활용해 볼 수 있다. 필자는 《개그콘서트》의 인기 프로그램이었던 〈용감한 녀석들〉을 다음과 같이 수업시간에 활용한다.

우리가 누구?

용감한 수재자

한숨 대신 함성으로

걱정 대신 열정으로

포기 대신 죽기 살기로

우리는 바로 용감한 수재자

학습 분위기가 침체되었을 때 학생들과 같이 '용감한 수재자'를 힘차게 외치면서 노래를 부르면 분위기가 한결 좋아진다.

2. 다양한 박수 치기

박수 치기는 아무리 강조해도 지나치지 않다. 필자는 학생들에게 박수에 대한 유익한 점을 알려 주고 연습을 한다. 무척 간단하지만 효과는 만점이다. 수업 중에 수시로 할 수도 있다.

3. 쥐잡기 게임

이 게임은 교실 분위기가 침체되어 있고, 졸고 있는 학생이 많을 때 하면 분위기를 활기차게 바꿀 수 있다. 두 명이 짝을 지어서 해도 좋고, 모둠별로 해도 좋다.

게임 방법은 오른손으로는 구멍을 만들어서 상대방 손을 잡고, 왼손의 한 손가락은 상대방의 손에 넣어서 하는 것이다. 교사가 '하나, 둘, 셋' 할 때 한 손은 빼고, 다른 한 손은 상대방을 손가락을 잡는 방식이다. 잡히는 사람이 지게 되는데, 진 사람에게는 간단한 벌칙을 수행하게 하여 재미를 더할 수 있다.

4. 위, 아래로, 쾅

이 게임은 경직된 분위기를 풀어 주고, 점심 식사 후의 나른함을 쫓아낼 수 있다. 또한 옆 사람과 친밀해지도록 할 때 사용해도 좋다. 주안점은 신체 활동을 통해 근육을 이완하는 것이다. 잘못하면 분위기가 흐트러질 수 있으니 교사의 말과 행동을 잘 따르도록 한다. 오랫동안 진행하면 통제가 어려워질 수 있으니 3회 정도만 실시한다.

• 진행 방법

① 짝꿍끼리 주먹을 쥐고 서로 하나씩 엇갈리게 쌓아 올려 4층을 만든다.

② 교사의 지시에 따라 "위로 올려, UP" 하면 제일 아래에 있는 올리고, "내려 아래

로, down" 하면 위에 있던 손을 아래로 내린다.

③ 이 방법이 어느 정도 익숙해지면 교사가 재치 있게 진행한다.

④ "올려, 올려, 내려" 하다가 어느 순간 진행자가 "쾅" 하면 제일 밑에 있는 손이 제일 위에 있는 손을 재빨리 때린다.

5. 땅, 따당 게임

이 게임은 경직된 분위기를 풀어 주고, 신체 활동을 통해 근육을 이완시키면서 학생들 간에 단합을 유도할 수 있다. 전체적인 분위기를 부드럽고 친숙하게 하고자 할 때 사용한다.

● 진행 방법

① 교사가 "땅" 하고 오른손으로 총을 쏘는 시늉을 하면, 학생들 모두 "따당" 하고 되쏘는 시늉을 한다.

② 반대로 교사가 "따당" 하면, 학생들은 "땅" 하도록 한다.

③ 둘씩 짝지어 연습하도록 한 후, 교사는 아무나 지적하여 이 게임을 진행한다.

④ 이 방법이 어느 정도 숙달되면, 한 명이 "따당, 땅" 하면 상대방은 "땅, 따당" 하는 식으로 진행한다.

6. 특정 단어가 나올 때마다 손뼉 치기

특정한 단어가 나올 때마다 손뼉을 치는 방법도 있다. 예를 들어, '빵'이란 단어가 들어간 이야기를 교사가 미리 준비해 둔다. 그리고 학생들에게 준비된 이야기를 들려주면서 '빵'이란 단어가 나올 때마다 손뼉을 치게 한다. 이때 손뼉을 늦게 치거나 미리 치면 안 된다.

'토끼'와 '거북이'라는 단어가 많이 나오는 이야기라면, 짝꿍끼리 가위바위보를 해서 토끼와 거북이로 각각 나눈다. 그리고 서로 왼손끼리 악수하고 있다가, 자신에게 해당하는 이름이 호명되면 상대방의 손등을 오른손으로 때리는 식으로 진행할 수도 있다.

• **보기**

1. 빵돌이와 빵순이가 빵집에 갔어요.

   가족들에게 무슨 빵을 사 줄까 고민하며 노래를 부르기 시작했어요.

   빵빵빵 자로 끝나는 말은 엄마 빵, 아빠 빵, 누나 빵, 오빠 빵, 할아버지 떡.

2. 토끼와 거북이가 달리기 시합을 하기로 했어요.

   토끼 식구들과 거북이 식구들이 응원을 나왔어요.

   토끼 식구들은 엄마 토끼, 아빠 토끼, 누나 토끼, 오빠 토끼가 나왔어요.

   거북이 식구들은 다 나왔네요. 거북이 식구들이 먼저 응원을 하는군요.

   "거북이 이겨라, 거북이 힘내라, 거북이 잘한다, 거북이 최고, 거북이 만세!"

   이에 질세라 토끼 식구들도 응원을 했어요.

   "거북이 져라, 거북이 꼴찌, 거북이 바보!"

7. 청개구리 게임

청개구리 게임은 교사의 행동을 보고 학생들이 그 반대로 하는 방식으로 진행된다. 예를 들어, 교사가 손을 위로 들면, 학생들은 아래로 내리고, 교사가 손을 벌리면 학생들은 오므리는 식이다. 이 게임은 벌칙을 주기 위한 놀이로 사용해도 좋다. 벌칙을 주고자 하는 학생과 계속해서 이 게임을 하면 한 번쯤은 걸릴 수밖에 없다. 노래를 부르면서 팔 모양만 위아래로 반복하여 할 수도 있고, 그 밖에도 자유롭게 활용 가능하다.

8. 다 같이(또는 가라사대) 게임

다 같이 게임은 교사의 지시에 따라 행동하는 방식으로 진행된다. 교사가 '다같이'란 말을 하고 난 다음에 하는 말의 동작만을 따라 하는 것이다. 이 게임은 놀이의 시작과 끝을 명확하게 하는 것이 중요하다.

• 보기

다 같이 왼손 들어, 다 같이 오른손 들어, 반짝반짝. (이때 많이 걸림) 잘 따라 하지 않네. 양손 내려. (걸림) 자, 다 같이 양손 내려. 다시 하자. 다 같이 오른손 들어, 왼손도! (걸림) 다 같이 왼손도! 박수 두 번 짝짝! (걸림)

뇌체조를 이용한 오프닝

수업 시작 때나 수업 중이라도 간단한 스트레칭이나 뇌체조를 하면 학습 효과를 높일 수 있다. 필자는 수업과 학생들에게 활력을 불어넣기 위해 스트레칭을 자주 실시한다.

학생들에게는 KBS 뉴스 〈0교시 체육수업〉 자료를 보여주면서 스트레칭에 대한 효과를 이야기해 준다. 우리가 0교시에 실제로 체육 활동을 할 수는 없지만 스트레칭을 잘만 하면 체육 활동을 한 만큼 효과가 좋다고 이야기해 준다.

1. 흔들기

흔들기는 긴장으로 인해 굳어진 근육을 풀어 주고, 바르지 못한 자세로 어긋난 뼈마디를 제자리로 돌리는 데 도움을 준다. 피로 회복에도 좋고, 정신을 맑게 해 준다.

- **손** : 양손을 앞으로 가볍게 뻗고 '팝시맨'처럼 흔든다.
- **머리** : 머리에 무리가 가지 않게 '도리도리', '끄덕끄덕' 흔든다.
- **어깨** : 양어깨를 위아래로 '들썩들썩' 흔든다.
- **다리** : 다리를 가볍게 뻗고 '덜덜덜' 흔든다.
- **엉덩이** : 의자에 앉은 상태로 엉덩이를 좌우로 흔든다.
- **온몸** : 머리, 손, 다리, 어깨, 엉덩이 등을 자유롭게, 무리하지 말고 가볍게 흔든다.

2. 두드리기

두드리기는 긴장으로 인해 굳어진 근육을 풀어 주고, 약간의 자극으로 정신을 맑게 해 준다.

- **머리(정수리)** : 손가락에 힘을 주고 손가락 끝으로 약간의 통증을 느낄 정도로 자신의 머리를 두드린다. 그다음 짝의 머리를 같은 방법으로 두드려 준다.

강의하지 말고 참여시켜라

- **팔** : 손바닥을 반달 모양으로 해서, 팔을 아래에서 위로 올리면서 둔탁한 소리가 날 정도로 두드린다.
- **다리** : 같은 방법으로 다리를 아래에서 위로 올리면서 두드린다.
- **등** : 앞의 방법과 같이 해도 좋고, 손날로 위에서 아래로 두드린다. 허리 부위는 약하고 위험해서 초보자는 하지 않는 것이 좋다.
- **발바닥(용천혈)** : 한쪽 다리를 무릎 위에 올리고 발바닥의 패인 부분(용천혈)을 주먹을 쥐고 가볍게 두드린다. 용천혈을 두드려 주면 피로가 풀리고, 원기가 돈다. 피곤할 때 20번 정도만 두드려 줘도 피로가 가신다.

3. 늘리기

늘리기를 할 때는 무엇보다도 정확한 자세가 중요하다. 가슴을 위로 올리고, 허리는 바르게 펴고, 시선은 가급적 정면을 바라본다. 한 동작을 할 때마다 정지 동작을 약 15~20초간 하며, 호흡은 평상시처럼 자연스럽게 한다. 허리를 굽혔다 폈다 하듯이 몸에 반동을 주는 동작은 오히려 그 부분의 근육이나 인대에 상처를 줄 수 있으니 피하도록 한다. 이 동작을 규칙적으로 해 주면 근육과 인대 부분이 부드러워져 유연성이 확실히 좋아진다.

- **기지개 펴기** : 기지개란 말의 뜻은 뭘까? '기지개'는 '무지개'와 같은 구조의 말이다. 무지개란 말이 '물+지개' 이듯이 기지개는 '기+지개'다. 여기서 '지개'란 쫙 펴진다는 의미다. 물이 쫙 펴지는 것이 무지개이듯, 기를 쫙 펴는 것이 기지개다. 성적과 폭력, 가난 등에 억눌려 제대로 기를 못 펴고 사는 학생들에게 기지개는 바로 그들의 기를 활짝 펴서 해방된 기분을 맛보이고자 하는 의지의 표현이다.

- **위따따따따** : 양손을 깍지 끼고, 손바닥이 위로 올라가게 한 다음 머리 위로 쭉 뻗는다. 이때, "위따따따따"라고 하면서 하면 재미를 더할 수 있다.

- **옆따따따따** : 양손을 깍지 끼고, 왼쪽으로 쭉 뻗는다. 그다음 오른쪽으로 쭉 뻗는다. 역시 동작과 함께 "옆따따따따"라고 하면서 하면 좀 더 즐겁게 할 수 있다. 옆 반에 방해가 될 것 같으면 소리를 내지 않고 해도 괜찮다.

- **밑따따따따** : 양손을 깍지 끼고, 밑으로 쭉 뻗는다. 마찬가지로 "밑따따따따"라고 소리치면서 해 본다.

- **앞따따따따** : 양손을 깍지 끼고 앞으로 쭉 뻗으면서, "앞따따따따"라고 소리쳐 본다.

4. 틀기

틀기를 지속적으로 하면 유연성이 좋아지고, 자세를 바르게 잡아 주는 효과가 있다.

- **팔뚝** : 짝의 팔뚝을 두 손으로 위아래를 잡고, 빨래를 짜듯이 비틀어 준다. 너무 세게 하면 통증이 있으니 가볍게 해야 한다.

- **허리** : 앉은 상태에서 왼쪽 다리를 구부려 오른쪽 다리 위로 올려놓는다. 그 상태에서 허리를 반대 방향인 왼쪽으로 돌리고, 왼손은 왼쪽 허리 뒤로 돌린 다음 오른손은 왼쪽 무릎 바깥쪽에 놓고 틀어 준다. 반대 방향으로도 해 본다.

- **목** : 숨을 들이쉬었다 내쉬면서 천천히 목을 앞으로 깊이 숙인다. 같은 방법으로 뒤로 젖히고, 왼쪽으로 돌리고, 오른쪽으로도 돌린다. 더 자극을 주기 위해서는 목을 양옆으로 돌릴 때 손으로 얼굴을 같은 방향으로 밀어 준다. 그러나 이 동작

을 할 때도 절대로 무리해서는 안 된다.

5. 기타

- **눈 눌러 주기** : 손바닥을 비벼 열을 낸 다음에 눈에 갖다 댄다. 그리고 가볍게 눌러 주면서 천천히 바깥쪽으로 뺀다. 짝의 가장 아픈 부위나 눈에 갖다 대는 것도 좋다.

- **손 잡아당기기** : 짝이랑 왼손, 오른손을 악수하듯이 엇갈려 잡고, 번갈아 양손을 넓혔다 좁혔다 한다. 처음에는 가볍게 하다가 점점 세기를 높여 간다.

- **손가락 빗질하기** : 손가락에 힘을 주고 마치 빗질을 하듯이 이마에서 뒤통수 쪽으로 가볍게 힘을 준 상태로 눌러 주면서 손가락을 뒤로 넘긴다.

- **머리카락 움켜잡기** : 머리카락을 가볍게 움켜쥔다. 여러 곳을 해 주면 잠이 싹 달아난다.

- **배 운동** : 배를 앞으로 힘껏 내밀었다가 다시 깊숙이 집어넣는 동작을 여러 번 반복한다.

- **어깨 올리기** : 양쪽 어깨를 귀밑에 닿을 정도로 올려 본다. 또는 한쪽 어깨를 번갈아 올렸다가 내렸다가 한다.

- **어깨 펴기** : 짝의 등을 바르게 세우고, 뒤에서 양쪽 어깨를 살짝 뒤로 잡아당긴다.

- **눈 풀기** : 눈을 크게 떴다 작게 감는다. 위, 아래, 왼쪽, 오른쪽, 가운데, 양옆으로, 빙글빙글 돌려 본다. 코와 귀를 움직여 본다.

- **입 크게 벌리기** : 입을 크게 벌려 얼굴 근육의 긴장을 풀어 준다. 너무 크게 벌리다가는 턱이 빠질 수도 있으니 적당히 하자.

- **목 운동하기** : 목을 앞으로 쭉 내민다. 그다음 왼쪽으로 쭉 민다. 이때 얼굴이 숙

여지거나 방향이 틀어지면 효과가 적다. 얼굴은 정면을 그대로 보고 목만 움직인다. 오른쪽으로도 해 보고, 어느 정도 한 다음에는 앞, 뒤, 옆으로 계속 돌려 본다.

- **손바닥 누르기** : 짝의 손을 잡고 엄지손가락 끝으로 짝의 손바닥 곳곳을 눌러 준다. 사람의 손바닥 안에는 그 사람의 모든 인체 기능이 숨어 있다.

PART 5

참여 중심의
클로징

- 에빙하우스와 효과적 복습
- 수업 마무리Closing의 원리
- 활발한 클로징 사례
- 단원 마무리 사례

에빙하우스와 효과적 복습

기억률을 높이려면 철저한 반복학습 습관을 들이는 것이 가장 효과적이다. 공부에 있어서 기억은 대단히 중요한 것으로 반복학습은 그 '기억'을 만들어 가는 과정에 대한 하나의 대안이라고 말할 수 있다.

독일의 심리학자인 헤르만 에빙하우스Hermann Ebbinghaus는 기억과 망각에 대한 주제를 가지고 자신을 실험대상으로 삼아 학습의 신비를 파헤쳐나갔다. 그는 무의미한 음절의 연속체를 외우며 기억의 상실량을 측정하며 학습한 내용이 일정 시간이 지난 후 얼마나 남아 있고, 얼마나 사라졌는지 확인했다. 그 결과 에빙하우스는 인간의 뇌는 저금통에 구멍이 숭숭 뚫려 있다는 사실을 확인시켜 주었다. 한 시간 후 기억량이 44%밖에 되지 않았던 것이다. 하루가 지나자 66%가 사라지고 34%만 남았고 6일이 지나고 나자 25%만 남고 3/4이 사라졌다. 단지 20%만이 영구적으로 기억되었다.

적절한 주기로 반복 학습하는 것이 가장 좋은 방법이다. 두뇌는 외부에서 받아들인 정보를 장기기억 장치로 영구 보관하기 전에 일단 해마에 임시 저장한다. 그런데 해마에는 공부한 내용이외에도 수없이 많은 정보들로 가득하다. 이 정보들 중 일부만이 장기기억 장치로 옮겨지고 나머지는 사라지는 것이다. 따라서 공부한 내용을 오래 기억시키려면 계속해서 해마에게 지속적인 신호를 보내야 한다. 이 신호가 바로 반복학습이다.

에빙하우스의 망각곡선을 보면 기억은 시간과 반비례 관계에 있다. 계속해서 새로운 정보들이 해마로 밀고 들어오기 때문에 기억은 다른 정보들에 의해 사라지게 된다. 그러므로 다른 정보가 들어오기 전에 장기기억 장치로 옮겨줘야 한다.

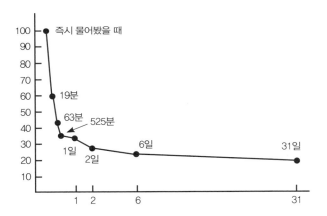

에빙하우스의 망각곡선을 다시 잘 들여다보면 어떤 방법이 좋을지 떠오른다. 처음 며칠 동안은 기억이 급격히 하강한다. 따라서 처음 며칠 동안은 내용을 여러 번 반복해야 한다는 뜻이다. 망각곡선은 뒤로 갈수록 하강률이 점점 완만해진다. 따라서 그 다음 몇 주일 동안은 반복 횟수를 줄여가다가 어느 날에는 아주 끝을 내도 좋다는 의미이다.

에빙하우스는 '복습 주기'의 중요성도 발견했는데, 10분 안에 하는 복습은 하루 동안 기억을 유지해주고, 하루 뒤 복습은 일주일, 일주일 뒤 복습은 한 달, 한 달 뒤 복습은 6개월 이상 기억을 유지하게 해준다는 연구결과를 발표했다. 학습한 내용을 잊지 않고 장기기억으로 만들려면 '10분→하루→일주일→한 달' 주기로 복습이 필요하다는 것이다.

게다가 복습은 시간 대비 효율이 매우 높은 학습법이다. 에빙하우스는 복습 횟수를 늘릴수록 복습할 양과 복습 시간이 줄어든다는 것도 실험으로 밝혀냈다. 무작정 노력만 하는 것이 아니라 반복 학습이 바로 공부의 왕도이다. 잊기 전에 가능한 빠른 시간에 복습하여 망각을 최소화 하는 것이 배운 것을 잊지 않는 최고의 방법이다. 인간의 뇌의 기억 구조는 어떤 정보를 접하면 먼저 뇌의 측두엽에서 받아들인다. 측두엽은 그 정보를 바로 해마로 보내는데 이곳에서 정보를 일시적으로 기억할지 장기간 기억할지를 판단한다. 그 정보가 여러 번 반복한다면 이 해마는 중요한 정보라 판단하여 측두엽의 장기기억으로 가게 되는 것이다. 아무리 중요한 정보라고 해도 1~2회 접한 정보는 잠시 단기 기억에 머무르다 폐기가 된다. 해마에 정보가 머무르는 기간은 아무리 길어도 1개월 이내가 된다.

중요한 것은 이런 복습주기를 학생들에게만 맡기기보다는 수업에서 이루어져야 좋은 효과를 얻을 수 있다는 것이다.

수업 마무리Closing의 원리

　수업 마무리는 수업의 정리 부분으로 5분~10분에 해당 되는 부분이다. 수업 시작만큼이나 수업 마무리도 매우 중요하다. 1시간 배운 내용을 잘 정리하여 마무리를 하는 것과 안 하는 것과의 차이는 매우 크다. 효과적인 마무리를 하게 되면 학습한 내용을 더 오랫동안 기억을 할 수 있다. 앞에서도 언급한 바가 있지만 보통 5회 이상 반복(복습)을 해야 30일 후에도 90% 이상의 기억을 유지 할 수 있다. 수업 마무리에서 1시간 학습한 내용을 한꺼번에 묶어서 복습을 한다면 그 만큼 효과가 있는 것이다.

　그런데 보통 수업 마무리를 하지 않은 경우가 많다. 마무리를 하는 경우에는 일방적으로 교사가 전달식으로 정리해주는 것이 일반적이다. 효과적인 종료를 위해서는 학생들의 적극적인 참여로 이루어져야 한다. 교사가 일방적으로 전달을 하면 주의 집중력이 떨어지고 효과적인 정리가 어려워 학습한 내용을 잃어버리기 쉽다.

　효과적인 수업 마무리 3가지 원칙은 다음과 같다.

　－ 일방적으로 전달하는 강의 위주가 아닌 학생 참여를 하게 하기.
　－ 축하하기.
　－ 배운 내용을 묶어서 복습하며 정리하기간단한 클로징 사례.

1. 훑어보면서 별표 하기

　「훑어보면서 별표 하기」는 간단한 수업 마무리(Closing, 클로징) 활동으로,

강의하지 말고 참여시켜라

복습에 용이한 방법이다.

- **진행 방법**

① **교사** : 자, 지금부터 오늘 배운 내용 중에서 중요하다고 생각되는 내용을 교과서나 필기 노트에서 찾아 2~3개 정도 별표 하세요.

② **학생** : 교과서나 노트를 쭉 훑어보면서 핵심적인 부분에 별표를 한다.

③ 자, 다 하셨지요? 그러면 이제는 자기가 별표 한 내용을 옆 짝꿍에게 말해 주세요.

④ **학생** : 짝꿍에게 별표 한 내용을 읽어 준다.

⑤ **교사** : 네, 좋아요. 이번에는 모둠별로 1번부터 돌아가면서 발표해 주세요. 뽐내면서 해도 좋습니다. 시작!

⑥ **교사** : 네, 좋습니다. 이번에는 두 모둠만 발표해 볼게요. 발표해 보겠다는 모둠은 손들어 보세요. 네, 좋아요 2모둠 발표해 보세요. 다음 4모둠 발표해 보세요.

간단한 마무리 방법이지만 잘 진행되면 당일에 배운 것을 한꺼번에 복습할 수 있는 효과적인 방법이다. 교사가 활기차게 진행하면, 학생들의 참여도 좀 더 적극적이 되고, 수업을 유쾌하게 마무리할 수 있다. 발표한 모둠에는 칭찬을 비롯한 기타 보상을 제공할 수도 있다.

2. 키워드로 정리하기

「키워드로 정리하기」는 「훑어보며 별표 하기」와 비슷한 방법이다. 간단한 클로징 활동으로 그날 학습한 내용을 복습할 수 있는 방법이다

• 진행 방법

① **교사** : 자, 먼저 교과서나 노트에 조그맣게 네모를 그리세요. 오늘 배운 내용 중에서 중요하다고 생각되는 내용 2~3개 정도를 네모 칸에 기록하세요.

② **학생** : 교과서나 노트를 쭉 훑어보면서 핵심이 되는 내용을 네모 칸에 기록한다.

③ **교사** : 자, 다 하셨나요? 그러면 이제 본인이 기록한 내용을 옆 짝꿍에게 자랑해 볼까요?

④ **학생** : 짝꿍에게 자랑하면서 기록한 내용을 읽어 준다.

⑤ **교사** : 네, 좋아요. 이번에는 모둠별로 1번부터 돌아가면서 발표해 주세요. 뽐내면서 해도 좋습니다. 시작!

⑥ **교사** : 이번에는 두 모둠만 나와서 칠판에 기록해 볼까요? 발표해 보겠다는 모둠은 손들어 보세요. 네, 좋아요. 2모둠 나와서 칠판에 기록해 보세요. 다음 4모둠 기록해 보세요.

3. 퀴즈식으로 문제 내기

이 방법은 학기 초에 연습이 필요하다. 처음에는 학생들이 문제 내는 것을 어려워할 수 있기 때문이다. 그래서 교사는 샘플 문제를 만들어서 학생들에게 배부하거나 보여주는 것이 좋다. 처음에는 간단한 OX 퀴즈나 빈칸 채우기 정도가 좋다. 훌륭한 문제를 출제한 학생들에게는 칭찬을 많이 해 주도록 한다.

• 진행 방법

① **교사** : 오늘 배운 것 중에서 중요하다고 생각하는 내용으로 문제를 한두 개 만들

어 보세요. OX 퀴즈도 괜찮고 사지선다형이나 빈칸 채우기도 좋습니다. 자유롭게 문제를 만들어 보세요.

② **학생** : 오늘 배운 내용으로 문제를 만든다.

③ **교사** : 모두 문제를 만들었죠? 이제 옆 짝꿍에게 문제를 내고 맞혀 보라고 하세요. 짝꿍이 정답을 맞히면 칭찬해 주는 것을 잊지 말고요.

④ **교사** : 자, 이번에는 모둠에서 차례대로 문제를 내서 맞혀 보세요. 네, 좋습니다. 각 모둠에서 가장 훌륭하다고 생각하는 문제를 한 문제만 선택하세요. 선택된 한 문제를 다른 모둠들에 맞혀 보라고 하세요. 정답을 맞힌 모둠에는 칭찬 스티커를 주겠습니다.

⑤ **교사** : 각 모둠에서 출제된 문제를 제출해 주세요. 이 중에서 잘된 문제는 이번 중간고사나 기말고사에 출제할 예정입니다.

활발한 클로징 사례

1. 「시장에 가면」 게임

당일 학습한 내용을 '시장에 가면'이라는 게임을 활용하여 복습하는 클로징 활동이다. 모둠별로 진행하도록 한다. 이 활동은 학생들끼리 어울려 재미있게 복습할 수 있는 방법이다. 이러한 모둠활동을 할 때 학생들에게 게임 규칙을 좀 더 쉽게 이해시키기 위한 좋은 방법이 있다. 그것은 게임 규칙을 가장 빨리, 정확히 이해한 모둠이 시범을 보이도록 하는 것이다. 각 모둠이 규칙을 숙지했으면 본격적으로 게임에 들어간다. 각 모둠별로 동시에 시작하게 한 다음 가장 오랫동안 이어 가는 몇몇 모둠에만 보상을 제공할 수도 있다.

● 진행 방법

교사 : 먼저 '시장에 가면~'으로 연습해 보겠습니다. 모둠의 1번이 '시장에 가면 배추도 있고' 하면, 다음 2번이 '시장에 가면 배추도 있고, 상추도 있고' 하고, 그 다음 3번이 '시장에 가면 배추도 있고, 상추도 있고, 사과도 있고~' 이런 식으로 진행됩니다. 이해되셨나요? 여기서 배추나 상추 따위 대신에 오늘 배운 수업 내용을 넣어서 해 보는 거예요. 자, 각 모둠별로 동시에 시작해 보세요.

2. 10초 퍼즐

「10초 퍼즐」은 강풍법에서 나온 방법으로, 10초 동안 문제를 보여주고 퍼즐을 맞히는 형식이다. 수업의 오프닝이나 클로징 때 모두 활용할 수 있는 효과적인 방법이다.

핵심 내용이 담긴 문장을 음절 단위로 흩어 놓고 원래는 어떤 문장이었는지 맞히게 한다. 파워포인트 화면을 보여주거나 칠판에 직접 써서 해도 된다.

다음의 '보기 문제'를 보고 한번 맞춰 보자. 단, 10초만 보도록 한다. 이것은 사실 이번 강의의 주제이기도 하다.

어떤가? 정답이 보이는가?

10초 퍼즐
참 강 고 의 겨 하 여 지 시 말 라

그렇다. 정답은 바로 '강의하지 말고 참여시키라'다.

10초 퍼즐
강 의 하 지 말 고 참 여 시 켜 라

• 정답

　그날 학습한 내용 중에서 핵심이 되는 내용을 이와 같은 퍼즐로 만들어서 맞히기 게임을 하면 재미와 동시에 저절로 복습 효과를 거둘 수 있다. 단, 여기서 퍼즐을 맞히는 것으로만 끝내지 말고, 그 핵심 내용이 무엇인지 학생들에게 질문해서 다시 한 번 더 복습하도록 한다. 퍼즐을 맞힌 학생이나 그 내용을 발표한 학생에게는 적절한 보상을 제공해 주는 것이 좋다.

다음 문제는 흩어진 글자를 조합하여 네 글자의 단어를 만드는 문제다. 여러분도 한번 풀어 보기 바란다.

• 보기 문제

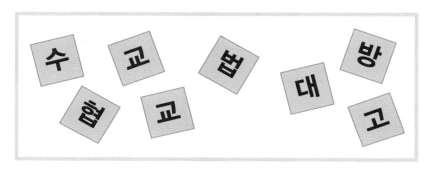

정답이 보이는가?

그렇다. 정답은 바로 '교수방법'이다. 이 방법 역시 재미있지 않은가. 학생들의 흥미를 유발하기에 무척 좋은 방법으로, 오늘 배운 내용 중에 핵심 개념의 단어를 염두에 두고 진행하면 된다.

• 정답

3. 자음 퍼즐

이 게임은 당일에 학습한 핵심 내용을 단어, 구절, 문장 등으로 정리한 다음, 그 문장의 자음만 제시하여 전체적인 문장을 맞히도록 하는 방식으로 진행된다. 다음 '보기 문제'를 한번 맞춰 보자. 지금껏 우리가 이 책에서 학습한 내용이 담겨 있으니, 잘 생각해 보자.

• 보기 문제

자음 퍼즐

ㅅㅇ ㅅㅅㄴ ㄱㄷㅇ ㄱㅅㅂ

ㅍㄹㅈ

ㅅㅇㄲㄸㄹㄱ

ㅇㅂㅎㅇㅅㅇㅁㄱㄱㅅ

그렇다. 첫 번째 문제의 답은 '살아 숨쉬는 감동의 교수법'이다. 그리고 두 번째 문제의 답은 '포로자'다. 또 세 번째 문제의 정답은 '선입관 깨트리기'이며, 네 번째 문제의 정답은 '에빙하우스의 망각곡선'이다.

이 역시 학생들이 재미있어 하면서 복습하기에 좋은 방법이다. 중요한 것은 그냥 정답을 맞히는 것으로 끝내지 말고, 정답과 관련된 내용에 대해서 학생들이 설명하도록 발표하게 하는 것이다.

단원 마무리 사례

1. 자음으로 마무리하기

이 방법은 단원에 나오는 모든 내용을 단원 마무리 시 한꺼번에 복습할 수 있는 좋은 방법이다. 각 모둠에서 기록한 자료를 교실에 계속 게시한다면 반복해서 복습할 수 있다. 다음 예시를 참고하기 바란다.

● 예시

자음 퍼즐	
ㄱ ㅇ	ㅁ ㅌ
ㄴ ㅈ	ㅂ ㅍ
ㄷ ㅊ	ㅅ ㅎ
ㄹ ㅋ	

● 진행 방법

① 각 모둠별로 켄트지를 나누어 준다.

② 켄트지에 앞의 예시와 같이 자음을 먼저 쓰게 한다.

③ **교사** : 자, 학생들 지금 단원을 다 끝냈는데 자음 마무리로 복습을 합시다. 이들 자음으로 시작하는 핵심 단어를 기록하세요. 더 많이 쓴 모둠이 승리하는 거예요. 승리한 모둠에는 보상을 할 거예요. 시간은 5분을 주겠습니다. 시작!

④ **교사** : 자, 이제 끝났어요. 멈추세요. 개수를 세어 볼까요? 가장 많이 기록한 모

둠에 칭찬스티커를 주겠어요. 자, 이번에는 모둠별로 기록한 내용을 발표해 볼까요? 뒤에 발표할 모둠은 앞에서 발표한 내용은 제외하고 해 주세요.

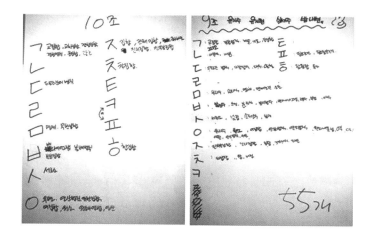

2. 갤러리 감상으로 마무리하기

이 방법은 프로젝트 학습이나 연구 과제, 단원 마무리 등에서 활용할 수 있는 효과적인 방법이다. 즉, 모둠별로 학습 과제를 제출하여 교실에 게시한 것을 학생들이 다니면서 관람하는 방식으로 이루어진다.

• **진행 방법**

① 모둠으로 자리를 배치한다. 각 모둠별로 켄트지를 배부하고, 기타 준비물을 준비시킨다.

② 모둠으로 활동할 수 있는 학습 과제를 제시한다.

③ 학생들은 모둠원들과 협동하여 학습 과제를 창의적으로 완성한다.

④ 완성된 학습 과제를 모둠별로 교실 벽에 게시한다. 이때 각 모둠별로 학습 과제물

에 대해 설명해 줄 도우미를 뽑아 다른 모둠원들이 자기 모둠의 과제를 관람할 때 설명해 준다. 다른 모둠원들은 다른 모둠에 게시된 학습 과제를 관람하러 다닌다. 이때 관람하는 학생들은 도우미의 설명을 잘 들으며 질문하기도 하고, 메모하기도 한다.

⑤ 각 모둠에서 완성된 학습 과제물을 보완하여 최종적으로 제출해도 좋다.

최종적으로 스티커 평가를 하면 좋다. 방법은 각 학생들에게 3장의 스티커를 나눠 주어 다른 모둠의 과제 중에서 잘된 작품에 스티커를 붙이게 하는 것이다. 교사는 각 모둠에 붙어 있는 스티커의 개수를 세어 개수가 가장 많은 모둠부터 보상하거나 수행평가에 반영한다. 스티커 평가를 할 때 가장 중요한 기준은 과제 내용이 얼마나 독창적인가 하는 것이다.

3. 마인드맵으로 마무리하기

마인드맵은 좌뇌와 우뇌를 동시에 사용하는 학습 방법으로 학교 수업에서부터 기업의 프레젠테이션에 이르기까지 활용 범위가 무척 넓은 교수-학습 방법이다. 기존에는 주로 종이와 펜을 사용하여 마인드맵을 주로 그렸으나, 최근 컴퓨터 프로그램으로 개발된 어린이 마인드맵 프로그램이 보급되면서 활용법이 훨씬 더 간편해졌다. 특히 학생들에게는 마인드맵을 사용해 5회 독 복습할 수 있는 시스템을 다음과 같이 제시할 수 있다.

마인드맵은 시각적인 학습 방법으로 뒷부분에 자세하게 설명되어 있다. 마인드맵의 특징 중에 하나는 내용을 계속해서 첨가할 수 있다는 것이다. 수업 오프닝에서는 마인드맵을 한번 살펴봄으로써 전체를 파악할 수 있으며, 수업 중이나 클로징에서 수시로 내용 첨가가 가능하다.

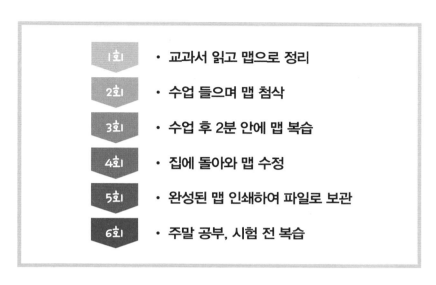

학습한 내용을 요약·정리하여 마인드맵 형태로 바꾸면 학습에 더욱 효과적이다. 요약은 내용에 대한 이해도를 높일뿐더러 복습 자료로 활용할 수도 있다. 학습 내용을 복습하면서 핵심 내용을 얼마나 기억하고 있는지 검토하고, 더 심도 있게 숙지해야 할 내용이 있다면 원자료를 참고하여 요약 내용에 추가하면 된다. 이처럼 자신이 기억하지 못했던 부분을 따로 체크해 두면 나중에 도움이 된다.

4. 빙고 게임으로 마무리하기

'빙고 게임'은 개인별 또는 모둠별로 진행하면서 단원을 복습할 수 있는 효과적인 방법으로, 허승환 선생님의 〈수업시작 5분을 잡아라〉(즐거운학교)에서 차용한 내용이다.

빙고 게임은 다른 게임에 비해 문제 출제가 쉽고, 창의력 증진과 더불어 복습 효과를 기대할 수 있다. 특히 저학년과 고학년 모두에서 유용하게 활용할 수 있는 재미있는 학습 방법으로, 빙고의 줄을 연결하는 방법에 따라 많은 응용 방법이 가능하다. 빙고의 형태는 다음 그림과 같이 다양하다.

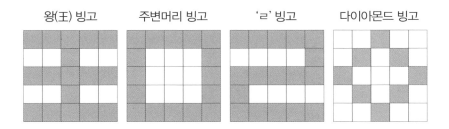

| 왕(王) 빙고 | 주변머리 빙고 | 'ㄹ' 빙고 | 다이아몬드 빙고 |

진행 방법은 처음에는 교사가 먼저 시작하고, 그다음부터 모둠별, 혹은 지명된 학생 순으로 진행하는 것이 좋다. 빙고의 종류는 다양하며, 여기서는 「단원 도입 빙고」, 「땅따먹기 빙고」, 「단원 마무리 빙고」 등에 대해 좀 더 자세히 살펴보기로 한다.

(1) 단원 도입 빙고

「단원 도입 빙고」는 새로운 단원을 본격적으로 학습하기에 앞서 새롭게 배우게 될 핵심 단어를 눈으로 익히며 공부할 수 있는 방법이다. 특히, 암기 과목 위주의 교과에서 효과적으로 활용할 수 있다.

이 빙고 게임은 단원 도입뿐만 아니라 본격적인 학습을 하기에 앞서 언제라도 활용 가능하다. 즉, 그날 배우게 될 학습 내용 가운데 핵심 내용이라고 예상되는 개념이나 용어를 빙고판에 기록하여 게임을 진행하면 수업을 좀 더 활기차게 이끌 수 있다.

• 진행 방법

① 미리 학습할 단원의 범위를 쪽수로 제시하고, 교과서를 스스로 읽으면서 중요하다고 생각하는 핵심 내용을 찾아서 밑줄을 긋고 빙고판에 기록한다.

② 빙고판은 상황에 따라서 9칸, 16칸 등으로 만들 수 있다.

③ 먼저 교사가 가장 중요한 단어부터 하나씩 차례대로 이야기한다.

④ 교사가 언급한 단어가 자신의 빙고판에 적혀 있으면 그 단어에 O표 한다. O표가 가로나 세로, 대각선으로 한 줄이 이어지면 "빙고"라고 외치고 약속한 보상을 받는다. 단, 언급된 내용이 전체 1/3 이상일 경우에만 인정되는 것으로 규칙을 만든다.

(2) 땅따먹기 빙고

땅따먹기 게임은 어린 시절 누구라도 한 번쯤은 해 보았을 것이다. 이 게임은 땅 위에 그려진 네모 모양의 땅을 참여하는 사람들의 인원수대로 땅의 크기를 똑같이 나눈 다음 돌을 굴려 서로의 땅을 차지하는 방식으로 진행된다.

땅따먹기 빙고는 이런 땅따먹기 게임과 빙고 게임을 결합한 방식으로, 바둑알을 사용해 진행되는 게임이다. 게임 활동 후에는 학생들의 활동에 대해 다시 한 번 확인해 주어야 한다. 자신이 색칠한 부분의 내용을 바르게 이해했는지 확인하는 과정을 통해 놀이와 학습이 동시에 가능해지기 때문이다.

• 진행 방법

① 「땅따먹기 빙고」 게임 학습지를 나누어 주고, 준비한 바둑알(흰색과 검은색)을 양
쪽 준비석에 올려놓는다.

② 짝과 가위바위보로 순서를 정한 후 이긴 사람이 먼저 바둑알을 튕긴다.

③ 바둑알이 들어간 칸에 제시된 문제를 풀고, 정답을 맞히면 그곳을 색칠하여 자기
영역을 표시한다. 정답이 틀리거나 바둑알이 밖으로 튕겨져 나가면 실패한다.

④ 한 줄, 두 줄씩 자신의 영역이 빙고가 되는 줄을 늘려 나간다.

(3) 단원 마무리 빙고

「단원 마무리 빙고」는 단원이 끝난 후에 교사나 학생이 그 단원의 핵심 내
용을 빙고판에 기록하는 방법이다. 여러분도 다음 '보기 문제'를 가지고 빙
고 만들기에 한번 도전해 보기 바란다.

• 보기 문제

Opening, Closing, Review, 진진가, 50/15/8, C-P-R, 에빙하우스의
망각곡선, 갤러리 감상, 자음 퍼즐, 10초 퍼즐, 버즈 토론, 번개 토론, 자기
암시, 쥐잡기 게임, 빙고 게임, 골든벨 퀴즈, 브레인스토밍, 시장에 가면,
목표 세우기, 명상, 박수 치기, 꽃게박수, 함성박수, 땅, 따당 게임

• 진행 방법

① A4용지에 정사각형 빈칸을 9칸 만든다.

② 앞의 보기 문제의 단어들 중 9개의 단어를 골라 빈칸에 자유롭게 기록한다.

③ **교사** : 빙고는 어떤 종류로 하면 좋을까요? 이번에는 ㅁ 빙고로 해 봅시다.

④ **교사** : 다 기록했으면 내가 먼저 시작해 볼게요. 진진가. 다음은 1모둠이 하나를 선택해 보세요. 그다음 2모둠이 선택해 볼까요?

⑤ 50% 이상이 빙고가 될 때까지 계속 진행한다.

　이 빙고 게임은 최소 50% 이상이 빙고가 되어야 좋은 효과를 볼 수 있다. 여기서 중요한 것은, 빙고 게임 그 자체로 끝내면 안 된다는 것이다. 빙고가 된 모둠원들이 핵심 내용 2가지 이상을 설명할 수 있어야 인정하거나 보상하거나 수행평가에 반영하도록 한다. 이렇게 하면 학생들에게 더 많은 동기부여가 되어 더욱 열심히 복습하는 모습을 볼 수 있다. 여러분도 한 단원이 끝날 무렵 이 빙고 게임을 한번 시도해 보자.

PART 6

효과적인
복습 사례

· 간단한 복습 사례
· 활발한 복습 사례

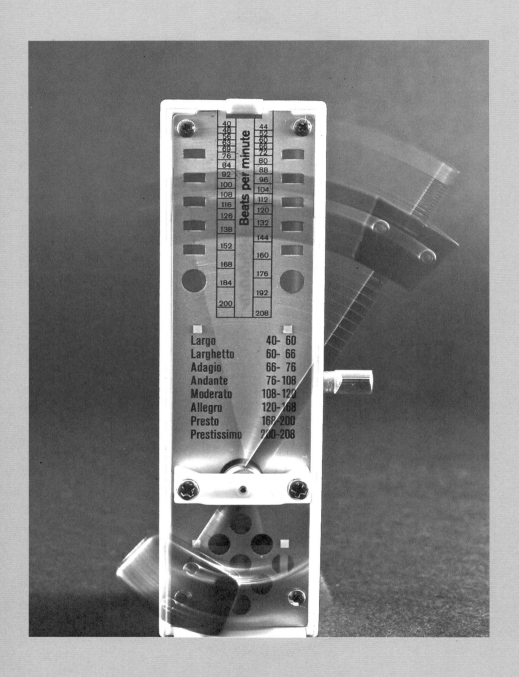

복습이란 말을 표현하는 영어 단어는 두 가지가 있다. review와 revisit이다. review는 강사나 교사가 이미 학생들이 배운 내용을 다양하게 전달하는 방법이다. revisit은 학생들끼리 다양한 방법으로 복습하는 것이다. 두 가지 복습 방법 중 어떤 방법이 더 효과가 있을까?

당연히 revisit이다. revisit을 통한 복습이 잘 이루어진다면 학습에 무척 효과적이고, 학생들의 인성, 품성, 리더십 등에도 긍정적인 영향을 미칠 수 있다. 교사는 revisit을 할 수 있는 다양한 방법들을 알아 둘 필요가 있다.

다음은 복습의 기본 원리로, 이를 적용하면 좋은 복습 효과를 얻을 것이다.

- 예고하지 말고 그냥 하라.
- 다양한 방법을 사용하라.
- 학생들을 움직이게 만들라.
- 성공을 위한 준비, 또 준비를 하라.

간단한 복습 사례

1. 생각—짝—나누기(또는 버즈 토론)로 복습하기

이것은 협동학습에서는 「생각—짝—나누기」라고 하고, 강풍법에서는 「버즈 토론」이라고 부른다. 간단하지만 효과적인 복습 방법으로, 그 핵심은 각자가 주어진 과제에 대해 생각하면서 기록하는 방법이다. 기록한 내용을 서로 나눌 때는 활발하게 토론하는 방식을 취하기에 버즈 토론이라고도 불리는 것이다. 여러분도 한번 실시해 보자.

● 진행 방법

① 그날 배운 것들 중에서 새롭게 발견한 점과 내일부터 적용하고 싶은 것을 한 가지씩 노트에 기록한다.

② 옆의 짝이랑 자신이 기록한 것을 나누어 본다. 다음에는 모둠원들끼리 돌아가면서 서로 나누어 본다.

④ 몇몇 모둠이 손을 들어 발표하도록 한다.

2. 번개 토론으로 복습하기

「번개 토론」은 강풍법에서 제시된 것으로, 토론할 때뿐만 아니라 수업 마무리 단계에서 복습하는 데도 유용하게 활용할 수 있다. 특히 아주 신속하게 학습 내용을 확인할 필요가 있을 때, 혹은 학습 도입 단계나 학습 내용에 대한 학습자의 지식 수준을 파악하고자 할 때 등 언제든지 활용이 가능하다.

강의하지 말고 참여시켜라

• 진행 방법

① 수업이 끝나 갈 무렵, 그날 학습한 내용 중 핵심 내용이나 문장, 단어를 찾아본다.

② 이때 교사는 시간제한을 두어 얼마 후(예 3분 후) 발표하겠다고 공지한다.

③ 공지한 시간이 다 되면, 반장부터 발표해 보라고 한다.

교사가 학생들에게 갑자기 질문을 던졌을 경우 학생들이 당황할 수 있으므로, 3분 후에 반장부터 발표할 것이라고 사전에 공지해 둔다. 또한 학생들의 발표 내용 중에서 핵심 내용이 언급되지 않았거나 잘못 설명된 부분은 교사가 다시 한 번 짚어 준 다음 수업을 마무리한다.

3. 공 던지며 복습하기

「공 던지며 복습하기」는 누구에게 공이 돌아갈지 예측이 불가능하므로 학생들이 다소 당황하거나 긴장할 수도 있지만, 그만큼 주의를 집중시키고 흥미를 유발할 수 있다. 학습 내용이 많이 어렵지 않은 경우라면 진행하기에 큰 무리가 없을 것이다.

• 진행 방법

① 교사가 미리 공을 준비한다. 만약 공이 없으면 종이를 뭉쳐서 사용하면 된다.

② 먼저 교사가 한 학생에게 공을 던지면, 공을 받은 학생이 그날 배운 내용 중 핵심 내용 한 가지를 발표한다.

③ 발표를 마친 학생은 다른 학생의 이름을 부르면서 공을 던진다.

④ 다시 공을 받은 학생이 똑같은 방법으로 그날의 핵심 내용을 발표한다.

만약 발표할 만한 내용이 생각나지 않으면 "통과"라고 말하고, 다른 친구에게 공을 던져도 상관없다. 또 이전 사람이 말한 내용을 중복해서 발표해도 된다. 마찬가지로 교사는 발표 내용 중 핵심 내용이 언급되지 않았거나 잘못 설명된 부분은 다시 한 번 짚어 주고, 발표를 잘한 학생에게는 칭찬을 해 주도록 한다.

4. 가위바위보 게임으로 복습하기

가위바위보 게임으로 학생들의 참여를 유도해서 복습하는 방법도 있다. 무엇보다도 모둠원 모두가 참여하는 것이 중요하다. 다음에 제시된 '보기 문제'를 주제로 진행해 볼 수도 있다.

- **보기 문제**

  1. 진진가

  2. C - P - R

  3. 오프닝 방법(2개)

  4. 에빙하우스의 망각곡선

  5. 복습의 원칙(3개 이상)

- **진행 방법**

① 모둠별로 가위바위보를 한다. 이긴 사람이 앞의 '보기 문제' 중에서 가장 자신 있게 설명할 수 있는 한 가지 주제를 선택한다.

② 이긴 사람 제외한 나머지 모둠원들은 다시 가위바위보를 한다. 처음에 이긴 사람

이 선택한 문제를 제외한 네 가지 보기 중에서 하나를 선택한다.

③ 이런 방식으로 모둠원들 전체가 문제를 하나씩 선택한다.

④ 먼저 첫 번째로 이긴 사람이 선택한 문제를 모둠원들에게 설명한다.

⑤ 다음은 두 번째로 이긴 사람이 선택한 문제를 모둠원들에게 설명한다.

⑥ 이런 방식으로 선택한 문제를 모두 발표한다.

가위바위보에서 첫 번째 혹은 두 번째로 이긴 사람은 선택의 우선권이 있기 때문에 본인이 선택한 문제를 잘 설명할 확률이 높다. 반대로 발표 순서가 끝에 가까워질수록 설명에 있어서 부족한 부분이 많을 수 있으므로, 교사가 한번 더 전체적으로 설명해 준다.

활발한 복습 사례

1. 이구동성 게임

「이구동성 게임」은 매시간 혹은 매 단원이 끝날 때 복습하는 차원에서 활용할 수 있으며, 재미와 협동심이라는 두 마리 토끼를 잡을 수 있는 효과적인 방법이다. 그 시간 혹은 그 다원에서 배운 단어를 토대로 한 사람당 한 음절씩 말하도록 하면, 모둠원들이 말한 음절로 완성된 단어를 다른 모둠이 맞히는 방식이다. 단어의 음절 수에 맞추어 문제를 내는 모둠원들의 인원수가 정해진다. 보통은 2~5명 정도로 하는 것이 좋으며, 특별히 암기할 내용이 많은 교과에서 활용하기에 유익한 방법이다.

- 진행 방법

① 모둠에서 의견을 모아 문제로 낼 단어를 설정한다.

② 예를 들어, '베벨기어'를 모둠에서 말하기로 결정했다면, 모둠원들 중 4명이 교탁 앞으로 나와서 한 명은 '베', 다른 한 명은 '벨', 또 다른 한 명은 '기', 나머지 한 명은 '어'를 동시에 외친다.

③ 완성된 단어를 맞히는 모둠이 있다면, 그 모둠의 점수가 올라간다.

④ 똑같은 방식으로 다음 순서의 모둠이 진행한다.

⑤ 가장 높은 점수를 받은 모둠에는 보상을 한다.

2. 뜨거운 감자

「뜨거운 감자」라는 재미있고 강력한 복습 방법이 있다. 다음의 '보기 문제'로 뜨거운 감자 게임의 진행 방법을 살펴보기로 한다.

- 보기 문제

꽃게박수	50/15/5	브레인스토밍
에빙하우스 망각곡선	10초 퍼즐	Opening 4가지 요소
Closing Review 방법	버즈 토론	빙고게임

• 진행 방법

① 각 모둠에서 사용할 공이나 감자 모양의 물건을 준비한다.

② 뜨거운 감자 게임으로 미리 준비한 보기 문제를 복습할 것이라고 말해 준다.

   교사 멘트 : 공을 뜨거운 감자라고 생각하세요. 뜨거운 감자를 손에 들고 있으면 어떤가요? 네, 맞아요. 너무 뜨겁겠죠? '앗, 뜨거워!' 하면서 옆 친구에게 빨리 건네 줍니다. 뜨거운 감자를 잡을 때는 '앗, 뜨거워!' 하면서 동작도 함께 취해야 해요.

③ 조장부터 뜨거운 감자를 오른쪽으로 돌린다.

   교사 멘트 : 준비, 조장부터 오른쪽으로 돌리세요. 그만!

④ 교사가 "그만!"이라고 외쳤을 때 뜨거운 감자를 잡고 있던 학생이 '보기 문제' 중에서 자신 있는 한 가지를 선택하여 그 내용을 모둠원들에게 설명해 준다.

⑤ 이번에는 왼쪽 방향으로 돌린다.

   교사 멘트 : 준비, 시작! 그만!

⑥ 마찬가지로 교사가 "그만!"이라고 외쳤을 때 뜨거운 감자를 잡고 있던 학생이 먼저 설명한 문제를 제외한 나머지 문제 중에서 선택하여 설명한다.

⑦ 이번에는 별도의 규칙 없이 뜨거운 감자를 주고 싶은 사람에게 건네준다.

   교사 멘트 : 준비, 시작! 그만!

⑧ 마찬가지로 뜨거운 감자를 잡고 있던 학생이 먼저 설명한 문제를 제외한 나머지 문제 중에서 선택하여 설명한다.

   이런 방식으로 몇 번을 반복하면서 '보기 문제'의 핵심 내용을 재미있게 복습할 수 있다. 그리고 마지막으로 한 번 더 교사가 핵심 내용을 정리해 주면 된다. 이것은 review와 revisit 모두의 복습 방식을 활용한 경우다.

3. 스무고개로 복습하기

「스무고개로 복습하기」는 경직된 교실 분위기를 부드럽게 만들고, 학습에 대한 학생들의 동기와 흥미를 유발하며, 적극성을 고취할 있는 탁월한 방법이다. 또한 침체된 교실 분위기를 화기애애하고, 활기차게 바꿀 수 있다.

● 진행 방법

① 두 사람씩 짝을 지어 각각 문제 출제자와 답변자를 나눈다.

② 문제를 출제하는 학생에게 포스트잇을 나누어 주고, 지난 시간에 배운 내용을 토대로 문제를 만들어 종이에 기록한 다음, 답변할 학생의 등에 그 종이를 붙인다.

③ 출제자는 절대로 답을 알려 주지 말고, 답변자가 출제자에게 오직 질문하여 문제의 답을 유추하도록 한다.

④ 출제자는 답변자의 질문에 '예/아니요'로만 답하며, 답변자는 이것에 근거해서 정답을 맞혀 나간다.

스무고개를 진행할 때 주의할 점은 자칫하면 교실이 소란스러워질 수 있으므로, 교사의 말에 잘 따르도록 하는 것이다.

모둠별로 진행할 수도 있는데 1모둠이 문제를 2모둠에 붙이고, 3모둠이 문제를 4모둠에 붙이는 식으로 순서를 정한 다음 모둠별로 정답을 맞혀 나가면 된다.

강의하지 말고 참여시켜라

4. 눈치 게임

「눈치 게임」은 교실뿐만 아니라 어디에서든지 손쉽게 할 수 있는 게임이다. 발표력이 없는 학생들도 큰 망설임 없이 나설 수 있고, 단어가 반복적으로 언급되면서 학습한 내용을 기억하는 데 큰 도움이 된다.

처음 게임을 시작할 때는 목표 숫자를 작게 잡아야 게임에 대한 흥미를 잃지 않고 참여할 수 있다. 예를 들어, 5부터 목표 숫자를 잡고 다음에는 10, 다음에는 15… 이런 식으로 목표 숫자를 점차 크게 잡아 나간다.

● 진행 방법

① 교사가 "복습 눈치 게임 시작"이라고 외치면, 아무나 한 명이 일어나서 그 시간에 배운 내용 중 한 단어를 말한다.

② 이어서 다른 학생들이 앞에서 언급되지 않은 단어를 외치며 한 명씩 일어난다.

③ 만약 한꺼번에 둘 이상의 학생이 일어나거나 5초 이상 아무도 일어나지 않으면 다시 처음부터 시작한다.

④ 반 전체가 한 팀이 되어 진행할 때는 일어나야 할 목표 인원을 미리 정하고, 목표 인원이 달성하면 모두에게 보상한다. 두 팀으로 나누어 할 때는 제한 시간 안에 많은 단어를 말한 팀이 승리한 것으로 한다.

눈치 게임으로 복습할 때 학생들의 적극적인 참여를 이끌어내기 위해 수행평가에 전체 점수로 반영하는 방법이 있다. 필자는 참여 중심의 수업을 많이 하기 때문에 수행평가 비율을 40% 이상으로 반영한다. 그중 전체 점수라는 것이 있는데, 특정 학습 활동에서 전체 협력이 필요한 경우에 이 전체 점수를 활용하면 학생들의 적극적인 참여와 협력을 이끌어낼 수 있다.

PART 7

협동학습으로
신바람 나는
수업 만들기

- 협동(협력)학습이라는 수업의 열쇠
- 멘토와 멘티를 통한 상호 교수

협동(협력)학습이라는 수업의 열쇠

1. 경쟁과 협동, 무엇이 더 경쟁력인가

필자의 교사 연수 강의 과정 중에는 협동학습에 대한 부분이 있다. 내용은 협동학습의 중요성과 방법, 수업에 적용하기 등으로 구성된다. 그리고 협동학습의 중요성에 대해 이야기 할 때 다음과 같은 퀴즈를 내곤 한다. 독자들도 이 퀴즈의 정답을 한번 맞춰 보시기 바란다.

국가교육이나 학교교육 또는 가정교육에서 국가마다 특별히 강조하는 것이 있습니다.

일본은 무엇일까요? 미국은 무엇일까요?

일본은 "남에게 폐를 끼치지 말라"입니다.

미국은 "남을 도우라"고요.

그러면 한국은 무엇일까요?"

여러 가지 답들이 나온다. 대부분 정답에 가까운 것들이다. 현재 우리가 알게 모르게 서로에게 가르치고 있는 것이기 때문일 것이다.

정답은 바로 "남에게 절대로 지지 말라"다. 국가에서부터 가정에 이르기까지 우리나라는 경쟁을 강조하며 치열함 속에서 살아왔다. 우리는 어려서부터 치열한 경쟁 체제 속으로 내몰려 왔었다. 학교 시스템도 결코 예외가 아니어서 어린 학생들조차 이기기 위해서 사교육 시장의 중심에 세워진다. 이로 인해 학생들이 받는 극심한 스트레스는 여러 가지 사회문제를 일으킨다. 머리가 큰 학생들은 이미 경쟁에 익숙해져서 서로 협동하거나 도움을 주는 것에 어색해하고 인색해진다.

필자의 수업 모토 중 하나는 '단 한 명도 포기하지 않는다'는 것이다. 이것이 이루어지려면 모둠원끼리 서로 협력하면서 가르쳐 주고 문제를 해결해 나가야 한다. 그런데 모둠을 편성하고 협력하여 문제를 해결하라고 하면 많은 학생들이 상당한 어려움을 겪는다. 그래서 협력하는 것이 공부를 잘하는 학생은 물론 모두에게 얼마나 유익한 것인지를 설명해 주는 각종 자료(성공 사례, 동영상 등)를 제시하며 강조한다. 그러면 학생들에게 조금씩 변화가 일어나기 시작한다. 그리고 나중에는 서로 적극적으로 돕게 된다. 그럴 때 얼마나 흐뭇한지 모른다.

협동학습의 유익에 대한 말해 주는 한 가지 동영상 자료가 있다. 이 동영상에서는 대기업에서 신입사원을 선발할 때 중요하게 보는 것이 무엇인지 보여준다. 그런데 많은 대학생들이 취업 준비를 위해 스펙을 쌓는 데 많은 투자를 하고 있는 현실과 달리, 실제로 대기업 인사 담당 부장들은 신입사원을 선발할 때 스펙보다 인성이 중요하다고 답하고 있다. 기업 측에서는

1박 2일 또는 2박 3일에 걸쳐 실시되는 면접에서 현장 업무와 유사한 문제를 팀별로 해결해 나가는 과정을 다양하게 관찰한다. 기업 입장에서 취업에 영향을 미치는 요인을 순위별로 정리하면 다음과 같다.

- 1위 : 인성, 태도(적극성, 성실성, 리더십)
- 2위 : 핵심 기초직무 역량(대인관계, 문제해결)
- 3위 : 외모(용모, 신체 건강)
- 4위 : 성별
- 5위 : 외국어, 해외 연수
- 6위 : 출신 대학의 평판

협동학습을 통해 서로 도움을 주고받는 사이에 학생들은 리더십을 기를 수 있는 기회가 많다. 사회에 나가면 다른 사람들과 함께 협동해서 해야 할 일들이 많다. 그것을 학교에서 미리 배울 수 있다면, 사회에 나가서도 좀 더 쉽고 빠르게 적응할 수 있을 것이다.

자본주의 사회가 경쟁이 아닌 협동으로 굴러가는 체제라는 새로운 인식이 1970년대 후반에 미국에서 협동학습 연구의 붐을 일으켰다. 우리나라도 1997년 IMF 사태를 계기로 기업에서 팀제를 도입하는 등 협동의 가치가 사회적으로 주목받고 있다. 점차 협동학습 경험이 많은 학생들에게 유리한 환경으로 변화하고 있는 것이다.

필자는 교사들을 대상으로 강의할 때도 이 동영상을 보여주면서 학교 수업에서 협동학습이 얼마나 중요한가를 이야기한다. 학창 시절에 학교에서 협력 마인드와 실천이 자연스럽게 몸에 배어 습관처럼 굳어진다면 직장을 비롯한 사회생활에서 무척 유익하게 작용할 것이다. 현 제도나 상황에서 협력하는 태도를 기르는 것이 쉬운 일은 아니다. 그러나 이처럼 어려운 상황에서도 조금씩 실천해 간다면 우리나라 교육에도 많은 변화가 일어날 것이라 믿어 의심치 않는다.

2. 협동(협력)이 경쟁력이다

OECD 주관 학업성취도 국제비교연구PISA를 보면, 우리나라 학생들은 언어, 수학, 과학 분야에서 세계 1위를 달성했지만, 지속 가능하지 않은 상처뿐인 영광이다. 이러한 성적을 내기까지 학생들은 과연 행복했을까?

아마 그렇지 않을 것이다. 가장 창창해야 할 우리 학생들이 너무나 많이 골병이 들어 있기 때문이다. 서울 학생들의 53%가 허약 체질이라고 한다. 중·고교생의 17%가 무기력하고 우울 증세를 보인다고 한다. 수학, 과학의 학업 흥미도는 세계적인 수준에 대비하면 바닥이다. 자기주도학습 능력도 65개국 중 58위다. 그런데 학습 시간은 우리와 학업 능력이 비슷한 핀란드의 1.7배로 세계 최장이다. 협동성, 사회성은 36개국 가운데 35위다.

2003년 PISA 수학 부문 결과를 보면, 우리나라는 홍콩과 핀란드에 이어 3위를 차지했다. 그런데 이러한 상위권 나라들과는 대비되는 중요한 차이점이 있다. 정작 수학에 대한 흥미도와 학습동기는 전체 41개국 가운데 각각 31위와 38위를 기록한 것이다. 즉, 핀란드는 학력과 학습 흥미·동기가 모두 높은 반면, 우리나라는 학습 흥미·동기가 최하위권에 머물렀다.

우리나라 학생들은 외국 그 어느 학생들보다도 훨씬 더 많은 시간을 공부에 할애하고 있다. 한국청소년정책연구원의 보고에 따르면, 우리나라 학생들은 하루 7시간 50분, 일주일에 평균 49.43시간을 공부한다. OECD 평균인 주당 33.92시간에 비하면 15시간이나 더 많이 공부하는 셈이다. 그 많은 시간은 과연 무엇을 위한, 누구를 위한 학력인가?

교육계에 종사하는 많은 사람들은 "현재의 교육방식으로는 희망이 없다"며 "학교 혁신이라는 것은 경쟁보다는 협동의 가치가 우선되고, 성적 지상주의가 아니라 인성을 길러 주는 것이 목표"라고 강조하고 있다. 핀란드에서는 학생들 사이에 협력하는 것이 교육의 가장 우선순위라고 한다. 학생들을 평가하기보다는 학생들끼리 서로 협력하고, 가르쳐 주고, 스스로 해결하도록 하는 것이다. 학생들 스스로 해결하기 어려운 경우에만 교사들이 돕는다.

오래전부터 경쟁이 아닌 협동학습을 강조해 온 핀란드 교육계는 사교육도 없이 공교육만으로 PISA에서 1위를 점하고 있다. 과연 핀란드의 교실은 어떤 모습일까? 핀란드에서는 학생들의 등수를 매기지 않고, 공부를 잘하는 학생이 뒤처지는 학생들을 가르치도록 한다. 그런데도 핀란드 학생들이 최고의 학력을 자랑하는 것은 철저한 맞춤식 수업과 토론학습, 그리고 협동학습 때문이다. 핀란드의 학교 수업은 수업시간 내내 학생들의 학업수준을 지속적으로 평가하며, 수업 내용을 이해하지 못하는 학생들이 일정 수준이 될 때까지 반복 학습을 시키는 것으로 진행된다. 아울러 모둠체제를 유지하며 학생들 간에 협력하며 토론할 수 있도록 하고, 스스로 문제 해결 방법을 찾도록 배려하고 있다. 이러한 모든 수업은 자기주도적으로 이루어지며, 교과 진도에 연연하지 않고 진행되는 것이 특징이다. 수업은 교사보다는 학생의 눈높이에 맞추어 진행되며, 개별화 맞춤식 지도를 매우 중요시하고 있다.

그렇다면 핀란드에서는 경쟁이란 것에 대해 어떻게 생각하고 있을까? 핀란드 교육계는 교육에서 필요한 것은 학생들 간의 경쟁이 아니라, 학생 스스로 자신의 가능성을 계발해 나가는 것이라고 강조한다. 경쟁에 대한 핀란드 교육계의 인식을 단적으로 보여주는 문구가 있다.

"경쟁은 학생을 바보로 만든다."

경쟁이 있는 한 서열화 현상을 피할 수 없는 문제다. 그들의 관점에서 경쟁이 교육에 미치는 영향을 설명해 놓은 다음 문장을 보자.

"경쟁은 교육에 매우 해롭다. 학교는 학생들이 경쟁하는 곳이 아니라 '교육 협력체'다. 학생들은 경쟁이 아니라 서로 협동하는 과정에서 더 많이 배운다. 따라서 학교 안에서 지나친 경쟁이 빚어지지 않도록 주의해야 한다."

경쟁에 대한 부담은 사고력을 약화시킨다. 사유할 여유가 없기 때문이다. 그리고 협동 능력을 길러 줄 기회 역시 줄어든다. 또한 경쟁에서 낙오된 학생들은 심한 스트레스를 받게 된다. 심한 스트레스는 공부하는 것을 고통으로 여기게 만든다.

물론 경쟁이 가지는 순기능이 있다는 사실을 부정하지는 않겠다. 하지만 치열한 경쟁은 모방 능력을 기르는 데는 유리하지만, 창의력을 기르는 데는 불리하다. 창의력을 기르려면, 경쟁보다 협동을 장려해야 한다.

핀란드에서는 학력 수준이 높은 학생도 팀 성적이 나쁘면 좋은 평가를 받을 수 없다. 따라서 학생들은 혼자 높은 점수를 받기 위해 애쓰는 게 아니라 팀 전체가 좋은 결과를 내도록 하기 위해 노력하게 된다. 또한 '혼자서

강의하지 말고 참여시켜라

만 똑똑한 사람'보다 팀워크에 능한 사람이 기업과 정부에서 더 뛰어난 '경쟁력'을 발휘한다는 실용적인 고려도 작용했다. 자신의 점수와 등수를 높이는 데만 골몰하는 학생들이 생겨나는 것을 막기는커녕, 오히려 부추기는 제도를 속속 도입하는 한국 교육계와 무척 대조적이다.

국내에는 협동학습연구회가 있으며, 각 학교의 연구회 교사들을 중심으로 협동학습이 활발하게 이루어지고 있다. 서울시교육청에서 실시하려고 하는 혁신학교의 교육철학 중 하나도 협동학습이다. 이러한 수업 방법 개선의 노력이 아직은 작지만 교실에서 그 움직임이 나타나고 있으며, 학생들은 흥미를 가지고 적극 참여하고 있다. 교실에서 작은 혁명이 시작되고 있는 중인 것이다. '가르치는 즐거움, 협동 속에서 싹 튼다'는 말은 국내 협동학습연구회의 모토이기도 하다. 생각해 보자. 과연 친구의 뒤통수만 바라보고 하는 수업과 친구의 얼굴을 마주 보며 하는 수업 중 무엇이 우리가 미래에 지향해야 할 교육일까?

'단 한명도 포기하지 않는다'는 신념을 실천하기 위해서, 필자는 매년 협동학습을 실시하고 있다. 상위권과 하위권 성적의 학생들이 모두 어우러져 모둠으로 협력하며 서로 돕고 가르쳐 준다. 상위권 학생은 친구를 가르치며 본인의 지식과 개념을 복습하고, 하위권 학생은 모르는 부분을 친구들에게 도움을 받아 소외되는 학생이 없도록 한다. 한 모둠에 4명씩 이며 구성하고, 그중 가장 실력이 좋은 학생이 나머지 학생들을 전체적으로 돕고, 또 다른 학생들도 친구가 모르는 부분이 있으면 언제든지 돕게 하고 있다.

실제로 협동학습이 '학업 성취도를 높인다'는 연구 결과는 많이 나오고 있다. 서로 윈윈하는 셈인 것이다. 수준이 다른 학생들이 서로 묻고 답하며 수학의 원리를 탐구하는 것은 교사의 일방적인 설명보다 학업 성취도에 있어서 훨씬 더 효과적이다. 이러한 협동학습 경험을 통해 학생들은 학습적인 문제뿐만 아니라 일상에서도 서로 간에 돕는 아름다운 모습을 만들어 나갈 것이다. 어떤가? 상상만으로도 정말 아름답지 않은가.

멘토와 멘티를 통한 상호 교수

3월 초, 간단한 테스트를 해서 성적순으로 멘토와 멘티를 조직한 다음 바로 실행하는 방법이다. 처음 시행할 때는 조금 어렵게 느껴질 수도 있다. 학생들의 적극적인 호응이 없이는 불가능하기 때문이다. 그만큼 학생들을 잘 설득하는 것이 중요하며 학생들을 이해시키는 데 많은 시간과 열정을 쏟아야 한다. 일단 학생들의 마음이 협력할 수 있는 상태가 되면 90% 이상은 성공한 것이다.

● 진행 방법 및 효과

① 한 모둠을 4명으로 구성하고, 각각 2명의 짝이 멘토와 멘티가 되어 서로 가르쳐 주며 돕는 방법이다. 또한 모둠원들 4명이 서로 멘토와 멘티 역할을 할 수도 있다. 상호 교수법의 가장 기본적인 형식이다.

② 이 방법이 성공하기 위해서는 성적(실력)을 고려하여 모둠 편성을 잘 해야 하며, 서로 돕고자 하는 마인드가 형성되도록 교사의 많은 시도와 노력이 필요하다. 교사는 가르치는 것(도움을 주는 것)이 얼마나 유익한 것인지를 동영상 자료 제시와

협동학습의 유익에 대한 설명을 통해 말해 준다. 이러한 방법으로 학생들에게 협력하는 마음을 갖게 한다.

③ 실제로 2명이 짝을 이루어 한 명은 주어진 문제를 가르치게 하고, 한 명은 설명을 듣게 한 후에 다음 날 얼마나 기억나는지 실험을 통해 상호 교수의 효과를 체험하게 한다.

④ 해당 수업 시간에 멘토와 멘티를 짝꿍으로 자리를 배치하고, 한 모둠이 모여 앉도록 한다. 수업 중간중간 수시로 멘토와 멘티가 서로 토론하고 가르치도록 시간을 준다. 서로 협력이 잘되는 모둠에는 수시로 칭찬과 격려를 아끼지 않는다. 간단한 테스트를 통해 적절한 보상을 주거나, 수행평가에 반영한다.

⑤ 이처럼 상호 교수가 잘되면 수업시간 외에도 서로 협력하여 문제를 해결할 수 있는 시스템이 되어 전체적으로 좋은 효과를 낼 수 있다. 실제로 이러한 교수법을 시스템화하여 좋은 성과를 거둔 학교들도 있다.

⑥ 상호 교수법은 교과에 따라서 토너먼트 게임을 시도할 수 있다. 주어진 문제를 각 모둠의 멘티들끼리 토너먼트 식으로 진행하여 순위를 결정한다. 그 순위를 바탕으로 적절한 보상을 하면 효과적이다. 이러한 토너먼트 게임은 멘토와 멘티가 한 팀이 되어 다른 모둠과 문제 풀이 대결을 벌이는 식으로도 진행할 수 있다. 이때 게임에서 사용될 문제는 학생들이 직접 출제하여 카드에 기록하는 식으로 미리 준비해 둔다.

● 응용 방법

멘토와 멘티의 짝끼리 해결한 과제나 문제를 다른 짝과 비교해 보고 아이디어를 더 추가할 수 있다. 그런 다음 모둠이 함께 그 밖에 다양한 해결

책을 더 생각해 본다.

① 교사가 어떤 주제나 질문을 제시한다.

② 짝(멘토와 멘티)과 함께 생각나는 아이디어나 답을 번갈아 적는다.

③ 교사는 정해진 시간이 다 되면 알려 준다.

④ 같은 모둠에 있는 짝이나 다른 모둠의 짝을 찾아가서 서로의 것을 비교해 보고, 내용을 보완하거나 겹치는 것은 표시해 둔다.

⑤ 같은 방식으로 몇 개의 짝을 더 만나서 아이디어를 비교해 본다.

⑥ 모둠 단위로 돌아가며 아이디어나 답을 추가한다.

이동하면서 가르치기(셋 남고, 하나 가기)

「이동하면서 가르치기」는 협동학습에서는 「셋 남고, 하나 가기」라고도 일컫는다. 활동하는 동안 교사는 수업이 잘 진행될 수 있도록 항상 학생들에게 관심을 기울이며 격려를 아끼지 않도록 한다.

• 진행 방법

① 각 모둠별로 한 개의 문제를 제시한 다음 개별적으로 풀게 한다.

② 각 모둠의 모둠원들이 함께 서로 도와 주어진 문제를 해결하도록 한 후에, 각 모둠의 대표(문제의 해결과 설명을 잘하는 학생)를 선정하여 해당 모둠에 주어진 문제를 다른 모둠원들에게 가르치도록 한다.

1조 ⇒ 2조 ⇒ 3조 ⇒ 4조 ⇒ 1조 …

5조 ⇒ 6조 ⇒ 7조 ⇒ 8조 ⇒ 5조 …

중간중간 교사가 상황을 보면서 "자, 이제 다음 모둠으로 옮기세요"라고 언급한다. 교사의 지시에 따라 문제를 가르치는 학생은 다음 모둠으로 가서 설명해 준다.

③ 교사는 각 모둠의 대표가 잘 설명하고 있는지 주의 깊게 살핀다. 설명이 부족한 부분이 있다면 교사가 보충 설명을 해 주면 된다.

④ 각 모둠의 대표가 모둠을 총 3회 이동하면, 각각의 모둠은 총 4문제를 소화할 수 있게 된다.

⑤ 잘 가르치고, 잘 배웠는지 스티커로 평가하도록 한다. 설명을 들은 학생은 대표가 잘 가르쳤는지를 평가하고, 대표는 학생들이 설명을 잘 들었는지 스티커를 주어 평가한다. 스티커가 많은 모둠이나 대표에게 적절한 보상을 하면 더욱 효과적이다.

이 교수법에서 교사의 역할은 전체 상황을 지켜보면서 학생들의 교수 활동이 원활하게 진행되도록 돕는 것이다. 기본적인 방법을 해당 교과와 학생들에게 적절하게 응용하여 진행할 수 있다.

갤러리 가르치기(하나 남고, 셋 가기)

앞의 「이동하면서 가르치기」와 반대로 한 명이 남고 셋이 이동하는 방식이다. 그래서 「갤러리 가르치기」라고 한다. 이 방법은 모둠별로 연구 프로젝트를 발표할 때 활용하면 무척 유용하다.

● 진행 방법

① 각 모둠별로 다른 과제를 줄 수도 있고, 모든 모둠에 같은 과제를 내줄 수도 있다.
   수행만약 과제를 수행하는 데 필요한 준비물이 있으면 각 모둠에 배부한다.

② 학생들은 모둠원들과 함께 협력하여 과제를 창의적으로 해결해 나간다.

③ 이제 문제를 설명할 도우미 학생을 제외한 나머지 학생들은 모두 다른 모둠으로
   이동하도록 한다. 이때 각 모둠의 도우미 학생은 두 명으로 선정하여 교대로 설명
   하도록 한다. 한 명이 계속하게 되면, 다른 모둠의 프로젝트를 구경하지 못하거나
   지칠 수도 있기 때문이다.

④ 다른 모둠으로 이동한 학생들은 도우미에게 해당 모둠의 과제와 그에 대한 설명
   을 듣는다. 이때 학생들은 설명을 잘 들으며 질문하거나 메모하도록 한다.

⑤ 중간중간 교사가 전체 상황을 보면서 "자, 이제 다음 모둠으로 옮기세요."라고 언
   급한다.교사의 지시에 따라 설명을 듣는 학생은 다음 모둠으로 가서 도우미의 설
   명을 잘 들으면서 메모하거나 질문한다.

⑥ 각 모둠에서 완성된 학습 과제물을 더 보완하여 최종적으로 교사에게 제출한다.

   최종적으로 스티커 평가를 하는 것도 좋다. 각 학생들에게 3장의 스티커
를 나누어 주고 다른 모둠의 과제 중에서 잘된 작품에 스티커를 붙이게 한
다. 교사는 스티커를 가장 많이 받은 모둠부터 보상하거나 수행평가에 반
영한다. 스티커 평가를 할 때 가장 중요한 기준은 '해당 모둠의 과제 해결안
이 얼마나 독창적인가'이다.
   한 모둠당 4~8명까지 인원 구성이 가능하다. 다인수 학급에서는 장소가
협소하여 운영이 어려울 수도 있으므로, 교사는 전체 상황을 지켜보면서

학생들의 교수 활동이 원활하게 진행되도록 돕는다. 기본적인 방법을 해당 교과와 학생들에게 적절하게 응용하여 진행할 수 있다.

모둠 내 과제 분담 학습법

협동학습에서 '직소jigsaw 기법'이라고도 하는 '모둠 내 과제 분담 학습법'은 다양하게 응용이 가능하다.

• 진행 방법

① 서로 다른 과제를 모둠원 각자에게 나누어 준다.
② 일정한 시간 내에 각각 자신의 과제를 학습한다.
③ 돌아가면서 자신이 이해한 내용을 다른 사람에게 설명한다.
④ 활동이 끝나면 퀴즈를 통해 학습한 내용을 확인한다.

• 응용 방법

과제 분담 학습으로 널리 알려진 「직소jigsaw 기법」을 변형한 것으로, 학습자가 특정 학습목표를 달성하기 위해 학습 내용을 분담하고, 상호 교수 과정을 통해 해당 주제를 분석, 이해, 습득하는 교수 기법이다.

학습자가 글을 보고 이해할 수 있는 내용이라면, 굳이 말로써 설명하지 않고 글을 읽도록 한다. 학습자들의 참여와 긴장감 그리고 몰입도가 상당히 높게 나타나는 편이다. 이 학습법은 학습 내용이 비교적 쉬운 것일 때 활용하면 좋다. 한 번 만든 자료는 또 다른 학습자에게도 활용이 가능하다.

① 학습 주제 개수대로 한 모둠의 모둠원 수를 정한다. 예를 들어, 학습 주제가 4개면 한 모둠은 4명으로 구성한다. 각 모둠은 주어진 주제로 각각 과제 역할을 분담한다.

교사 멘트 : 한 모둠은 6명이고요, 오늘 학습할 내용도 6개의 주제로 구성되어 있습니다. 각 모둠은 1번에서 6번까지 학습할 내용에 대해 역할 분담을 해 주세요.

② 교사는 각 모둠원들에게 과제를 주고, 약 3∼5분간 혼자 과제를 해결하도록 한다.

③ 그다음 각 모둠에서 같은 과제를 배정받은 모둠원별로 모인다. 즉, 모든 모둠원은 본래 모둠을 떠나 1번은 1번끼리, 2번은 2번끼리 모이도록 한다.

교사 멘트 : 각 모둠의 1번은 지금부터 전부 이동하여 이쪽으로 모여 주시고요. 각 모둠의 2번은 이쪽으로 앉아 주세요. 모두 왼손에는 교재, 오른손에는 필기도구를 들고 정해진 자리로 이동해 주세요.

④ 과제별로 모인 새로운 모둠에서 모둠장을 뽑은 다음 토론을 진행한다. 모둠장을 중심으로 과제에 대해서 토론한 것을 정리하여 기록하고 원모둠으로 갔을 때 어떻게 설명할지 논의한다.

교사 멘트 : 1번은 1번끼리, 2번은 2번끼리 앉으셨죠? 해당 과제를 모둠장을 중심으로 토론한 다음 학습 결과를 잘 정리해 주세요. 본래 모둠으로 돌아가 1번은 1번 과제에 대해서, 2번은 2번 과제에 대해서 모둠원들에게 설명해 주세요. 잘 설명해야 합니다.

⑤ 학생들이 설명할 준비를 마쳤으면 각각 원모둠으로 돌아가서 순서대로 설명하고, 질의응답도 하도록 한다.

교사 멘트 : 자, 이제 본래 자기 모둠으로 돌아가는데, 그 전에 우리 모두 손을 중앙으로 모으고 "돌아가서 설명 잘하자, 파이팅!"이라고 외칠 거예요. 모두 손을 중

앙으로 모았나요? 한번 외쳐 볼까요? "돌아가서 설명 잘하자, 파이팅!"

⑥ 원모둠으로 재정렬되었다면, 각 모둠원들은 돌아가면서 설명한다.

교사 멘트 : 다시 원래 모둠원들을 만났나요? 그럼 이제 친구들에게 자신이 담당한 과제를 설명해 줄 거예요. 그런데 모든 모둠이 동시에 1번 과제를 설명하는 것이 아니라, 첫 번째 모둠은 1번 내용을, 두 번째 모둠은 2번 내용을 먼저 발표하는 식으로 할 겁니다. 이런 식으로 각 모둠들은 같은 차례에 발표 과제가 겹치지 않도록 할 거예요. 이해되셨죠? 6명 모두 발표가 다 끝나면 모둠별로 손을 모으고 "파이팅!"하면 돼요.

⑦ 교사는 얼마나 잘 배웠는가를 확인하기 위해 간단한 퀴즈로 문제를 내서 확인해 본다. 퀴즈를 맞힌 학생에게는 적절한 보상을 할 수 있다.

⑧ 부족한 내용은 교사가 보충 설명해 준다.

교사는 사전에 학습할 내용을 정리하고, 인원수만큼 교재를 준비한다. 교과서로 학습할 경우 학습 내용을 사전에 단락별로 구분해 놓는다. 학습 내용은 동일한 난이도와 분량으로 하는 것이 좋다. 주제가 매우 어렵거나 분량이 너무 많으면 학습 분위기가 침체될 우려가 있다.

학생들이 자신이 맡은 과제를 설명할 때는 각 모둠이 주제가 겹치지 않게 진행하는데, 이는 옆 모둠과 설명 내용이 겹치지 않게 하기 위해서다. 그렇게 할 경우 학생들은 정작 자기 모둠원이 설명할 때 집중하여 경청하기가 어렵기 때문이다.

돌아다니면서 상호 교수하기

「돌아다니면서 상호 교수하기」는 협동학습에서 나온 내용을 응용한 방법이다. 학생들은 돌아다니면서 새로운 짝을 만나 자신이 가지고 있는 카드로 문제를 내면, 짝이 답하고 칭찬해 준다. 그리고 역할을 바꾸어 문제를 내고 답한다. 이것을 몇 번 반복한 후에 자신이 가진 카드와 관련이 있거나 짝이 맞는 카드를 가진 친구와 만나 짝을 이룬다. 이 방법은 토론 방법으로 사용하기에도 좋다.

• 진행 방법

① 교사는 학생들이 사용할 학습지나 질문지를 미리 준비한다.

② 학생들은 돌아다니며 서로 문제를 해결할 수 있는 짝을 찾을 때까지 손을 들고 다닌다.

③ 짝을 만나면 서로 본인의 문제를 주고받으며 답을 학습지에 기록한다.

④ 서로 답을 점검하고 답에 서명한다.

⑤ 짝은 서로 악수하고 헤어진 다음 다시 손을 들고 새로운 짝을 찾는다.

⑥ 학생들은 학습지가 다 완성될 때까지 계속해서 반복한다. 중간중간 교사가 상황을 보면서 원활하게 진행될 수 있도록 정리한다.

⑦ 학습지를 다 마친 학생은 자리에 앉는다. 자리에 앉은 학생은 다른 학생이 도움을 요청할 때 도와줄 수 있다.

⑧ 모둠원들이 다시 모이면 서로 답을 비교한다. 서로 일치하지 않거나 불확실한 답이 있으면 모둠원들이 모두 손을 들어 모둠 질문을 한다.

이 활동은 어느 정도 질서 유지가 필요하다. 그렇지 않으면 자칫 무질서하고 소란스러워질 수 있으므로 적절한 때에 교사가 개입하여 잘 진행될 수 있도록 한다. 모둠별로 과제 결과를 평가하여 수행평가에 반영할 수 있다. 기본적인 방법을 해당 교과와 학생들에게 적절하게 응용하여 진행할 수 있다.

질문카드로 토론하며 가르치기

① 모둠별로 질문카드 세트를 준비한다. 이 질문카드는 교사가 직접 출제할 수도 있고, 학생 개인별이나 모둠별로 출제할 수도 있다. 학생들이 직접 질문카드를 만든 경우에는 다른 모둠과 카드 묶음을 교환한다.

② 질문카드를 모둠별 책상 가운데 쌓아 둔다.

③ 각 모둠에서 진행자를 선발하도록 하고, 진행자는 카드의 맨 위 장을 뽑아서 질문을 읽는다.

④ 모둠원들은 각자 질문에 대한 답을 적는다.

⑤ 모둠원들이 답을 모두 적었으면 진행자가 하나, 둘, 셋을 외치면서 답을 공개한다.

⑥ 모둠원 전원이 답을 맞혔으면 서로 축하해 주고, 틀린 학생이 있으면 모둠원들 간에 서로 가르쳐 주고, 칭찬해 준다.

⑦ 이와 같은 방법으로 계속해서 진행한다. 진행자는 모둠원들이 돌아가면서 할 수도 있다.

이 활동은 모둠별로 자유롭게 질문하고 답하며, 토론하고 서로 가르치는 방식으로 협동하여 문제를 해결하는 것이다. 교사는 때에 따라서 모둠원들이 서로 협력하여 문제를 해결했는지 확인하여 수행평가에 반영할 수 있다.

3단계 인터뷰

「3단계 인터뷰」는 질문, 토론, 상호 교수하기 등 수업에서 다양하게 활용할 수 있는 방법이다. 또한 협동을 위한 '모둠 세우기' 활동에서 서로를 소개할 때와 경청하기 훈련에서도 활용이 가능하다. 더불어 「4~6단계 인터뷰」로 응용하거나 해당 교과와 학생들에게 적절하게 응용하여 진행할 수 있다.

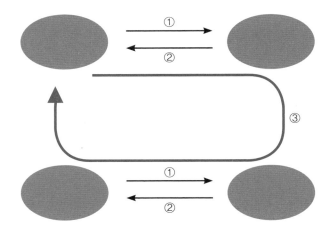

● **진행 방법**

① 모둠 내에서 두 명씩 짝을 짓도록 한다.

② 짝꿍끼리 주어진 주제에 대해 번갈아 이야기한다.

③ 다음의 그림과 같이 짝꿍을 대신하여 짝꿍의 주제를 다른 모둠원들에게 이야기

해 준다.

교사는 먼저 경청하기가 얼마나 중요한지 학생들에게 이야기해 주며 활동이 원활한 모둠을 모범 사례로 보여주면 좋다. 마이크 모형을 만들어 활용하면 더욱 효과적일 수 있다. 짝꿍을 소개하는 방법으로 활용할 때는 짝꿍을 2인칭으로 지칭하지 말고 1인칭으로 지칭하여 소개하는 것도 좋다. 마치 내가 짝꿍이 되어 자신을 소개하는 것처럼 말이다.

● 응용 방법 – 6단계 인터뷰

① 1번이 2번에게, 3번이 4번에게 이야기한다.

② 2번이 1번에게, 4번이 3번에게 이야기한다.

③ 1번이 2번 이야기를 3번에게, 2번이 1번 이야기를 4번에게 한다.

④ 3번이 4번 이야기를 1번에게, 4번이 3번 이야기를 2번에게 한다.

⑤ 1번이 자신의 이야기를 3번에게, 2번이 자신의 이야기를 4번에게 한다.

⑥ 3번이 자신의 이야기를 1번에게, 4번이 자신의 이야기를 2번에게 한다.

PART 8

학생 참여
중심의 기술

- 수업에서 간단히 사용 가능한 토론 기법
- 학생 활동 중심의 수업으로 재밌게 이끌기

수업에서 간단히 사용 가능한 토론 기법

1. 브레인스토밍

브레인스토밍에 대해서 대부분은 알고 있지만 어려워하는 교사들도 많다. 일반적으로 "브레인스토밍 합시다"라는 말은 "자유롭게 이야기해 봅시다"라는 말로 들린다. 그런데 자유롭게 말하기, 즉 브레인스토밍을 마치면서 만족스러운 경험이라고 느끼기가 쉽지 않다.

브레인스토밍을 하는 이유는 평소와 같이 엄격한 분위기에서 토론을 하면 좋은 아이디어가 나오지 않기 때문에 자유분방한 분위기 속에서 참여자의 생각을 이끌어내고 발전시켜 보고자 하는 데 목적이 있다. 하지만 실행을 한다 해도 참여자들의 두려움과 망설임, 경직된 태도 등으로 인해 자유롭게 이야기하는 것 자체가 어려워지는 경우가 많다. 다음은 참여자들이 열린 마음으로 브레인스토밍을 하는 데 장애물이 되는 부정적인 생각들이다.

- 내 아이디어를 사람들이 훌륭하다고 생각할까?
- 조리 있게 말할 수 있을까?
- 이미 다른 사람이 말한 것이 아닐까?
- 내가 뭔가를 말한다고 그게 실현될까?
- 내 아이디어가 채택될까?
- 나보고 그 일을 하라고 하지 않을까?
- 웃음거리가 되지 않을까?
- 내 아이디어를 빼앗기는 것은 아닐까?
- 공연히 회의를 길어지게 만드는 것은 아닐까?

이러한 부정적인 생각을 없애기 위해 브레인스토밍을 창시한 오스본 Orsbone은 창의적 사고를 위한 다음과 같은 원칙을 제시하였다.

- 많은 양의 추구 Focus on quantity
- 비판 금지 Withhold criticism
- 자유분방함 Welcome unusual ideas
- 다른 이들의 아이디어에의 결합 편승 Build on the ideas of others

중요한 것은 브레인스토밍을 하기 전에 앞의 원칙들을 선언하고 자세히 설명해 주는 것이다. 그래야 발언의 공포에서 벗어나 주저하지 않고 아이디어를 제시할 수 있다. 이러한 원칙을 선언한다고 해서 참여자들의 생각과 태도가 바로 이완되는 것은 아니다. 브레인스토밍 을 진행하는 교사는 학생들의 표정과 마음을 읽으면서 거리낌 없이 이야기할 수 있는 분위기를 조성하도록 끊임없이 노력해야 한다. 그 노력의 대부분은 질을 추구하고자 하는 학습자의 생각을 바꿔 양을 추구하도록 편안하게 만들어 주는 것이다. 토론을 이끄는 교사는 이러한 원칙을 숙지하여 브레인스토밍 진행의 시작부터 끝까지 이 원칙 하에 토의가 이루어질 수 있도록 한다.

2. 벌집 토론

벌집 토론은 수업 오프닝이나 클로징에서 간단하게 토론할 수 있는 방법이다.

• 진행 방법

① 특정 주제를 제시하여 학생들이 이에 대해 생각한 것을 메모할 수 있도록 시간을 준다. 예를 들면, 어떤 주제에 대해 학습 활동을 한 후에 수업 마무리 단계에서 새롭게 발견한 점이나 느낀 점을 생각하여 기록한다.

② 기록한 내용을 짝과 공유한다.

③ 모둠별로 모둠원들의 기록 내용을 공유한다. 반 전체가 내용을 공유하기 위해서 모둠별로 내용을 기록하여 발표자가 전체를 대상으로 발표한다.

④ 발표한 내용 중 교사가 중요하다고 생각한 것은 다시 토론할 수 있도록 한다.

⑤ 교사는 모둠별로 토론한 내용에 대해서 평가하여 보상할 수 있다. 또는 학생들의 스티커 평가로 대신할 수도 있다.

3. 두 마음 토론

두 사람이 찬반 입장을 나누어 한 사람(중립자)을 설득하도록 하고, 중립자의 입장에서 두 사람 중 더 설득력 있다고 판단한 사람의 입장을 선택한다.

● **진행 방법**

① 교사가 학생들에게 문제 상황이나 주제를 제시한다.

② 1번 학생은 찬성자, 2번 학생은 중립자, 3번 학생은 반대자, 4번 학생은 관찰자로 역할을 분담한다.

③ 1번 학생(찬성)과 3번 학생(반대)이 2번 학생(중립)을 대상으로 번갈아 자신의 입장에서 설득한다.

④ 토론을 마친 뒤 교사의 지시에 따라 2번 학생(중립)이 1번 학생(찬성)과 3번 학생(반대) 중 더 설득력이 있다고 생각한 학생을 선택하도록 한다.

⑤ 교사는 선택된 학생에게 보상을 한다.

⑥ 2번 학생(중립)은 자신이 선택한 입장과 그 이유에 대해 학급 전체를 대상으로 발표한다.

⑦ 2번 학생의 발표가 끝나면, 교사는 4번 학생(관찰)들이 관찰하면서 느낀 점을 학급 전체를 대상으로 발표하도록 한다.

⑧ 교사가 토론 마무리를 한다.

학생 활동 중심의 수업으로 재밌게 이끌기

1. 모둠별 토너먼트 퀴즈 수업

　모둠별 토너먼트 퀴즈는 협동학습에서 활용하는 퀴즈 수업을 별다른 준비 없이 간단하게 변형하여 진행할 수 있는 수업입니다. 많은 퀴즈 문제가 필요하므로, 교사 혼자 문제를 출제하기보다는 학생들이 직접 출제할 수 있도록 하는 것도 좋습니다. 모둠별 토너먼트 퀴즈 게임은 수업을 생동감이 있게 이끌고, 좋은 학습 효과를 기대할 수 있는 방법이다. 또한 다양하게 변형하여 활용 가능하다.

• 진행 방법

① 모둠별로 학생들에게 직접 문제를 출제하도록 한다. 좋은 문제를 많이 출제한 모둠에는 따로 보상하거나 수행평가에 반영해 준다.

② 학생들이 출제한 문제 중 잘된 것을 5개 골라 게임을 시작한다. 학생들은 먼저 자기 모둠을 떠나 학습 수준별로 4개 리그로 나누어 모인다. 1부 리그에는 각 모둠의 1번들이, 2부 리그에는 각 모둠의 2번들이 모이는 식으로 모두 모인다. 모둠의 구성은 성적순으로 하는 이질 집단으로 하는 것이 더욱 효과적이다.

③ 각 모둠의 학생들이 자신이 만든 카드들을 모두 모아 섞는다.

④ 이제 모둠 안에서 순서를 정하여 첫 번째 순서부터 카드를 무작위로 뽑아 문제를 읽어 준다. 각 모둠에서 퀴즈를 첫 번째로 진행하는 학생은 1모둠의 모둠원들로 해도 좋다. 문제를 듣고 학생들은 정답을 맞힌다. 이때 문제를 낸 학생은 문제를 풀지 못하도록 미리 약속한다.

⑤ 출제자는 정답을 맞힌 학생에게 "정말 잘했어."라고 칭찬해 주며, 해당 카드를 건네준다. 정답을 틀린 학생에게는 "괜찮아, 잘했어"라고 말해 주고, 나머지 학생들이 맞힐 수 있도록 기회를 준다. 만약 학생들 모두가 정답을 모르면 정답을 알려주고, 카드를 따로 보관한다.

⑥ 다음에는 2모둠의 학생이 동일한 방식으로 퀴즈 게임을 진행한다.

⑦ 모든 퀴즈 게임을 마치면 리그별로 앉아 있던 학생들은 자기가 모은 문제 카드를 가지고 원래 모둠으로 돌아간다.

⑧ 가장 많은 카드를 모은 모둠에 보상을 하거나 수행평가에 반영한다.

2. 스피드 퀴즈

「스피드 퀴즈」는 TV 프로그램 〈가족오락관〉 등에서 오랫동안 인기를 끌었던 퀴즈 게임 형식으로, 수업 중에 활용하면 큰 재미와 효과를 동시에 볼 수 있다. 제한 시간 내에 한 사람은 문제를 내고, 한 사람은 문제를 맞히는 식의 퀴즈 방식은 이미 많은 교실에서 활용되고 있다.

텔레비전에서는 주로 퀴즈의 주제를 유명 인물이나 속담, 영화 제목 등으로 정하고, 각각 60초 동안 가장 많이 맞히는 팀이 승리하는 방식으로 진행된다. 그런데 매번 주제별로 종이 카드를 준비하는 등 많은 준비가 필요한 까닭에 교실 현장에서는 적용하기가 쉽지 않은 것도 사실이다. 따라서 학교에서는 학생들이 직접 문제를 출제하고, 그 문제들을 PPT 자료로 저장해 모아 두면, 언제든 활용 가능한 유용한 자료가 될 수 있다. 교사들은 다양한 문제들을 확보하기 위해 교사들 간에 문제를 공유하기도 하고, 플래시로 만들어진 스피드 퀴즈 자료를 활용하기도 한다.

기본적인 스피드 퀴즈 방식은 모둠별로 앞으로 나와 진행된다. 모둠원들 중 해당 과목의 지식이 풍부한 학생이 앞에 놓인 의자에 앉는다. 모둠에 남은 학생들이 돌아가면서 교사의 "시작!"신호와 함께 준비된 단어를 설명하면, 앞쪽 의자에 앉은 학생이 정답을 맞히거나, 모를 경우 "통과!"라고 말한다. 이때 모둠원들은 돌아가면서 퀴즈를 설명한다.

● 진행 방법 – 반 전체 스피드 퀴즈

반 전체를 대상으로 「스피드 퀴즈」를 진행할 때는 끝까지 참여를 유지하기 위해서 공동 목표를 정해 주는 것이 핵심이다. 공동 목표 없이 진행하면 분위기가 산만해질 수 있다. 필자는 수행평가에서 학급 전체 점수가 있다. 어느 목표에 도달하면 점수를 주는 방식이다. 반 전체를 대상으로 하는 「스피드 퀴즈」에서도 학급 전체에 점수를 주는 방식으로 진행한다. 출제할 문제는 복습을 위해서 모둠별로 진행했던 문제를 재사용해도 좋다.

① 시작하기 전에 학생들과 함께 '전체 점수'를 결정한다.
② 반 전체의 대표를 한 명 뽑아 교실 앞쪽 의자에 앉도록 한다.
③ 문제를 설명할 학생이 정해지면 PPT 화면을 보면서 문제를 설명하도록 한다. 교사나 지정된 학생이 정답을 맞힌 학생의 이름과 개수를 기록한다.
④ 스피드 퀴즈 중간에 원하면 찬스를 사용할 수 있다. 다만 찬스를 두 번 사용할 경우에는 한 문제를 틀린 것으로 미리 약속하고 하는 것이 좋다.

• 진행 방법 – 모둠별 스피드 퀴즈

「모둠별 스피드 퀴즈」는 「반 전체 스피드 퀴즈」와 마찬가지로 진행하되, 각 모둠별로 진행하는 방식이다. 퀴즈 방식이지만 '셋 남고, 하나 가기'와 유사한 방식이다. 문제를 출제하는 사람은 교사나 학생 모두 가능하다.

① 모둠별로 문제를 들고 이동할 학생 한 명을 정한다. 예를 들면, 1모둠은 2모둠으로, 2모둠은 3모둠으로 이동하면 된다.

② 교사의 "다음 모둠으로 출발!" 신호에 맞춰 미리 정해진 학생이 문제 카드를 들고 다른 모둠으로 출발하고, 자리에 남아 있는 모둠원들은 다른 모둠에서 온 학생이 낸 문제를 듣고 맞힌다.

③ 이때 점수표를 사용하여 모둠에서 맞힌 개수를 기록한 다음 이후 수행평가에 반영한다.

「모둠별 스피드 퀴즈」 결과표에는 단순히 문제를 얼마나 맞혔는가 하는 것 외에 문제를 모둠원들이 협동하여 풀었는가, 아니면 한 명이 다 풀었는가, 아니면 모둠원들 간에 의견 충돌이 많고 협동은 적었는가를 평가하는 것이 중요하다. 문제의 정답 개수와 별도로 협동심에 대한 평가도 점수에 반영하여 학생들 간에 적극적으로 협동하도록 한다.

「스피드 퀴즈」는 특히 시험 기간을 앞두고도 재미있게 활용이 가능하다. 공부를 집중적으로 시키기 위해 보통은 시험지를 복사해서 제한된 시간 내에 풀도록 한다.

마무리 정리 단계에서도 교사가 모둠이 발표한 내용의 핵심을 간추려 학생들에게 주관식 문제 카드를 내주면 학생들은 답을 적으면 된다. 그냥 시험지를 풀 때와 달리 놀이를 한다는 생각에 좀 더 재미있게 할 수 있다.

「스피드 퀴즈」를 진행할 때, 자칫 '재미'에만 치우치다 보면 '학습'은 잘 이루어지지 않을 수도 있다. '재미'와 '학습'이라는 두 마리 토끼를 다 잡으려면 이 점을 유의하여 지도하도록 한다. 거의 답을 다 말하는 듯한 설명이나 교과에서 공부한 내용과는 전혀 다른 설명으로 답을 맞히는 경우에는 정답으로 인정하지 않는 등 사전에 몇 가지 규칙을 정해 두어야 놀이뿐만 아니라 학습의 역할까지 제대로 할 수 있다.

PART 9

학습동기 부여로
풍성한 수업하기

- 끊임없이 동기를 불러일으켜라
- 켈러의 ARCS 모형과 학습동기 부여
- 학습된 무기력
- 동기부여와 보상과의 관계

끊임없이 동기를 불러일으켜라

　교사가 학생에게 계속해서 동기부여를 할 수만 있다면 최고의 효과를 얻을 수 있고, 보람도 클 것이다. 필자는 교사로 가르치는 일을 20년 이상 해 왔지만 갈수록 학생들에게 동기부여하기가 어렵다는 것을 깨닫는다. 앞서도 밝힌 바 있지만 요즘 학생들은 태어날 때부터 현란한 멀티미디어 환경에 노출되어 재미없는 것은 안중에도 없는 경향이 있기에 학생들의 집중력이 오래가지 못한다.

　어떤 학습 내용을 이수하거나 또는 학습 활동을 전개하는 데 필요한 시간이 지나치게 길어질 경우 학생들의 주의 집중도가 현저하게 저하될 수 있다. 학생들은 평균 10~15분 이상 교사 혼자 강의식으로 수업을 이끌고 가면 금방 지루해하면서 학습에 집중하지 못한다. 특히 학업 성취도가 낮은 학생들은 5~8분 이상 집중하지 못한다. 또한 저학년일수록 집중할 수 있는 시간이 짧기 때문에 동기부여가 적절히 되지 않으면 학습 효과가 떨어질 수밖에 없다.

보통 50분간의 수업에서 같은 학습 내용을 거의 동일한 수업 방식으로 전개하는 경우가 많다. 그렇게 되면 학습에 대한 학생들의 집중도와 흥미는 점점 더 떨어질 것이기 때문에 모든 수업에서는 일주일에 한두 번이라도 학생들이 수업에 푹 빠져서 시간 가는 줄 모를 정도로 즐거운 수업이 이행되어야 한다. 적어도 일주일에 한 번만이라도 학생들의 입에서 "오늘 수업 너무 재밌었어요!"라는 감탄사가 나올 수 있도록 해야 한다. 이제 교실은 단순히 지식을 전달받는 곳이 아니라 학생들 스스로 지식과 정보를 추구할 수 있는 공간이 되어야 하기 때문이다. 이를 위해 교사들은 수업에 쏟는 시간의 50%를 학생들의 학습동기 부여 방법을 모색하는 데 할애해야 한다.

그렇다면 어떻게 상황에 따라 적절하게 학생들에게 동기를 불러일으킬 것인가? 필자의 경험에 의하면, 다양한 참여 수업을 진행하면서 지속적으로 학생들에게 성취감과 자긍심을 느끼게 하고, 인정해 주고, 아낌없이 격려해 줬을 때 좋은 효과를 거둘 수 있었다.

켈러Keller의 ARCS 모형과 학습동기 부여

지금까지 학습동기 부여에 대한 이론으로 가장 많이 알려진 것으로는 켈러Keller의 ARCS모형이 있다.

켈러(1983)는 동기의 다양한 근원들을 통합하여 학습동기 유발의 일반 모형을 제시하면서, 그 모형을 ARCS 모형이라고 지칭하였다. 켈러의 학습

동기화 모형에서 고려하는 네 가지 핵심 요인은 주의력attention을 집중시키고, 학습자들의 장·단기적 흥미와 학습 내용의 관련성relevance을 연관시키고, 학습자들에게 새로운 능력을 획득할 수 있다는 자신감confidence을 고취시키며, 학습 과제를 성공적으로 수행함에 따라 만족감satisfaction을 갖도록 하는 것이다. 이러한 동기 유발의 네 가지 조건들은 결코 별개의 것이 아니라 지속적으로 서로 상호작용한다.

1. 주의력 신장

일반적으로 교사들이 학생들의 동기 유발을 위해 가장 많이 신경 쓰는 부분이 바로 호기심과 관심을 유발해서 주의력attention을 집중시켜 나가는 전략이다. 교수-학습 활동에서 학생들의 주의력을 집중시키도록 하는 것은 교사가 해야 할 일차적인 과업이다. 학생들에게 주의력을 기울이도록 하는 최선의 방법은 학습적인 자극을 적절히 변화시켜 주는 것이다. 이 방법은 흔히 교사가 수업 준비를 할 때 가장 많이 활용하고 있다. 실물 자료나 구체적인 예를 활용하거나 특이한 상황이나 문제 사태를 제시하기도 한다.

손뼉 치기, 음성 높이기, 책상 두드리기와 같은 자극도 주의력을 높여 주는 하나의 방법이 될 수 있다. 사물의 예시나 물리적 현상을 예시해 주는 것도 주의력을 환기하는 데 효과적이다. 그러나 주의력은 학습 활동의 전 과정에서 계속 유지되어야 하며, 이를 위해서는 자료 제시 기법을 매우 빈번히 변화시켜 줘야 한다.

교수학습개발센터http://classroom.re.kr에서는 구체적으로 주의력 획득 및 유지를 위해서 다음의 다섯 가지 전략을 제시하고 있다.

- 교수 자료 기법을 다양하게 제시한다.
- 구체적인 예를 활용한다.
- 특이한 상황이나 문제 사태를 제시한다.
- 익숙한 경험과 생소한 경험을 동시에 제공한다.
- 경험 요소들을 비유적인 방법으로 제시한다.

2. 관련성 유지

관련성relevance이란, 학습 과제와 학습 활동이 학습자들의 흥미에 부합되면서도 그들에게 의미나 가치가 있는 것을 의미한다. 학습 내용의 관련성을 학습자들에게 확신시켜 줄 수 있는 최선의 방법은 기대되는 학습 결과를 미리 학생들에게 알려 주는 것이다. 수업에서 기대되는 결과는 학생들로 하여금 매우 다른 측면에서 매력적으로 느껴지게 된다. 따라서 수업 계획에 있어서 학생들 각자에게 관련된 다양한 학습 환경을 구축하기 위해서 학생들의 개인적 요구, 관심, 흥미 등을 충분히 고려해야 한다. 또한 학생들의 과거 학습 경험, 현재 성취하고자 하는 것, 미래에 가치를 부여하는 것 등이 현재 학습하게 될 내용 간에 서로 관련성을 맺고 있을 때 그 학습 내용이 적절성을 지니고 있다고 볼 수 있다.

이러한 관련성을 높이기 위한 구체적인 방법으로는 다음과 같이 네 가지 전략이 있다.

- 새로운 학습 과제를 친숙하게 만든다.
- 학습자들의 흥미와 관심사에 기초한 실제의 경험 자료를 활용한다.

- 학습 내용의 미래지향적 가치에 관해 알려 준다.
- 수월성의 표준을 성취하는 기회를 제공한다.

3. 자신감 형성

'자신감^{confidence}'은 학습 과제를 성공적으로 마칠 수 있을 것이라는 신념을 갖게 될 때 형성된다. 어떤 목표를 성취하는 데 있어서 학습자가 느끼는 자신감은 실제의 능력 수준과는 깊은 관련성이 없다. 즉, 자신감이 높은 사람은 실제의 능력 수준보다 더욱 높은 성취를 이루는 경향이 있다. 자신감은 여러 해에 걸쳐서 많은 학습 상황에서 성공적인 경험이 누적되어 형성된다. 따라서 학생들이 학습에 대한 자신감을 갖도록 하기 위해서는 학습 초기부터 성공적인 학습 경험을 쌓아 갈 수 있도록 학습 설계를 주의 깊게 세울 필요가 있다. 학습자들의 자신감을 향상시키기 위한 구체적인 방법으로는 다음과 같은 세 가지 전략이 있다.

- 학습목표를 명확하게 알려 준다.
- 곤란도의 수준에 따라 학습 과제를 계열화한다.
- 학습자에게 개인적 학습 조절 전략 또는 학습자 통제 전략을 사용하도록 한다.

4. 만족감 부여

만족감^{satisfaction}이라는 동기 조건은 학습 과제를 성공적으로 마쳤을 때 부여된다. 학습 행위에서의 만족감은 학습자의 자신감, 주의 집중, 장기 목표 및 학습 활동과의 관련성 파악 등 자기관리 기능 및 인지 전략을 개발시켜 준다. 만족감은 흔히 수업이 끝난 이후에도 지속적으로 동기를 부여해 준다.

어떤 학습 상황이든지 간에 학생들은 성취에 따른 기대감을 갖게 마련이다. 이러한 성취 기대감을 충족시켜 줄 수 있는 학습 결과 정보를 제공해 주면, 추후 학습자들이 느끼게 될 만족감의 강화 요인으로 작용하게 된다.

학습자들에게 만족감을 부여하기 위한 구체적인 방법으로는 다음과 같은 세 가지 전략이 있다.

- 학습자의 수행 결과에 대해 다양한 피드백을 제공한다.
- 학습자가 학습한 내용을 일반화하여 적용해 보도록 한다.
- 외적 보상보다는 내적 보상을 제공한다.

학습된 무기력

보통 학생들은 배우는 것을 좋아한다. 그래서 학습자들은 기본적인 동기부여가 되어 있는 상태다. 그러나 학습자들은 종종 학습에 관해 무기력에 빠진다. '학습된 무기력'이라는 말이 있다. 피할 수 없거나 극복할 수 없는 환경에 반복적으로 노출된 경험으로 인해 실제로 자신의 능력으로 피할 수 있거나 극복할 수 있음에도 자포자기하는 것이다.

학습된 무기력은 셀리그만M. Seligman과 동료 연구자들이 동물을 대상으로 공포의 조건 형성을 연구하던 중 발견한 현상이다. 셀리그만은 24마리의 개를 세 집단으로 나누어 상자에 넣고 전기 충격을 주었다. 제1집단의 개들에게는 코로 조작기를 누르면 전기 충격을 주고 스스로 멈출 수 있는 환경을 제공하였다. 제2집단은 코로 조작기를 누르면 전기 충격을 주고, 몸이 묶여 있어 어떠한 대처도 할 수 없는 환경을 제공하였다. 그리고 제3집단은 비교 집단으로 상자 안에는 두었지만 전기 충격을 주지는 않았다. 24시간 후에 이들 세 집단 모두를 다른 상자에 옮겨 놓고 전기 충격을 주었다. 세 집단 모두 상자 중앙에 있는 담을 넘으면 전기 충격을 피할 수 있게 설계되어 있었다.

제1집단과 제3집단은 중앙의 담을 넘어 전기 충격을 피했으나, 제2집단은 전기 충격이 주어져도 피하려 하지 않고 구석에 웅크리고 앉아 전기 충격을 받아들이고 있었다. 즉, 제2집단은 자신들이 어떻게 해도 그 상황을 벗어날 수 없을 것이라는 무기력을 학습한 것이다.

셀리그만은 혐오 자극으로 회피 불가능한 전기 충격을 경험한 개들은 회피 가능한 전기 충격이 주어진 경우에도 회피 반응을 하지 못하는 것을 보고 이를 '학습된 무기력'이라 명명하였다. 학습된 무기력의 증상으로는 다음과 같은 것들이 있다.

- 무슨 일이든 주의를 기울이지 않는다.
- 시작하기도 전에 포기하거나 긍정적인 결과를 회피한다.
- 동기와 감정의 결핍으로 우울감이나 불안감이 높다.
- 다른 이들의 요청에 응하지 않거나 지시에 따르지 않는다.
- 능동성보다는 수동성으로 나타난다.

상황에 따라 다르겠지만 보통 5~20%의 학생들이 학습된 무기력을 보인다고 한다. 학습된 무기력을 앓는 학생은 노력과 결과 사이에 큰 연관성이 없다고 믿기 때문에 단지 행동으로 실천하려 하지 않는 것이다.

때로 학습된 무기력은 평소에 매우 긍정적인 학생조차도 위협할 수 있다고 한다. 이렇게 긍정적이고 적극적인 학생들조차 어떤 이유에서 무기력을 느끼게 되는 것일까? 도대체 무엇이 학생들로 하여금 학습에 참여하지 않고, 교실에 우두커니 앉아 있는 존재로 만드는 것일까? 일시적 무기력은 별개의 문제다. 여기서 말하는 무기력은 오랜 시간 발달하는 만성 상태 또는 장애다. 몇 번의 칭찬과 격려로 바뀌기는 어렵다.

무기력은 학교 생활을 잘하지 못하는 학생들에게서 흔히 나타난다. 또한 부모나 교사가 학생들을 통제하고 조정하며 강압적으로 대하는 경우에도 종종 볼 수 있다. 아이들의 자연적 상태는 호기심과 동기부여이기 때문에 부모와 교사는 스스로에게 다음과 같은 질문을 해 볼 필요가 있다.

'아이들을 무기력하게 만드는 우리의 행동에는 무엇이 있을까? 우리의 어떤 행동이 아이들의 무기력함을 변화시킬 수 있을까?'

학습된 무기력을 초래하는 원인으로는 반복적인 정신적 외상이나 과다 스트레스에의 노출, 통제 불가능한 환경에의 빈번한 노출 등이 있다. 반복되는 실패, 즉 아는 문제도 과거에 반복해서 틀린 기억은 학습에 대한 무기력감을 느끼게 한다. 그나마 다행인 것은 이를 개선 할 수 있는 방법이 있다는 것이다. 예를 들면 교실에서 긍정적 감정 상태가 되도록 환경을 조성한다든지 사회봉사 활동이나 다양한 활동에의 참여를 통해 자긍심을 높일 수 있다.

강의하지 말고 참여시켜라

자율과 선택권은 참여와 동기부여를 증진하는 반면 강요나 강력한 통제는 동기부여에 방해 요소로 작용한다. 따라서 학생들 스스로 학습 내용이나 환경을 선택하고 통제력을 가질 수 있어야 한다. 학생들 스스로의 통제력이 증가할수록 참여와 동기부여는 자연스럽게 증진된다.

교실에서 학급 활동이나 수업에서도 선택과 권한을 줄 수 있다. 체육대회, 학예 발표, 학업 경쟁 등을 통한 개개인의 능력 개발이나 캠프, 프로젝트 학습 등 팀별 활동에의 참여도 무기력을 개선할 수 있는 방법들이다. 때로는 스포츠, 음악, 영화 등 다양한 여가 활동을 통해 정신적 스트레스를 해소하는 것도 점차 무기력에서 벗어날 수 있는 좋은 방법이다.

1. 외적 요인에 의한 동기부여 방법

학습동기를 부여하는 이유는, 학습자에게 분명한 목표 의식을 갖게 하고, 보상과 적절한 경쟁심, 피드백 등을 활용하여 학습 효과를 높이기 위한 것이다. 외적 요인에 의한 동기부여는 대개 보상, 지시, 명령, 처벌, 칭찬, 상, 평점 등과 같은 외적 요인으로 학습자에게 동기를 부여하여 과제를 완성하거나 활동을 수행하도록 하는 것을 말한다. 예를 들면, 좋은 성적을 얻기 위하여, 또는 어떤 보상을 받거나 교사의 인정과 관심을 끌기 위해 공부하는 학생은 외적 요인으로 인해 동기화된 것이다.

외적 요인에 의한 동기부여는 학습자로 하여금 과제 자체에 집중하기보다 보상이나 칭찬, 점수, 상 등의 외부적 요인에 집중하게끔 한다. 따라서 학습자는 학습 과정이나 결과에 대한 책임감이 약하고, 외적 요인이 사라지면 학습동기가 약해져서 적극적인 참여가 어려워진다. 학생들이 보상이나 경쟁에 지나치게 사로잡혀 있을 때 교사는 외적 요인보다 자존감이나 자긍심 같은 내적 요인에 의해 동기가 부여되도록 학생들을 이끌어야 한다.

외적 요인에 의해 학습동기를 유발할 수 있는 구체적인 방법들로는 훌륭한 발표, 토론, 수업 태도, 적극적 참여, 과제나 수행에 대한 보상, 경쟁심 유발 등이 있다. 수업 상황에서 사용할 수 있는 좀 더 구체적인 방법들은 다음과 같다.

- 상품(사탕, 과자 등), 칭찬 스티커 등을 활용한다.
- 다양한 수업 활동에서 보상이나 벌점을 제공한다.
- 표창이나 스티커 등으로 상징적 보상을 제공한다.
- 관심과 인정, 칭찬과 함께 보상을 제공한다.
- 학급별이나 팀원 간의 경쟁심을 유도한다.

외적 동기 유발을 위해 상이나 벌 등으로 보상할 때 주의할 점은 학습자가 보상 자체에만 관심을 갖도록 하기보다 학습 자체에 관심을 가지고 적극적으로 참여할 수 있도록 하는 것이다. 또한 학습자로 하여금 경쟁심을 유도할 때도 친구들과의 지나친 경쟁보다는 주어진 과제 해결에 노력을 기울이게 함으로써 학습에 능동적으로 참여하도록 이끌어야 한다.

2. 내적 요인에 의한 동기부여 방법

내적 동기란, 스스로를 위하여 혹은 자기 보상을 위하여 어떤 일을 하고자 하는 내적인 충동이다. 내적 동기는 비전, 신념, 가치관 등 내부적이고 능동적인 특징을 가진다. 즉, 내적 요인에 의해 동기화된 경우, 자신의 신념에 따라 행동하며, 그 결과에 대해서도 스스로 책임지려는 경향이 강하다. 예를 들어 위인전을 읽고 비전과 신념을 얻고자 하는 학생, 미술이나 음악을 통해 자존감을 높이고자 하는 학생 또는 난이도 높은 수학 문제를 해결한 학생이 만족감을 느끼는 것은 모두 내적으로 동기화된 것이다.

수업에서 학생들로 하여금 학습에 대한 만족감을 느끼도록 하기 위해서는 외적 보상과 내적 보상을 적절하게 활용해야 한다. 외적 보상은 학생들에게 보상 그 자체에만 관심을 갖게 하므로 만족감이 일시적으로 형성되나, 내적 보상은 학습 과정과 지적 훈련 과정에서 성취감을 제공하므로 비교적 오랫동안 만족감이 유지된다. 또한 학습에 대한 학생들의 만족감을 오랫동안 유지시키기 위해서는 외부적인 위협, 감시, 평가보다는 '언어적 칭찬'과 '정보 제공적인 피드백'을 제공하는 것이 바람직하다.

인간은 항상 새로운 배움을 갈구한다. 그리고 사실상 생존은 학습에 의존한다. 일반적으로 학생들의 순수한 호기심, 새로움, 사회적 접촉, 배움에의 즐거움 등은 학습에 대한 자연스러운 동기부여 요인으로 볼 수 있다. 따라서 교사가 이러한 동기부여 요인들을 적절히 활용한다면 좀 더 즐겁고 효과적인 학습이 가능하다.

교사가 학생들을 구별, 등급화, 그룹화, 분류, 비교, 평가하는 순간 문제가 심각해질 수 있음을 항상 잊지 말자. 다음은 학습에 대한 학생들의 동기를 저하시키는 요인들이다.

- 강압, 통제, 조정

- 비판적이거나 또는 지나친 경쟁 분위기, 성과 중심 교육
- 반복적이고 기계적인 교수 방법
- 비꼼, 반박, 비난
- 학습에 대한 내적 동기의 결핍
- 대부분의 외적 보상 체제

수업에서 학생들의 학습동기를 높여 주는 요인들은 상당히 많다. 그중에서도 가장 큰 부분을 차지하는 요인이 바로 교사다. 학생들의 학습동기를 증진하기 위하여 우선적으로 교사는 학생들의 실패에 대한 불안감, 학습에 대한 부정적 태도와 같은 방해 요인들을 해소해 줄 필요가 있다. 이를 위해 교사는 학생들의 자존감과 자긍심, 긍정적인 태도를 키워 주는 경험을 지속적으로 제공해 주어야 한다. 즉, 학생들에게 도전감을 불러일으키면서도 성취 가능한 과제를 경험하도록 함으로써 자신들의 능력 부족이 아닌 노력의 부족으로 인해 나타난 결과임을 인식시켜 줄 필요가 있다. 학생들에게 너무 해결하기 어려운 문제를 제공하면 '역시 난 안 돼.', '역시 수학은 어려워.'와 같이 자존감이 떨어지거나 부정적인 태도가 형성되어 학습에 대한 동기가 저하된다.

필자는 학생들이 어려워하고 지루해하는 수학 수업을 재미있게 진행함으로써 학생들의 적극적인 관심과 참여를 이끌어냈으며, 문제 해결 경험을 제공하여 자긍심과 성취감을 갖는 내적 동기를 자극하였다. 이러한 학생 참여 중심의 활동 수업을 하려면 여러 환경적인 제약을 받게 되지만, 학생들에게 학습에 대한 동기를 부여하기 위해서는 끊임없는 준비와 노력이 필

요하다. 이러한 노력을 통해 학생들의 호기심, 탐구욕, 자긍심을 자극하는 내적 동기가 필요한 것이다.

내적 동기를 유발하기 위해서 수업 상황에서 사용할 수 있는 구체적인 방법들은 다음과 같다.

- 전체 학생들 중 70% 이상 해결할 수 있는 문제를 제공하여 자긍심을 높여 준다.
- 학생들에게 창의성을 발휘할 수 있는 기회를 충분히 제공한다.
- 학생들이 직접 참여할 수 있는 다양한 활동 경험을 제공한다.
- 도전적인 문제를 해결하게 함으로써 탐구욕과 성취감 높인다.
- 팀 활동을 통한 상호작용 기회를 제공한다.
- 학생들 욕구와 목표를 만족시켜 준다.
- 학생들에게 통제권 및 선택권을 부여한다.
- 학생들의 호기심을 지지해 준다.
- 학생들의 강렬한 정서에 관여한다. 예를 들면, 주목할 만한 이야기, 게임, 개인적 사례, 축하할 일, 역할놀이, 토론, 의식, 음악 등에 학생 개인적인 감정을 효과적으로 관여시킨다. 정서는 강력한 의사결정자 역할을 한다는 것을 기억하자.
- 피드백의 빈도수를 높인다. 매 수업시간마다 학생들이 많은 피드백을 받고 있는지 확인한다. 피드백은 즉각적이면서도 개인적인 판단 없이 객관적으로 이루어져야 한다.
- 성공의 가능성을 보여준다. 학생들로 하여금 자신도 충분히 성공할 수

있다는 점을 믿게 한다. 실질적인 장애물이나 실력에 상관없이 희망은 필수적이다. 모든 학습 맥락은 그 속에 최소한의 희망을 반드시 내포하고 있음을 학생들에게 주지시킨다.

- 교사는 학습의 즐거움을 설계한다. 99%의 학습은 무의식적으로 이루어지기 때문에 학생들이 학습의 재미를 더 많이 느낄수록 더 높은 동기가 부여된다.
- 학생들의 성공과 목표 성취에 대해 칭찬으로 반응한다. 칭찬에는 주변 사람들의 격려, 파티, 하이파이브, 응원 등이 있다. 이러한 칭찬을 통해 교실 분위기도 더욱 훈훈하게 만들고, 학습동기를 강화할 수 있다.
- 학생 자신의 능력과 주위 환경에 대한 믿음을 조금씩 경험하게 한다. 학생들이 어려운 도전에 맞서게 되면 용기를 북돋아 주고, 스스로에 대한 믿음을 굳세게 하도록 돕는다. 이 믿음은 경우에 따라 방해 요인으로 작용할 수도 있고, 긍정적으로 작용할 수도 있다.

동기부여와 보상과의 관계

어떤 교사들은 학생들을 통제, 조정, 관리 등을 통해 그들의 동기를 자극하고, 영향력을 미치는 데 익숙하다. 그러나 이러한 방법은 결코 생산적이지 못하다. 보상 체제는 쉽게 습관화되기 쉽다. 처음에는 보상이 동기를 부여할 수 있지만, 이러한 보상의 즐거움이 유지되기 위해서는 그 강도가 점점 높아져야 한다. 이는 마치 마약중독자가 같은 수준의 마약 효과를 위해 점점 더 많은 약을 투여하는 것과 같다. 학교 현장에서 처음에는 효과적이었던 것이 다음번에는 더 큰 보상이 주어져야만 이전과 같은 효과를 내게 된다. 또한 10회에 걸쳐 보상이 제공되었을 때는 출현했던 행동이 더 이상 보상이 제공되지 않을 경우 행동이 함께 사라질 수 있다. 즉, 그동안 단지 보상을 받기 위해 행동했던 것이다.

이러한 이유로 학습 과정에서의 보상은 반드시 주의 깊게 사용되어야 하며, 이왕이면 진정한 학습 증진을 달성하는 것을 목표로 해야 한다. 외적 보상은 학생들로 하여금 '이익이 되는 일'에만 사로잡히게 만들어 주도적인 학습에서 멀어지게 할 수도 있다. 또한 보상은 성공 또는 실패라는 명확한 암시가 내포되어 있어서 보상의 사용이 늘어날수록 학업 성과에 대한 심리적 불안감 증가한다. 이러한 불안감을 해소하기 위해 학생들은 좀 더 단순하고 반복적인 과제를 선택할 가능성이 높아진다. 또한 스스로 목표를 설정하기보다 다른 사람에 의해 설정된 목표에 의해 움직이기 쉽다. 즉, 학습 태도에 있어서 수동적인 입장을 취하게 된다.

학교 현장에서는 학생들의 행동을 수정하기 위해서 각종의 보상을 사용하였으나, 효과를 보지 못하는 경우가 많다. 이것은 강력한 보상을 사용하면서도 원하는 행동이 일어나고 한참 뒤에 보상한다거나 엉뚱한 행동에 대해서 보상하는 등 보상이 적절하게 제공되지 않았기 때문이다.

만약 현재 부모나 교사와 같은 외부적 요인에 의해 보상이 제공되면, 그만큼의 학습 성과 그 자체로부터 받는 보상은 적을 수 있다. 왜냐하면 성공적인 문제 해결이 교사나 부모에게서 칭찬을 받기 위한 수단이 된다면, 외적 보상을 받는 것이 주된 일이 되고 문제 해결 그 자체는 부차적인 것이 되기 때문이다.

또한 실패는 다음 성공을 위한 가치 있는 중요한 정보가 될 수 있는데, 만일 실패에 대하여 외적인 벌이 가해지면 실패에 수반되는 정보 또는 교훈은 감소하게 된다. 성공에 따른 강한 외적 보상은 성공한 행동만 되풀이하게 할 가능성이 크다. 이것은 바람직한 것일 수도 있지만, 학습의 과정이 저차원에서 고차원으로 이어지는 위계 중 중간 단계의 성취에 불과할 경우에 주어지는 강한 외적인 보상은, 동일 수준의 행동만을 재연시켜 고차원적 수준의 성취를 방해할 우려가 있다.

이러한 이유로 만약 어떤 형태로든지 외적 보상 체제를 사용하고 있다면 보상을 단계적으로 제거하다가 자체적으로 소멸되도록 해야 한다. 갑자기 보상을 멈추게 되면 학생들의 반감에 부딪힐 수 있으며, 학생들도 보상의 금단 증상을 극복할 시간이 필요하다. 보상 체제를 경험한 학생들은 대가 없는 선택권 대신에 보상을 선호하는 상황에 놓이게 될 것이다. 따라서 학생들에게 외적 보상을 내적 보상으로 대체하는 데 대한 협조를 구한다. 기존의 외적 보상을 대신하여 더 많은 학생들의 선택권, 피드백, 권한 부여 등을 제공하는 것이다. 외적 보상은 단지 특정한 행동을 강화시킬 뿐이지 그 행동의 주체를 변화시키지 못한다. 그러나 내적 보상은 이것을 가능하게 한다.

현재 사용하고 있는 보상 체제를 점차적으로 없애는 대신에 긍정적 대안을 제시하도록 한다. 긍정적 대안으로는 학습자의 목표 달성, 친구들의 지지, 긍정적 의식, 자기평가, 학습에 대한 호감, 피드백 증가, 선택권 증가 등이 있다. 학교를 더욱 의미 있고 즐거운 장소로 인식하게 만드는 방법도 있다.

무엇보다도 내적 동기 부여가 중요한데, 이는 학생들의 자아효능감과 자존감을 높여 주어 학생들로 하여금 주도적인 학습, 적극적인 태도, 창의성 발휘, 지적 향상을 이루도록 한다. 이것은 외적 보상으로는 이루기 힘든 것들이다. 심지어 앞의 것들을 방해하기까지 한다. 따라서 교사는 그간 학생들의 학습 동인과 관련하여 외적 보상이 차지했던 자리를 내적 보상으로 채워서 자연스럽게 학습에 대한 동기가 유발되도록 적극 도와야 한다.

1. 열정을 일으키는 동기부여 방법

(1) 학생들과의 일대일 접촉을 자주 하라

교사에게 학생들과의 접촉은 매우 중요하다. 필자는 교수법을 강의를 할 때 최소한 30분 전에 강의장에 도착하여 강의 준비를 한다. 그때 반드시 필요한 것이 연수생들과의 개인적인 접촉이다. 연수 내용과 관련된 이야기를 주제로 연수생들과 몇 마디를 나눈다. 휴식시간이나 점심시간에도 계속적으로 그들의 관심사를 물으면서 개인적인 접촉을 한다. 짧은 접촉이지만 학생들과의 친밀감이 형성되거나 교수자에 대한 호감을 갖게 하여 학습에 대한 동기부여에 효과적이다.

학교 현장에서도 마찬가지다. 학생들에게 학습에 대한 동기부여를 하고 싶지 않다면, 교실에 늦게 나타나서 수업만 하고 도망가다시피 교실에서 빠져나가라. 또 쉬는 시간에도 학생들을 본체만체하며 아무런 이야기도 나누지 말라. 반대로 학생들에게 동기부여를 하기 원한다면, 수업 시작 전 일찍 교실에 도착하여 수업 준비를 하고, 평소에도 학생들과 활발하고 친밀하게 소통하는 것이 효과적이다. 교사가 학생들에게 애정을 갖고, 학생 개개인의 관심사나 취미 등에 관심을 보이면 학생들 역시 교사에게 친밀감을 느끼며 해당 교사가 맡은 과목에 좀 더 애정을 갖고 열심히 하게 된다.

때문에 필자도 수업시간 외에도 기회만 되면 학생들과의 다양한 접촉을 한다. 남학생들과는 주로 운동을 같이하고 서로 지나칠 때도 간단한 관심사를 주고받는다. 특히 수업 중에 집중하지 못하는 학생이 있다면 문자나 이메일, 페이스북 등을 통해 소통하기도 한다. 수업을 심하게 방해하는 학생이 있다면 깊이 있는 코칭으로 문제를 풀어 가기도 한다.

학생들에게 특별한 관심을 보여라. 수업을 시작할 때, 가장 먼저 부딪히는 문제는 주위가 산만한 학생들이다. 정도의 차이는 있지만, 어느 교실에나 문제아나 수업 방해꾼은 있기 마련이다. 현실적으로 이런 학생들을 교사 편으로 만드는 것이 좋은 수업 분위기를 만드는 데 매우 중요하다. 짜증이 나고 야단치고 싶은 마음이야 굴뚝같겠지만 그러한 접근으로는 근본적인 문제가 해결되지 않는다. 수업 시작 전 그들의 머리를 쓰다듬고, 관심을 기울이는 특별한 노력이 필요하다.

"첫인상이 참 좋았었지."

"아주 모범생으로 보인단다."

"선생님이 도와줄게."

"엎드려 있는 것을 보니 피곤한 게로구나."

"힘들어하는 것을 보니, 뭔가 좋지 않은 일이 있었나 보구나."

실제로 그들이 돕지 않으면 수업을 제대로 할 수 없다는 사실을 인정해야 한다. 칭찬이나 관심을 받아 본 일이 별로 없는 이 학생들은 작은 친절과 배려에도 금방 반응을 보인다. 문제가 있거나 수업을 제대로 못하는 학생들의 경우는 특별히 개인적 상담을 통해 전력, 가정 형편, 학교생활, 교우 관계 등을 적극적으로 파악해야 할 필요가 있다. 학업에 대한 흥미를 잃은 경우에는 방과 후 몇 번의 개인 보충 지도를 실시함으로써 수업에 대한 관심과 흥미도를 높일 수 있다. 일단 개인 지도를 통해 교사에 대한 애정과 관심을 느끼게 되면 수업에 대한 호감도가 높아진다.

　그러니 당장 수업을 방해하는 학생들도 기꺼이 포용하여 애정을 가지고 지속적으로 접촉하도록 한다. 교사가 포기할 수 있는 학생은 단 한 명도 있을 수 없다는 것을 상기하면서 말이다.

(2) 학생들을 수업에 적극 참여시켜라

　필자가 교사들을 대상으로 동기부여에 대한 강의를 하면서 '동기부여를 방해하는 5가지 요인과 동기부여를 강화하는 11가지 요인이 있는데, 이 중에서 가장 실행하지 않았던 것이 무엇인지 표시하라'고 물으면, 바로 이 부분이 나온다. 학습자들을 능동적으로 참여시키지 못하고 수동적으로 만든다는 것이다.

　'참가자들을 가장 수동적으로 만드는 곳'하면 떠오르는 것은 민방위교육이다. 필자도 민방위교육에 여러 번 참여했는데 참가자들 대부분이 잠을 청하거나 쉬기 위해서 온다. 참여라는 것은 전혀 찾아볼 수 없다. 그저 따분할 뿐이다. 참여가 없는 교실도 그와 비슷하다. 어느 따뜻한 오후 수업시간에 교사는 권위적인 말투와 딱딱한 태도로 일방적인 강의식 수업으로 진

187
9장 | 학습 동기 부여로 풍성한 수업하기

행하고 있다. 교사의 목소리 톤은 일정하고 칠판에는 판서를 가득 채우고 있다. 이미지나 동영상은 전혀 사용하지 않는다. 때때로 파워포인트를 사용하기는 하지만 변화가 없어 여전히 지루하다.

보통 사람들은 읽기 10%, 듣기 20%, 보기 30%, 보기와 듣기 50%, 보기와 말하기 70%, 말하기와 행동하기 90%를 기억한다. 이러한 사실이 말해 주는 것은 어린이나 어른이나 계속 강의하는 것을 듣고만 있으면 주의 집중이 지속되지 못한다는 것이다. 그래서 설명만으로 가르치는 방법은 왕도가 아니다.

교사가 설명하면 학생들은 듣는 방법밖에 할 수 있는 활동이 없다. 이럴 때는 주의가 산만해질 수밖에 없지만, 학생들에게 다른 활동을 시키면 정신없이 몰두하는 모습을 볼 수 있다. 예를 들어 학생들에게 그림을 그리라 하면 정신없이 그린다. 운동을 할 때도 마찬가지다. 따라서 약 한 시간 정도의 수업시간 동안 학생들의 활동을 네 번만 변화시켜도 주의를 집중시킬 수 있다.

정보는 감각기관을 통해 들어온다. 교사가 말로 설명하면 학생들은 청각기관을 사용해야 한다. 교사가 한 시간 내내 말로만 수업할 경우 학생들의 청각기관은 과부하 상태가 되어 '감각기관 자동 보호 시스템(신경 끄기)'이 작동하기도 한다. 한마디로, 주의력의 용량에는 한계가 있다는 뜻이다. 따라서 교사는 학생들이 다양한 감각기관을 사용해서 수업에 지속적으로 집중할 수 있도록 다양한 방법으로 수업을 진행해야 한다.

산만하고 객기가 많은 학생일수록 어떤 형태로든 튀고 싶어 한다. 또한 아주 소심한 학생들도 자신감을 갖고 여러 사람 앞에 나서거나 수업에 적극 참여하고 싶어 하는 마음이 은연중에 있다. 다만 그들은 자신감이나 사전 지식이 부족하다거나 부끄러움을 느껴 쉽게 나설 수 없다고 생각한다. 앞에 나와 책을 낭송하는 일과 같은 것은 누구나 쉽게 할 수 있는 일이기에 학생들의 자발적인 참여를 이끌어내기가 한결 수월하다. 퀴즈식 수업이나, 낱말 맞히기 게임 등 단원 내용을 다양한 수업 방식에 맞춰 진행하면 웬만한 학생들은 모두 참여할 기회를 갖게 된다. 즉, 일탈 학생들을 체제 내로 끌어들이는 것도 하나의 전략이다. 더불어 교사가 학생에게 질문할 때는 해당 학생이 대답하기 좋게 질문을 변형하거나, 아주 쉬운 것을 물어서 자신 있게 대답할 수 있도록 하고 칭찬해 주는 등의 행위를 반복하다 보면 점차 자신감이 생겨 적극적으로 수업에 동참하게 된다. 그리고 만화나 그림, 영화와 같이 이미지나 동영상 등을 활용하면 대부분의 학생들의 관심을 높일 수 있다. 가장 효과적인 수업은 학생들을 능동적으로 유도하는 수업이다.

　다음 내용은 학생들 간에 서로 도우면서 교수하도록 하는 방식으로, 필자가 학생들을 수업에 적극 참여시키기 위한 하나의 수업 사례다.

　학생들 간에 서로 도와 가며 가르치는 것은 정말 좋은 학습 방법이지만, 요즘 학생들은 은연중에 경쟁을 강요받으며 자라 온 세대이기 때문에 협동하도록 하는 것이 쉽지 않다. 또한 가르치는 활동을 귀찮아하는 경우도 많다. 학생들의 이러한 인식을 바꾸는 데 도움을 주는 다양한 자료가 많다. 그중 나는 관련 동영상을 학생들에게 보여준 다음, 요약하기와 소감을 기록하게 하고, 개중 잘된 것을 조별로 발표하게 한다. 이렇게 해서 학생들로부터 긍정적인 반응을 일으키고 있다.

또한 수업을 시작할 때 학생들에게 이렇게 크게 합창하도록 한다.

"가르치는 자가 듣는 자보다 더 유리하다!"

학생들이 옆에 있는 짝꿍에게 설명하려 할 때 짝꿍이 설명을 잘 듣지 않거나 딴청을 피우거나 엎드려 있기도 해서 원활하게 진행되지 않을 때도 많다. 그때 나는 EBS《공부의 달인 – 신요섭 학생의 선생님이 되어라》라는 동영상을 보여준다. 이 학생은 어릴 때부터 본인이 알고 있는 것을 부모님에게 잘 설명했고, 고등학생 때도 옆에 누가 있다고 생각하면서 자신이 공부한 것을 설명해 줌으로써 공부의 달인이 되었다고 말한다.

"어떤 학생은 집에서 강아지나 고양이에게도 설명하는데 옆 짝꿍이 듣지 않는다고 해서 설명하지 않을 거야? 짝꿍이 듣지 않아도 잘 설명해 두면, 설명하는 학생이 유익을 보는 거야. 알겠지? 자, 옆 짝꿍이 듣지 않아도 잘 가르쳐 주고 친절히 설명한다. 시작!"

(3) 칭찬과 인정과 격려로 학생들을 춤추게 하라

학습자들은 자신의 학습이 성공할 것으로 예상하고, 그러한 예상이 적중할 때 짜릿함과 성취감을 느낄 것이다. 우리의 뇌는 즐거움과 성취감을 느낄 때 엔도르핀이라는 신경전달물질이 분비된다. 엔도르핀은 육체적 혹은 정신적 피로를 줄이고, 우리 뇌의 활동에 활력을 주는 데 크게 기여한다. 따라서 교사들은 학습의 시작 단계나 전개 단계에서 학습자들이 가능한 한 많은 긍정적 기대와 즐거움을 느끼도록 배려해야 한다.

필자가 고등학교 때 유독 기다려지고 신나는 수업 시간이 있었다. 바로 수학 시간이다. 그 선생님은 수학 문제를 풀 때 스스로 해결할 수 있도록 기다려 주었고, 풀이 과정을 자세히 보면서 구체적으로 칭찬해 주셨다. 혹시 잘 풀지 못하더라고 그 길을 친절히 안내해 주셨기 때문에 스스로 해결하고자 하는 의지가 생겨 수업시간에 자주 자긍심과 성취감을 느낄 수 있었다.

반면에 교사가 "이 내용은 어려워서 여간해서는 이해하기 어려울 거야", "나중에 검사할 테니 안 하기만 해 봐"처럼 부정적인 태도로 새로운 학습 내용이나 과제를 제시한다면, 학습자는 지레 겁먹고 그에 대해 두려움과 같은 부정적인 인식부터 가질 수 있다. 그렇게 되면 학습의 시작 단계부터 효율성이 떨어지게 되고, 이러한 과정이 반복되면 갈수록 학습 수행은 더욱 어렵게 느껴져 점점 학습에 주의를 기울이지 않게 된다.

무기력한 학생들에게는 교사가 의도적으로 칭찬해 주면 좋은 효과를 얻을 수 있다. 대체로 이들은 주변으로부터 부정적인 평가를 많이 받아 온 경우여서 의도적으로 편향된 칭찬을 자주 해 주면 학습동기를 유발하는 데 도움이 될 수 있다. 교사는 이들이 자신들의 무너진 자아정체성을 바로 세우도록 하는 데 지속적인 도움을 제공해야 한다. 끊임없는 관심과 칭찬이 하나의 특효약이 될 수 있음을 잊지 말자.

교사의 칭찬이나 상벌은 학생들의 학업 성적과도 깊은 관련성이 있다. 대부분의 교사들은 교수-학습 과정에서 학생들의 학습에 동기를 부여하거나 학습에 상반하는 행동을 수정함으로써 학업 성적을 올릴 수 있다고 생각한다. 그러나 실제로 많은 교사들이 수업 상황에서 칭찬이나 보상을 제공하는 데 어려움을 겪고 있다.

어느 수학 교사가 한 달간 수업에서 학생의 잘못된 행동에는 빠짐없이 벌하면서 잘한 학습 행동에 대해서는 거의 칭찬하지 않았다. 그렇게 한 결과 학생의 잘못된 행동은 거의 교정되지 않았다. 빠짐없이 벌하면서도 잘못된 행동을 교정하지 못하는 것은 교사의 벌이 효과가 없음을 보여주는 것이다. 그런데 더욱 놀라운 것은 이러한 교사의 태도가 우리의 학교나 가정 어디에서나 흔히 볼 수 있는 장면이라는 점이다.

다음으로 강화 방법을 완전히 바꾸어 잘못된 행동은 무관심하게 대하되, 잘한 학습 행동에 대해서는 칭찬해 주었다. 이 수학 교사는 학업 중 수업을 방해하는 소란한 행동에 대해서는 가급적 무시하고, 아무리 작은 행동이라도 학업에 협조적인 행동을 할 때는 칭찬해 주었다. 한 달 후, 결과는 놀라웠다. 수업 중의 소란한 행동은 조금씩 없어졌으며, 학습에 대한 참여가 증가하고, 아울러 학업 성적도 올라갔다. 이는 교사가 수업 중에 학습적인 행동을 하는 학생들에게 더 많은 관심을 표현함으로써 잘못된 행동을 하는 학생들의 행동을 교정할 수 있다는 것을 보여주고 있다.

교사와 학생들 간의 관계가 좋지 않으면 수업이 어려워질 수 있다. 만일 학생들이 교사로부터 인간적인 모욕과 비난을 심하게 당하거나 차별 대우를 받는다고 느낀다면 해당 수업에도 적대감이 생겨 참여하고자 하는 동기 자체를 상실하게 된다. 따라서 비난은 어떠한 상황에서도 하면 안 된다. 그로 인해 학생들과 적대적 관계로까지 악화될 수도 있기 때문이다. 물론 수업을 위해서뿐만 아니라 교육적으로도 올바르지 않다. 그러나 안타깝게도 필자는 이렇게 되는 과정을 많이 보아 왔다. 교사나 학생 모두에게 상처가 되고, 다른 학생들까지도 영향을 받아 수업 진행은 더욱 어렵게 된다.

따라서 교사와 학생 간에 신뢰 관계가 형성되려면, 비난, 위협, 감시, 평가와 같은 부정적인 피드백보다는 칭찬과 인정, 격려 등의 긍정적인 피드백이 제공되어야 한다. 학생들을 꾸중하거나 야단칠 때도 최대한 감정을 절제하고 인격적으로 대해야 한다.

'그러고 보니, 너 어제 수업시간에 조는 것 같던데?'라며 꾸짖는 교사가 있다. 이런 꾸짖음을 들은 학생은 어떻게 생각할까? 반성은커녕 반항심만 품기 쉽다. 별 생각 없이 꾸짖거나, 두고두고 과거의 일을 끄집어내서 야단치는 것은 교사의 자기만족일 뿐 거의 효과가 없다. 꾸짖을 일이 있으면 그 자리에서 바로 꾸짖어야 한다.

또 "10분만 남을래?"라고 말하고서는 한 시간이 넘게 붙잡고 설교하듯이 꾸짖는 교사도 있다. 이렇게 장황하게 야단치는 것은 효과가 없을뿐더러 교사 자신이 시간관념이 없는 사람으로 여겨지게 된다. 교사는 학생의 잘못된 행동을 인지한 바로 그 순간에 단호하지만 핵심만 간단하게 꾸짖어야 한다.

예를 들어 아이가 졸고 있다면 바로 "수업시간에 졸지 말고 열심히 하자."라고 잘못된 행동의 핵심만 간단히 꾸짖는 것이 가장 효과적이다. 일본의 교사 니노미야 손토쿠의 유명한 말이 있다.

"다섯 번 가르칠 때, 세 번은 칭찬하고, 두 번은 꾸짖으면 좋은 교사가 된다."

학생들을 야단부터 칠 것이 아니라, 먼저 인정해 주고 잘 알아듣도록 타일러야 한다는 말이다. 교사의 말을 잘 듣지 않는 학생들을 데리고는 아무것도 할 수 없기 때문이다.

그러나 교사 생활을 하다 보면 냉정을 잃게 만들 정도로 화나게 하는 학생들도 있다. 때릴 수도 없고, 야단칠 수도 없고, 어떻게 하면 좋을까? 유능한 교사는 '꾸짖는 것도 사랑하는 것'이라고 생각해야 한다. 잘못된 행동을 꾸짖지 않은 사랑은 진정한 사랑이 아니다. 그렇게 해서는 아이들이 제대로 성장할 수 없다.

칭찬하지도, 꾸짖지도 않는 교사는 가장 좋지 않다고 한다. 아무리 우수한 학생이라도 잘못을 꾸짖지 않고 내버려 두면 성장이 멈추어 버린다. 학생들을 잘 꾸짖는 것도 교사의 책임이다. 물론 용기와 끈기를 갖고 꾸짖어야 한다. '야단도 맞고, 칭찬도 받고 싶다'는 학생들의 마음을 잊어서는 안 된다. 내 아이를 기른다는 마음으로 온몸으로 부딪치는 것이야말로 진정한 교사로서 자세다.

(4) 어떤 질문에도 친절하게 답하라

한 설문조사에서 학생들을 대상으로 '이런 선생님이 최고다'와 '이런 선생님은 싫다'라는 주제로 조사를 벌였다. 그 결과는 다음과 같다.

- **이런 선생님이 최고다. (1~8위)**

  1. 질문에 친절하게 답해 줄 때
  2. 재미있게 수업할 때
  3. 열정적으로 가르쳐 주실 때
  4. 칭찬과 격려 많이 해 줄 때
  5. 내 이야기를 잘 들어 주실 때
  6. 학생 입장에서 생각해 줄 때

강의하지 말고 참여시켜라

7. 관심을 갖고 이름을 불러 줄 때

8. 공과 사가 분명할 때

• **이런 선생님은 싫다. (1~8위)**

1. 특정 학생을 편애할 때

2. 수업시간이 지루할 때

3. '학원에서 다 배웠지?'할 때

4. 질문할 때마다 답변이 다를 때

5. 한 말 계속 다시 할 때

6. 권위적일 때

7. 교과서만 읽고, 필기만 시킬 때

8. 잘 못한다고 무시할 때

앞의 설문조사에서 알 수 있는 것처럼 학생들은 질문에 친절하게 답해 주는 선생님을 매우 좋아한다. 필자는 이 자료를 보고 학생들이 어떤 질문을 하더라도 친절하고 자세하게 답해 주겠다고 결심하곤 했다. 그래서 최선을 다했다고 생각했는데, 나중에 수업에 대한 학생들의 설문조사에서 몇몇 학생들이 '질문하면 소홀하게 답했다'는 내용을 보고 적잖게 놀랐다. 그 후부터는 좀 더 세심하게 배려해야겠다는 생각을 많이 한다. 필자뿐만 아니라 대부분의 교사들이 학생들의 질문에 친절히 답한다고 생각하겠지만 본인도 모르게 소홀히 답하는 것을 보고 놀랐다고 한다.

경쟁도 없고 시험도 없지만 세계에서 공부를 제일 잘하는 나라로 알려

져 있는 핀란드에 자녀 2명을 둔 한국인 가족이 핀란드에 이민을 갔다. 학생의 아버지에게 핀란드의 교육에서 가장 좋은 점 한 가지를 물었더니 "핀란드 선생님들은 그 어떠한 질문도, 말 같지 않은 질문도 다 받아준다"라고 답했다. 학생들에게 애정을 가지고 세심하게 배려하는 것이 얼마나 중요한지 알 수 있는 대목이다.

(5) 배움의 필요성을 느끼게 하라

필자는 아들에게 배움의 중요성을 알게 하기 위해서 동네에 있는 도서관에 자주 데리고 다녔다. 도서관에서 독서에 집중할 수 있도록 했는데, 그중 위인전을 많이 읽게 해서 훌륭한 모범으로 삼도록 했다. 좀 더 커서는 서울대에 종종 다니면서 운동도 같이 하고, 산책도 하곤 했다. 어떤 분들은 영어의 중요성을 알게 하기 위해서 이태원의 외국인 식당에 가서 자녀에게 음식 주문을 하게 한단다. 스스로 배움의 필요성을 느끼게 하기 위해서다. 그렇다면, 배움의 필요에 대해서, 어떤 과목이 정말 필요한지에 대해서, 지금 학습하는 부분이 왜 중요한지에 대해서 어떻게 하면 학생들로 하여금 깨닫게 할 수 있을까?

필자의 담당 과목은 아이들이 가장 싫어하는 수학이다. 그래서 무엇보다도 가장 중요한 것은 학생들로 하여금 '수학을 왜 공부해야 하는지', '수학이 어디에 활용되는지(실용수학)'를 알게 하는 것이다. 필자는 '수학을 왜 공부해야 하는지'에 관한 학생들의 질문에 대한 답으로 '수학을 통해 자연과 사회를 이해하는 눈을 갖게 된다'고 설명한다. 특히 수학 교과에 흥미와 성취가 많이 떨어진 학생들에게는 생활 소재에 수학적 사고를 접목하여 학생들의 흥미를 유발하고, 수학의 실용성과 위대함을 체득할 수 있는 기회를 제공한다.

이와 관련된 수업 활동의 예로는 다음과 같은 것들이 있다.

- '공 선별기 제작하기'와 '비눗방울 수학', '다면체 모빌 만들기'
- 학생들의 흥미와 사고를 확장하기 위한 '삼면 접시/눈 결정 만들기', '접어서 한 번에 자르기'
- 수열 : 해바라기 씨, 눈의 결정, 거북이 등.
- 수학 공식 : 번개와 천둥에서 빛은 소리보다 빠르다. 일식 과 월식의 날짜 계산.
- 포물선 $y = ax^2$ 및 수렴과 발산 : 파라볼라 안테나, 손전등.
- 통계 : 시험 평균, 시청률, 설문조사, 지지율, 로또 복권 당첨 확률.
- 순열 : 잊어버린 열쇠 비밀번호 찾기.
- $y = \cosh x$: 현수교(현수선 원리)
- 함수의 정의 : 커피 자판기(x값의 동전을 집어넣으면 μ값인 밀크 커피가 나옴).
- 볼링 핀과 포켓볼의 삼각수, 지도 속의 축척, 모니터 화면보호기에 있던 뫼비우스의 띠 등
- 논리학 : 수학과의 연관성이 강하여 20세기 이후에도 수학의 중요한 한 분야로서 '수리논리학'이라고 명명될 정도로 급속한 발전을 보이고 있음.
- 역사학 : 지금 당장 수학과의 충분한 연계가 있다고는 할 수는 없지만, 암호 해독과 관련되는 등 문헌을 수학적으로 다루는 '수리문헌학'등이 있음.
- 음악 : 피타고라스학파의 음계 이론에서 알 수 있듯이 서양 음악에서는 옛날부터 화성법이나 곡을 구성할 때의 각 부분의 비례 등 여러 국면에

서 수학과의 관계를 엿볼 수 있음.

- 정치학 : 게임 이론 등의 수학적 논리가 응용되고 있고, 인자 분석이나 상관 분석 등의 통계학 등이 쓰이기 시작하고 있음.
- 경제학, 경영학 : 가장 수학과에 관련 깊은 분야라 더 이상 말할 필요가 없음. 사회학도 사회통계와의 연관성으로 수학과 관련이 깊은 분야임. 최근에는 통계를 매개로 수학과 연결될 뿐만 아니라 본질적인 면에서 수학과 관련이 있음. 사회 조직을 수학적으로 파악하려는 수학적 사회학이 발전되고 있다고 할 수 있음.
- 교육학 : 통계적인 연구를 중심으로, 수학과 연결되어 있다고 볼 수 있음.

1) 수학에 대한 정체성 세우기 활동 : 수학은 왜 필요한가?

학생들은 수학 과목에 대한 정체성이 부족하다. 수학이 왜 필요한지, 왜 배우는지 물어보면 보통은 "대학에 가기 위해서", "시험 잘 보기 위해서"라고 대답한다. 어릴 때부터 그렇게 많은 시간을 열심히 수학 공부에 쏟으면서도 정작 무엇 때문에 배우는지도 모른 채 그냥 하는 것이다.

만약에 수학이 자신의 삶에 얼마나 유용한지 알고 있는 상태에서 수학을 공부한다면 더 좋은 효과를 얻을 것이다. 그렇다고 교사가 "수학은 이러이러해서 필요한 것이고 중요하다."라고 일방적으로 알려 주면 별 효과가 없고 학생들에게 직접적으로 다가오지 않을 것이다. 밥 파이크의 창의적 교수법에 따르면, "학습자 자신의 정보와 의견에 대해서는 논쟁하지 않는다"는 교수-학습 법칙이 있다. 즉, 타인의 정보와 가르침은 반신반의하면서 잘 받아들이지 않지만 본인이 직접 얻어낸 정보나 아이디어는 잘 받아들인다는 것이다. 이 원리를 적용해 볼 필요가 있다. '수학이 왜 필요한가'를 교사가 일방적으로 설명하고 정보를 주입을 하면 학생들은 그냥 가볍게 흘려 듣겠지만, 학생들에게 '수학이 왜 필요한지'를 스스로 생각하고 조사하고 발표하게 하면 학생들은 그것에 의미를 부여하여, 학생 스스로 '수학은 정말 일상생활에 필요한 것'이라는 인식을 하게 된다.

필자는 이 원리를 활용하여 '왜 수학이 필요한가?', '어떻게 하면 수학을 잘할 수 있을까?' 등에 대한 학습을 다음과 같이 진행한다.

먼저 조별로 켄트지를 나누어 주고 학생들이 스스로 수학이 왜 필요한지 기록하게 한다. 처음에는 양으로 승부해서 보상이 있다고 한다. 그러면 아이들은 자신의 잠재능력을 끄집어내어 하나씩 적어 내려간다. 10분 동안 많이 기록한 조는 20~30가지를 기록 한다. 이번에는 질로 승부한다고 한다. 각 조에서 기록한 내용 중에서 아이디어가 좋은 것 5개를 선택하여 빨간색으로 밑줄을 긋게 한다. 그러면 학생들은 서로 의논하여 신중하게 택한다. 다음에는 선택한 내용을 조별로 나와서 발표하여 공유한다. 아이디어가 좋거나 발표를 잘하면 보상이 따른다. 이런 활동을 통하여 학생들은 수학이 왜 필요한지를 저절로 알게 된다. 나머지 부족한 부분은 선생님이 추가 설명해 주면 된다.

(6) 개인적 역할을 부여하여 책임감을 키워라

협동학습에서는 협동을 위해서 개인적인 책임이 중요하기 때문에 각자에게 역할을 부여한다. 개인적인 책임이란, 학습과정에 있어서 집단 속에

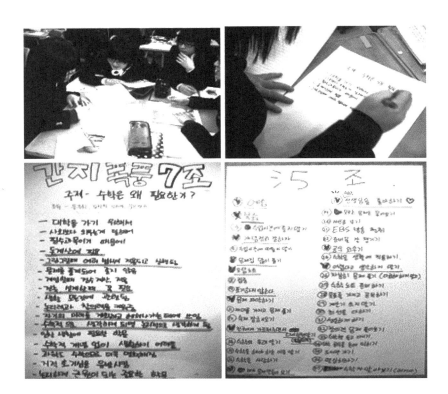

자신을 감추는 일이 없도록 개인에 대한 구체적인 역할을 제시하고 그에 대한 책임을 묻는 것이다.

대개 모둠별 학습의 경우, '무임승차하는 학생'이나 '일벌레 학생'내지 '방해꾼'이 있게 마련이다. 무임승차 학생이란, 학습 활동에 거의 참여하지 않고 있다가 다른 친구들의 도움으로 혜택을 받는 학생을 일컫는다. 반대로 일벌레 학생이란, 대부분의 학습 과제를 떠맡아 수행하는 학생들을 말한다. 그리고 방해꾼이란, 무임승차 학생보다 한술 더 떠 자기 모둠이나 다른 모둠의 학습 활동까지 방해하는 학생들이다.

이러한 학생들이 많아질수록 교사가 아무리 학생들로 하여금 협력하여 학습하도록 하고 싶어도 어려운 상황이 된다. 따라서 교사는 이렇듯 협동 학습을 방해하는 학생들에게 개인적 역할을 구체적으로 부여하고, 그 역할에 따른 책임을 엄격하게 물어야 한다. 모둠원별로 각자에게 역할을 부여한다. 필자는 상호 교수할 때는 멘토와 멘토제를 활용하고, 모둠별 활동을 할 때는 조장, 발표자, 기록자, 수호천사(도우미) 등의 다양한 역할들을 부여한다. 그리고 자기의 역할을 다하지 못한 경우에는 엄격하게 책임을 물어 집단 속에 개인을 감추는 일이 없도록 한다. 또한 모둠별로 협력 과제를 수행하도록 할 경우, 각 모둠원의 역할 기여도를 평가하여 가중치를 두어 점수를 달리 줄 수 있다. 이러한 평가 방식을 도입하면 기존의 모둠별 평가에 대한 불만들이 사라진다.

이렇게 모둠별 수업을 하다 보면 모둠원들 간에도 뜻이 맞지 않아 갈등하는 상황이 종종 발생한다. 모둠원 간의 갈등 문제가 불거져 나오는 경우, 조장이 마음 고생을 많이 하게 된다. 이때 교사가 별도로 조장과 상담하여 격려해 주고, 모둠의 조력자가 될 수 있도록 용기를 북돋아 준다. 그러나

9장 | 학습 동기 부여로 풍성한 수업하기

조장은 최대한 중립적인 입장을 취하고, 가능한 한 당사자들끼리 해결할 수 있도록 분위기를 조성할 것을 권고한다.

예컨대, 사회생활을 하는 어른들도 자신과 마음이 맞지 않는 사람과 일 해야 하는 경우가 많다면서 이번 기회가 좋은 경험이 될 수 있을 것이라고 격려한다. 그러면서 갈등 자체를 회피하지 말고, 정면으로 부딪쳐 해결할 수 있도록 한다. 무엇보다 갈등 문제를 해결하는 데 있어서 교사의 개입을 최소화하고, 학생 스스로 문제를 해결하도록 하는 것이 좋다.

(7) 지속적으로 흥미를 불러일으켜라

학생들의 흥미를 불러일으키는 방법 중 하나는 학습자들이 학습에 능동적으로 참여하게끔 하는 것이다. 학생들이 학습에 직접 참여할 때 자긍심이 높아지고 성취감을 맛보면서 점점 학습에 빠져들게 된다. 교수-학습 활동에서 학생들의 주의력을 집중시키도록 하는 것은 교사가 해야 할 일차적인 과업이다. 학생들에게 주의력을 기울이도록 하는 최선의 방법은 학습적인 자극을 적절히 변화시켜 주는 것이다. 예를 들면, 손뼉 치기, 음성 높이기, 책상 두드리기와 같은 자극도 주의력을 높여 주는 하나의 방법이 될 수 있다.

그러나 학습에 대한 흥미를 유지시키는 것은 이러한 초기의 자극만으로는 충분하지 않고, 학습 활동의 학습 활동의 전 과정에서 계속 유지되어야 한다. 이를 위해서는 자료 제시 기법을 매우 빈번히 다양하게 변화시켜 줘야 한다.

주의력을 유지시키기 위한 기법으로는 유머, 상반된 관점, 생각할 수 있도록 잠시 멈춤, 학습 속도와 학습 양식의 변화, 다양한 제시 방식 등이 포함된다. 일반적으로, 주의력을 집중시키고 유지시키는 일은 예기치 않은 변화와 재치, 다양한 방식의 의사소통 등의 기법을 통해 학생들의 흥미를 유발하는 것과 밀접히 관련되어 있다. 이러한 주의력 환기 기법을 통해 학생들의 흥미를 유발하고 유지시키는 것은 수업 사태의 구성과 전개에 있어서 필수 조건인 것이다.

(8) 건전한 경쟁을 유도하라

앞서 살펴본 바에 따르면, 경쟁 학습은 많은 역효과를 내기 때문에 분명 좋은 방법이 아니다. 그러나 학습자들 간에 건전한 경쟁을 하게 되면, 동기가 유발되어 학습 효과를 극대화 할 수도 있다. 필자가 교사를 대상으로 연수할 때 조별로 경쟁 구도를 조성할 때가 많다. 이렇게 하는 이유는 경쟁 구도를 만들면, 참여자들의 경쟁심이 자극되어 적극적이고 활발하게 교육에 참여하는 것을 많이 보아 왔기 때문이다. 이때 경쟁심을 더욱 불타오르게 하기 위해 간단한 보상물(초콜릿, 캔디, 과자 등등)을 준비하면 좋다. 물론 보상이 중요한 것이 아니라 경쟁에서 이겼다는 성취감이 더욱 중요한 것이지만, 조그마한 보상이라도 눈에 보이면 경쟁 분위기를 더욱 고조시킬 수 있고, 경쟁하는 데 쏟았던 긴장감을 이러한 보상물로 이완시킬 수도 있다.

똑같은 방법으로 필자는 모둠별로도 건전한 경쟁을 종종 유도한다. 어른들도 즐거워하며 적극적으로 참여하는데, 학생들은 어떻겠는가? 물론 경쟁의 역효과를 항상 경계하여 지나치게 과열되지 않게 하는 것이 중요하다. 어쨌든 적절한 경쟁 유도는 수업에 활력을 불러일으킨다.

(9) 열정적인 교사가 되라

학생들은 교실에서 일어나는 일을 비교적 정확히 알고 있다. 아이들은 선생님이 자기들을 진심으로 사랑하는지 그렇지 않은지를 본능적으로 감지한다. 마찬가지로 선생님이 자신들을 열정적으로 가르치는지, 그렇지 않은지도 알고 있다. 그래서 교사들은 준비하고, 또 준비해서 수업에 열정적으로 임해야 한다. 유능한 교사는 한 시간의 수업을 위해서 두 시간을 준비한다.

오늘은 많은 교사들이 어떤 방법으로 학습 내용을 전달해야 할지 고민한다. 학생들이 수업을 지루해할까 고민하면서 다양한 방법을 찾는 열정이 있는 교사라면, 수업을 조금 서툴게 진행할지라도 학생들은 그러한 교사의 열정을 다 알고 있다. 아이들의 눈에는 교사의 마음과 열정, 관심, 진심이 모두 보인다고 한다.

가르치는 것과 배우는 것에 열정적인 교사들은 대개 학생들에게 매우 훌륭한 동기부여 모델을 제공한다. 만약 어떤 교사가 특별한 활동에 흥미가 있어 그것에 열정을 다하는 모습을 보게 되면 학생들도 그런 교사의 열정을 본받게 된다. 또한 자신이 담당하는 교과에 대해서 열정적인 교사는 학생들로 하여금 해당 교과 학습에 대한 관심과 노력을 고무시키는 경향이 있다.

학생들에 대한 교사의 애정 어린 관심 역시 학생들로부터 긍정적인 반응을 이끌어낸다. 만약 교사가 학생들에게 애정과 관심을 가지고 대한다면, 교사에 대한 학생들의 감정이나 태도도 우호적이 될 것이고, 해당 교사가 담당하는 교과에 대한 학생들의 성취동기도 증가할 것이다. 이렇듯 교사들

강의하지 말고 참여시켜라

의 열정적인 태도는 학생들의 학습동기를 증가시키는 결과를 낳는다.

(10) 목표를 갖고 수업에 임하게 하라

대부분의 학생들은 자신만의 뚜렷한 학습목표가 있을 때 좀 더 쉽게 학습동기가 유발된다. 여기서 학습목표란, 학생들이 학습을 통해 달성하고자 하는 목표를 말한다. 학생들은 일반적으로 자신들이 현실적으로 획득할 수 있다고 여겨지는 목표를 성취하려 한다. 때때로 목표 자체가 중요한 내적 동기 요인이 되고, 그 밖에 인위적이거나 또는 사회적인 자극들은 상대적으로 중요하지 않게 된다. 또 다른 경우에는 중요한 외적 동기 요인에 이끌려 과제 자체에는 흥미가 없어도 수행하게 된다.

필자는 학생들에게 스스로 학습목표를 세우게 한다. 보통 학습목표는 교사가 일방적으로 칠판에 기록하는데, 이럴 경우 학습목표에 대한 잘못된 인식을 가질 수 있고, 학습에 대한 주도성이 약해질 수 있다. 그런데 학생 스스로 학습목표를 세우게 되면, 이런 부분이 해소되어 능동적으로 수업에 임할 수 있다. 학습목표를 세울 때는 학습 내용과 관계된 것 외에도 오늘 수업에 임하는 자세, 태도, 결심, 의지와 관련해서도 목표를 세우게 한다. 그러면 학생들 스스로 자신이 수업에 임하는 태도를 돌아보게 된다.

1) 스스로 학습목표 세우기

- 오늘 학습할 내용에 대해서 목표 세우기
  ㉠ 실수에 대해서 알고, 이해할 수 있다.

- 실천 면에서 목표 세우기(수업에 임하는 태도, 자세, 결심, 의지 등)

  ㉠ 집중해서 수업에 임하겠다.

    오늘 제시되는 문제를 모두 풀겠다.

    졸지 않겠다.

    적극 참여하겠다.

2) 스스로 학습목표 평가하기

- 서술식 평가

  ㉠ 유리수와 무리수에 대해서 알 수 있었다.

- 점수 평가

  ㉠ 상, 중, 하 / 100점, 80점, 50점 등

학생들에게 매 수업시간마다 학습목표를 세우는 것뿐만 아니라, 장기적인 학습목표를 스스로 세우도록 함으로써 책임감을 갖고 학습에 능동적으로 참여하게끔 한다.

(11) 학생들과의 우호적인 관계를 형성하라

필자는 교사 연수에서 협력과 적극적인 참여가 잘 이루어지도록 하기 위해서 참여자들의 친밀감 형성을 매우 중요하게 생각한다. 마찬가지로 학교 수업에서도 학생들 간에 친밀한 관계를 형성하게 하는 것이 중요하다. 그래서 수업 시작 부분에서 모둠을 형성하여 다양한 모둠 활동을 한다. 예를 들면, 모둠별 게임이나 모둠별 과제 수행 등이 있다.

그중에 하나로 모둠별로 켄트지를 나누어 주고 모둠 활동으로 '모둠원들의 공통점을 찾아서 기록하기'라는 미션을 준다. 모둠원들 간에 유대감을 갖고 협동심을 높이기 위한 활동으로 모둠원들 간에 공통점 찾아서 기록하게 하는 것이다. 시작할 때는 양으로 승부하게 한다. 또한 너무 뻔한 공통점은 인정하지 않는다(예를 들면, '학생이다', '1학년 1반이다', '양말을 신었다' 등등). 공통점을 찾기 위해 활발하게 토론하는 과정에서 서로에게 좀 더 관심을 갖고, 친밀해지는 계기가 될 수 있다.

(12) 학생들이 선택할 수 있게 하라

교수-학습 활동에서 가능하면 학습자들에게 선택권을 주는 것이 그들의 동기를 유발시켜 학습 효과를 높일 수 있다. 도널드 L. 핀켈이 쓴《침묵으로 가르치기》를 보면, 저자인 핀켈 교수는 학습 내용(토의 및 과제 주제, 내용)은 물론 학생들이 선택한 주제 중에서도 집중적으로 연구하고 토론할 주제를 학생들 스스로 선택하게 한다. 즉, 개방형 세미나를 실시하여 학생들에게 열린 교육 기회를 제공한다. 교사는 학생들과 함께 세미나에서 일반 구성원으로 참여할 수 있다. 선택권이 학습자에게 있을 때, 그들의 책임감과 자존감이 높아지고, 과제를 성공적으로 수행했을 때 성취감과 자긍심은 더욱 커지게 되는 것이다. 학습자 스스로 주체가 되어 학습에 대한 적극적인 참여가 이루어지는 것이다.

필자는 학생들에게 수업 목표부터 스스로 세우도록 한다. 또한 작은 보상(사탕, 초콜릿, 과자 등)을 제공할 때도 몇 가지 종류에서 선택하게 한다. 수학 문제는 수준별(상, 중, 하)로 제시하여 본인의 수준에 맞는 문제를 자유롭게 선택하여 풀게 한다. 평가 시에도 수준별로 문제를 출제하여 선택하게 하면 좋은 효과를 얻을 것이다. 가능하면 학습자에게 선택권을 넘겨라.

PART 10

가르치지 말고
질문하게 하라

- 교육 코칭이 대안이다
- 진정한 소통을 위해 먼저 경청하라
- 칭찬하고, 인정하고, 격려하라
- 창의성을 자극하는 질문을 하라
- 발견 질문을 통한 잠재 능력 개발
- 질문의 효과

교육 코칭이 대안이다

어른들이나 교사들은 요즘 아이들은 "버릇이 없다", "말을 듣지 않는다", "까다롭고 거칠다", "통제하기 힘들다", "산만하고 무기력하다"라고 종종 이야기한다. 더구나 체벌 없는 학교, 학생 인권 조례 등으로 수업하기가 더 힘들어졌다고 말한다. 갈수록 학생과의 관계가 더욱 악화된다는 것이다.

그 결과 너무나 안타깝게도 요즘 교사는 학교에서 학부모나 학생들에게 폭행을 당하는 경우가 종종 생긴다. 언젠가 경남의 한 중소도시 중학교에 재직 중인 50대 A 교사가 학교 상담실에서 학생에게 맞았다는 기사를 본 적이 있다. 가해 학생은 수업 시간에 잡담을 하며 시끄럽게 떠들었는데, 그 학생으로 인해 도저히 수업을 진행하기 어렵게 되자, 교사가 이 학생을 생활지도교사인 A 교사에게 맡겼다고 한다. 그런데 상담실로 오게 된 이 학생은 갑자기 문을 잠그고 A 교사의 얼굴을 주먹으로 때리는 어처구니없는 일이 발생했다.

이처럼 우리나라 학교 교실이 통제 불능 상황이 되어 가고 있으며, '교실

붕괴', '교권 추락'이 심각한 지경에 이르고 있다. 문제를 일으키는 학생들이 워낙 많다 보니 교사들도 지도하기가 힘든 상황이 됐다. 전국의 초ㆍ중ㆍ고 교사 3,067명을 대상으로 설문조사를 실시한 결과, 응답 교사의 96.9%가 "수업 중 문제 학생을 발견해도 일부러 회피하고 무시한다"고 답했다. 강원도의 한 고교 교사는 "때리면 신고한다는 식으로 나오는 학생 앞에서, 내가 왜 교사가 됐나 하는 자괴감을 느낀다"고 말하기도 했다.

필자의 생각에도 무조건 체벌을 없애는 것보다는 어떤 대책이 세워져야 혼란이 없을 것 같다. 어째든 이러한 상황에서도 최선의 방법을 찾아야 한다. 이에 대한 대안으로 필자는 '교육 코칭'을 말하고 싶다. 교육 코칭이란, 코칭을 교육에 접목하는 것을 말한다. 그리고 코칭을 수업과 생활 지도에 적용하는 것을 '코칭 교수법'이라고 한다. 즉, 다양한 코칭 스킬을 활용하여 학생 개개인이 수업에 적극적으로 참여하여 즐거움을 느끼며, 자신의 잠재 능력을 개발할 수 있도록 도와주는 교수법이다. 필자에게는 코칭 교수법을 수업에 활용하는 코칭형 교사들이 앞으로 좀 더 많아졌으면 하는 개인적인 바람이 있다.

《조벽 교수의 명강의 노하우, 노와이》에서는 최고의 교사(교수)에 대한 핵심 요소를 3가지로 강조하고 있다. 그것은 전문 지식(실력), 교수법(강의 기술), 마음 자세(성품, 인성)다. 교사가 담당 과목에 대한 전문 지식이 부족하다면 아무리 교수법과 성품이 좋더라도 최고의 수업이 될 수 없다. 전문 지식과 성품은 좋은데, 교수법이 부족하다면 어떨까? 학생들은 수업시간을 지루하고 따분하게 느낄 것이다. 이로 인해 학습 효과는 감소할 것이다. 그렇다면 전문 지식과 교수법은 탁월한데, 성품이 부족하다면 어떨까? 앞서

강의하지 말고 참여시켜라

언급한 것처럼 교사와 학생들과의 불협화음으로 수업에 많은 어려움이 있을 것이다.

필자는 2010년, 서울시연수원 교원평가에서 점수가 낮은 교사들을 대상으로 강의를 한 적이 있다. 그중 어떤 교사는 자기 전공 분야의 실력은 매우 우수한데, 학생들과의 대화와 소통이 부족하여 교원평가 설문에서 매우 낮은 점수를 받았다고 한다. 이처럼 대부분의 교사들은 전문 지식 부분에서는 어려움이 없는데, 마음 자세(성품)와 교수법에서 부족함을 느낀다고 한다.

실패하는 교육과 성공하는 교육의 차이는 무엇일까? 무엇보다 가장 중요한 요인은 '교사와 학생 사이의 관계'라고 한다. 교사와 학생 사이의 관계야말로 '무엇을 가르치느냐'혹은 '누구를 가르치느냐'하는 문제보다 훨씬 더 중요하다. 필자는 교사들을 대상으로 강의할 때 훌륭한 수업의 핵심 요소 중 교사가 어려워하는 두 가지 요소(교수법, 성품)에 대한 해결 방안을 제시하곤 한다. 교수법은 학생 참여 중심의 창의적 교수법, 협력, 협동학습 등을 추천하고, 성품 부분에서는 교육 코칭을 제안한다.

그렇다면 코칭이란 무엇인가? 코칭을 한마디로 정의하면, '인간의 무한한 가능성과 학습 능력을 전제로, 지도자가 모범적인 태도로 학습자와의 신뢰 관계를 구축하며, 이를 바탕으로 개개인의 개성을 살리고 성장시켜주는 커뮤니케이션 스킬'이다.

이러한 코칭의 기본 3요소는 신뢰, 인정, 지도다. 그리고 코칭의 기본 철학은 다음과 같다.

- 모든 사람에게는 무한한 가능성이 있다.
- 개인에게 필요한 해답은 그 사람 내부에 있다.
- 이러한 해답을 찾기 위해서는 파트너가 필요하다.

코칭은 상대방의 존재에 다가가 무한한 가능성에 접촉하는 행위이며, 경청과 질문의 기술을 구사함에 앞서 상대방을 연민의 마음으로 바라보는 것이 그 기본이라고 한다. 펌프로 지하수를 퍼 올리기 위해서는 한 바가지의 마중물이 필요하듯, 코칭은 인간 내면의 잠재력을 퍼 올리는 마중물로 표현될 수 있다.

또 다른 코칭의 정의도 있다. 코칭이란, '상대가 이미 가지고 있는 능력, 기술, 창의력을 향상시켜 성장할 수 있도록 도움을 주는 양방향 커뮤니케이션'이라는 것이다. 이러한 코칭의 장점 중 하나가 코칭을 받은 상대로 하여금 스스로 답을 찾게 만드는 것이다. 코칭을 통해 스스로를 움직이도록 하는 묘한 힘이 작동하는 것이다.

코칭의 기본적 스킬에는 경청, 창찬(꾸중), 발문, 메시지 전달 등이 있다. 만약 코칭의 기본 철학과 코칭 스킬이 수업 중에 녹아들게 되면, 교사들과 학생과의 소통 및 관계에 도움을 줄 수 있을뿐더러 교실 안의 구성원들 간에 신뢰 관계가 돈독해질 것이라 생각한다.

따라서 수업에 학생 참여중심 교수법과 교육 코칭이 함께 녹아들 수 있다면, 얼마나 행복한 교실이 될까 하는 상상을 해 본다. 필자도 코칭을 배우고 현장에서 실천해 보고자 많은 노력을 기울인다. 꾸중은 적당히 하면서도 칭찬과 인정 그리고 격려는 가능한 한 많이 하기 위해 다양한 방법으로 시도하고 실천한다. 특히, 학생들이 나에게 뭔가를 질문하거나 대화를 시도할 때 경청하려고 노력하며, 내가 질문할 기회가 생기면 열린 질문을 하기 위해 준비한다.

필자의 책상 위에는 항상 다음과 같은 글이 붙어 있다.

> 학생들은 다양하다.
> 학생들은 잠재 능력이 있다.
> 학생들이 성장하기 위해서는 교사인 나의 도움이 필요하다.
> 학생들에게 칭찬과 인정과 격려를 하자.
> 학생들이 모르는 것은 당연하고, 그것은 그들의 권리다.

필자는 매 수업시간이 시작될 때마다 마음속으로 이러한 내용을 되뇌면서 교실로 들어간다. 과거에는 학생들의 수업 태도가 엉망이거나, 수업 내용을 잘 이해하지 못하면 짜증이 나거나 답답했는데, 계속해서 마음속으로 이 문구를 되새기고 수업에 임하면서 학생들을 보는 눈이 변화되어 마음에 여유가 생기고, 평정심을 유지하면서 적절하게 대처할 수 있게 되었다.

쉽기만 한 일은 아니었다. 참여수업을 적용한 지 3년 차인 2008년에는 겨울방학과 봄방학에 더 철저히 준비하여 3월 학기 초부터 확실하게 실시하고자 다짐했었다. 그래서 겨울방학 때는 교육과 연수(교수법과 교육 코칭)를 통해 많은 준비를 했다.

드디어 3월이 되어 개학을 했고, 수업이 시작이 되었다. 1학년 수학 첫 시간에 간단하게 수업 계획에 대한 오리엔테이션을 하고, 모둠별 활동으로 네트워크 형성하기, 모둠별 이름 짓기, 모둠 구호 외치기 등을 진행했다. 일 년의 수업 중 학기 초인 3~4월은 매우 중요한 시기인 만큼 이 기간에 앞으로 일 년간의 수업 규칙, 형태 등을 학생들이 익혀서 숙달되도록 해야 한다.

이 기간에 실패하면 계획된 수업이 잘 이루어지지 않고, 다시 옛날 방식인 강의식, 주입식 수업으로 돌아갈 수밖에 없다. 그래서 단 한 시간의 수업을 위해서라도 많은 준비를 해야 하며, 학생들의 행동에 인내심과 끈기를 가져야 한다. 그렇지 않으면 예기치 못한 저항에 부딪혔을 때 당황하게 되고, 이럴 때 보통 교사들은 평정심을 잃어 그만 화를 내거나 경직되어 수업 분위기가 어색해지며 실패로 이어지는 경우가 종종 있다.

필자는 학기 초 3월에 계획하고 준비해 왔던 수업이 잘 진행되고 있어서 나름대로 만족하고 있었다. 열반(이때는 교실이 우열반으로 나뉘어서 운영됐음)을 담당해서 많은 걱정을 했었는데, 의외로 학생들이 참여수업에 잘 적응하며 따라오고 있었다. 학생들의 참여가 적절하게 이루어졌고, 때로는 학생들의 적극적인 참여로 수업에 활기가 돌았다.

그런데 수학에서 개념 설명과 문제를 풀어야 하는 상황에서 많은 설명을 강의식으로 해야만 했다. 학생들의 참여가 없고, 강의를 듣기만 하는 시간이 20분 이상 이어졌다. 그러자 학생들의 집중력은 흐트러졌고, 수업은 엉망이 되어 가는 것만 같았다. 그 모습에 당황한 필자는 학생들을 혼내고 화를 내는 지경까지 이르렀다. 수업이 끝나자 참담함이 느껴졌다. 아이들에 대한 실망감이 아니었다.

그러나 아이들은 얼마든지 그럴 수 있다. 필자의 태도가 문제였고, 실망스러웠다. 그 상황에서 왜 감정 조절을 못해서 화를 내야 했으며, 명령을 했는지 자신이 후회됐다. 그런 상황에서 관찰하고, 공감하며, 교육 코칭과 대화법에서 배운 '나-메시지'로 반응했어야 하는데 그렇게 하지 못한 것이 실망스러웠다. 그날의 경험을 바탕으로 개념 설명이나 문제를 풀이할 때도 교사 혼자서만 문제 풀이를 계속할 것이 아니라, 학생들의 적절한 참여가 이루어지도록 더 많은 준비를 해야 한다는 것을 절실히 깨달았다.

진정한 소통을 위해 먼저 경청하라

교육의 목표 중 하나는 학생들로 하여금 민주 시민으로서 다른 사람들과 원활하게 소통하게 하는 것이다. 그만큼 의사소통은 우리의 인생에서 중요한 것으로, 이에 대한 배움은 학교 교육 현장에서부터 이루어져야 한다.

경청의 가장 핵심적인 기술은 바로 '적극적 경청'이다. 적극적 경청이란, 다른 사람을 이해하기 위해 의식적으로 노력하는 일종의 프로세스다. 실제로 효과적인 코칭이나 퍼실리테이션 기술의 핵심이 적극적 경청이라고 한다.

리더십의 대가 워렌 베니스도 "신뢰를 구축하는 가장 좋은 방법은 잘 듣는 것이다. 사람들은 누군가 자신의 말을 귀 기울여 듣고 있다고 느낄 때 상호작용이 활발해진다. 단 듣는 것이 동의함을 의미하는 것은 아니며, 다른 사람을 이해하기 위해 감정적으로 접근하는 것을 뜻한다"라고 말했을 정도로 적극적 경청은 중요하다. 또한 그는 "코치가 지켜야 할 첫 번째 원칙은 훌륭한 경청자가 되는 것이다. 즉, 다른 사람의 의견에 귀를 기울이고, 그들이 그런 말을 하게 된 근원에 눈을 돌려야 한다. 리더십의 기본은 타인의 마음과 틀을 변화시키는 능력이다. 이것은 쉬운 일은 아니다. 그러나 타인의 말에 귀 기울이는 것만이 그들을 변화시킬 수 있는 유일한 방법이다"라고 말하였다.

여기서 유대인의 교육으로 눈을 돌려 보고자 한다. 유대인들은 특별한 교육법을 통해서 세계를 리드하고 있다. 노벨상을 받은 사람의 25%가 유대인이며, 특별히 과학이나 물리학 분야에서 리드하는 60%가 유대인이다. 또 미국의 상위 대학에 재직 중인 교수 중 25%가 유대인이라고 한다. 그들은 과연 무엇을 배운 걸까? 어떻게 교육받았기에, 세계 200여 개국 가운데 가장 작은 민족이 이렇듯 뛰어날 수 있을까? 유대인의 인구는 남한의 10분의 1밖에 안 된다. 세계에 흩어져 있는 유대인을 다 합해도 우리나라 인구의 4분의 1 정도밖에 안 된다고 한다.

그럼에도 불구하고 어떻게 이런 놀라운 일이 가능할까? 유대인의 아이큐가 세계 제일일까? 그것은 아니다. 유대인들도 조기교육 열정이 대단한 것일까? 그것도 아니다. 그러면 어떻게 이런 일이 일어날 수 있었을까? 한마디로 유대인 부모들은 자녀의 성적에는 관심이 없다. 오로지 그들이 자녀에게 강조하는 것은 '참다운 인간이 되어야 한다는 것'뿐이다.

그런데 참다운 인간이 되기 위한 능력 중 하나가 바로 의사소통 능력이다. 의사소통이란 사람들의 사상과 감정, 지식을 전달하는 고도의 커뮤니케이션 방식이다. 이는 또한 다른 사람들을 설득하는 도구이며, 자신을 알리는 중요한 수단이다.

인생에 있어서 이처럼 중요한 의사소통을 잘하려면 경청이 우선되어야 한다. 경청은 '상대를 만나기 위해 내가 퍼주는 마중물'이다. 한 바가지의 마중물을 통해 펌프에서 다량의 물을 얻듯, 경청을 통해 우리는 진정한 대화를 맛볼 수 있다.

경청은 나와 다른 사람, 그리고 세상과 소통하며 영향력을 미치는 소통의 기술이다. 들을 청聽 자를 보자. 귀 이耳 자 아래 임금 왕王 변, 옆에는 눈 목目과 그 아래 한 일一 자, 마지막에는 마음 심心 자가 있다. 즉, 귀를 왕처럼 크게 하고, 눈으로 보고, 마음을 하나로 하여 열심히 들으라는 뜻이다. 경청의 중요성을 모르는 사람은 없다. 하지만 세상에는 경청할 줄 모르는 사람들로 넘쳐 난다.

세계적인 라이프 코칭 전문가이자 컨설턴트인 스테반 폴란은 "최고의 대화법은 잘 듣는 것이다"라고 말했다. 경청은 상대방을 존중하는 태도이며, 상대방의 신뢰를 얻고 친밀감을 쌓을 수 있는 관계의 첫걸음이다. 무엇보다 경청하면서 다른 사람을 존중하는 모습을 보여주는 것은 다른 사람에게서 더 많은 존중을 돌려받게 되어 영향력을 미치는 리더십으로 바뀌게 된다. 사람들은 자신의 이야기를 존중하고 경청하는 이를 지지한다. 이러한 지지를 받는 리더는 상대방을 극진히 존중하고 사랑을 표현하는 경청의 리더십을 발휘하게 된다.

대제국을 건설한 칭기즈칸은 "내 귀가 나를 현명하게 만들었다"고 말했다. 배운 게 없어서 이름조차 쓸 줄 몰랐던 칭기즈칸은 항상 다른 사람의 말에 귀를 기울였다. 이렇듯 경청하는 성품이 그를 세계적으로 영향력을 미치는 지도자로 만들었다. 그런데 경청의 리더십은 저절로 만들어지는 것이 아니다. 플릿 데일은 소통의 기술은 영어 회화나 피아노처럼 배워야 하는 또 하나의 기술이라고 말했다.

그렇다면 경청은 어떻게 하는 것일까? 경청하려면 상대의 눈을 보아야 한다. 상대의 눈을 바라보지 않는 경청은 있을 수 없다. 경청은 공감하는 것이다. 마치 자신이 상대가 된 것처럼 역지사지하는 것이다. 상대의 이야기를 들었을 때 솔직한 자기 반응을 보여주고, 최대한 그 사람의 입장을 이해하려고 노력하는 것이다. 한마디로 경청이란, '상대방의 말과 행동에 최대한 집중하여 상대방이 얼마나 소중한 존재인지 인정해 주는 것'이라고 한다.

경청을 잘할 수 있는 비결은 상대방에게 집중하고 있음을 표현해 주는 것에서 비롯된다. 그러기 위해서는 상대방의 말은 물론 행동까지 존중해 주는 습관을 기르는 것이 중요하다.. 그렇다면 학교 교육 현장에서 경청이 잘 이루어지려면 어떻게 해야 할까? 이러한 교육 코칭이 수업에서 구현되는 나라가 있다. 바로 핀란드의 교실이다.

핀란드 교실에서는 학생들의 다양성을 인정한다. 그곳에서는 아무 말이 없는 학생은 생각하는 중이고, 떠드는 학생은 답을 찾아낸 것이라고 여긴다. 먼저 답을 찾아내는 학생들도 있고, 좀 더 시간이 걸리는 학생들도 있다. 그래서 많이 기다려 준다. 이렇게 기다리다 보면 어느 학생이든 창의적이고 훌륭한 생각을 하는 경우가 종종 있다.

그러나 우리나라 수업에서는 학생들을 오래 기다려 주지 않는다. 학생들의 다양성을 인정하고 기다려 줘야 한다. 학생 개개인에 대한 배려와 존중이 필요하다. 어떤 학생이 수업 내용을 거의 이해하지 못하고 수업 분위기를 흐리는 상황이라면, 핀란드에서는 그 학생이 스스로 공부할 수 있는 준비가 부족한 상태여서 다양한 배려가 필요하다고 인식한다.

교실에서 교사는 포로자와 휴가자로 온 학생들을 지도하고 학습에 참여시켜야 하는 입장이다. 많은 사람들이 이야기하는 것처럼 요즘 학생들은 도전적이며 자신의 개성이 뚜렷하다. 교사가 경청하는 태도로 임하지 않으면 아니면 개성이 뚜렷한 학생들과 수시로 부딪치면서 서로 마음이 상하기 쉽다. 개성이 뚜렷한 아이들의 말투는 어떠한가? 그런 학생들을 대상으로 교사가 경청한다는 것은 쉬운 일은 아니다. 끊임없는 인내와 함께 계속적인 훈련이 필요하다. 희망적인 것은 경청하는 습관을 반복과 연습을 통해 학습할 수 있다는 것이다.

어떠한 상황에서도 교사는 학생들이 말할 때는 끝까지 들어야 한다. 교사들의 나쁜 습관 중 하나는 학생들의 말을 중간에 자르는 것이다. 비록 학생이 조리 있게 말하지 못하거나 말하려는 내용이 짐작이 가더라도 끝까지 경청해 주어야 한다. 자신의 말을 끝까지 경청하는 사람에게 진솔하게 말하고 싶은 것은 학생들이나 어른이나 다르지 않다. 따라서 교사라면, 여유를 가지고 학생들의 이야기를 경청해야 한다. 자연스럽고 편안한 가운데 오가는 대화를 통해 학생들은 창의적인 아이디어가 샘솟는다. 흥분되고 격정적인 상태에서는 좋은 아이디어가 떠오르거나 효과적인 학습이 이루어지지 않는다는 사실을 명심해야 한다.

미하엘 엔데의 유명한 동화 《모모》에 나오는 소녀 모모는 이러한 경청의 힘을 잘 보여 준다. 어디서 왔는지 모를 말라깽이 소녀 모모를 발견한 동화 속 마을 사람들은 그녀에게 삶의 터전을 마련해 준다. 그런데 모모는 남의 말을 귀 기울여 듣는 특별한 능력을 지닌 소녀였다. 마을 사람들은 모모에게 찾아와 자신의 이야기를 함으로써 스스로를 되돌아보고, 용기와 기쁨 그리고 신념을 얻는다. 서로 다투는 사람들도 모모에게 오면 화해의 기쁨을 얻기도 한다. 훌륭한 경청자였던 모모는 경청을 통해 마을 사람들에게 선한 영향력을 미쳤다.

칭찬하고, 인정하고, 격려하라

표현해야만 알 수 있는 네 가지가 있다. 사랑, 칭찬, 용서, 실력이 그것이다. 그중에서도 칭찬은 더불어 살아가는 인간관계 속에서 가장 중요한 요소가 아닐까 싶다.

우리나라 사람들은 칭찬에 인색한 편이다. 정치판은 말할 것도 없고 학교와 가정에서조차 잘못을 지적하고 비판하는 일은 흔해도 내 가족과 동료들을 칭찬하는 데는 대체로 인색하다. 굳이 멀리 가지 않고, 필자의 주변 사람들을 보아도 칭찬에 얼마나 인색한지 알 수 있다. 필자 역시 오늘 하루 동안 칭찬을 몇 번이나 했는지 생각해 보면 떠오르지 않을 정도로 잘 하지 않는 것 같다. 독자들도 이번 기회를 통해 '칭찬 행위'와 관련해 스스로를 돌아보기를 바란다. 상대를 칭찬하고 격려하기보다는 잘못이나 결점을 지적하기에 바쁘지는 않은지 말이다.

많은 교사들이 학생들을 칭찬하기보다는 지적하고, 꾸중하며, 심지어는 비난을 더 자주 하는 것 같다. 부모나 교사들은 문제가 있는 자녀나 학생들에게 칭찬을 하고 싶어도 할 거리가 없어서 못한다고 한다. 아이들을 보면

문젯거리만 보여서 의도적으로 칭찬하려 해도 잘 안 된다는 것이다.

과거에 문제가 많은 학급의 담임을 맡은 적이 있었다. 학급에서 크고 작은 문제가 끊임없이 일어나서 조회 때라든지 종례 때 학생들에게 계속해서 꾸중과 체벌 등으로 일관해 왔는데, 학생들은 그때뿐이지 실제적인 변화가 없었다. 하루는 '오늘은 어떠한 일이 있어도 우리 반 아이들을 칭찬해야지'라고 결심을 단단히 하고 교실 문을 열었다. 그 순간 교실은 마치 전쟁터와 같은 광경이다. 교실 물품들이 날라 다니고, 한데 엉켜 장난하는 아이들, 티격태격 싸우는 아이들 등 난리도 아니었다. 학생들을 어렵게 진정시키고 칭찬하려 했지만, 이미 필자의 마음은 화가 치밀어 올라와 자신도 모르게 학생들을 야단치고 있었다. 이런 상황에서도 적절한 꾸중과 칭찬을 하려면 많은 훈련과 스킬이 필요한 것 같다.

보통 아이들은 초등학교 때부터 가정에서는 부모에게, 학교에서는 선생님에게 꾸중과 야단을 들으면서 자란다. 이러한 경향은 고등학교 때까지 이어진다. 그렇게 보자니 아이들이 참 불쌍하다는 생각이 든다. 물론 필자도 학교에서 늘 야단을 들었던 것 같다.

교사들이 학생들을 대할 때는 보통 꾸중, 야단 또는 칭찬, 인정, 격려의 말을 한다. 이 비율(꾸중과 야단 : 칭찬과 인정)은 어느 정도 일까? 필자가 교사들을 대상으로 설문조사를 실시한 결과에 따르면, 8:2로 나타났다. 부모나 교사는 아이들에게 야단을 치면 변화될 것이라고 생각하기 때문인 것 같다. 그렇지만 아무리 야단치고 화를 내고 체벌한다고 해서 아이들이 쉽게 변하지는 않는 것 같다. 혼낼 때, 그때뿐이다.

본인이 낳은 자식도 혼낸다고 해서 바뀌지 않는데, 하물며 남의 자식을 혼내고 체벌한다고 해서 변화하겠는가? 오히려 칭찬하고, 인정하고, 격려할 때 아이들은 변한다. 빠른 시간은 아니더라도 시간이 갈수록 조금씩 변화하는 것이다. 필자는 학생들이 이러한 칭찬과 인정 그리고 격려를 통해서 변화되는 것을 많이 보아 왔다. 물론 꾸중하는 것도 필요하고 중요한 역할을 한다. 이렇듯 칭찬(격려와 지지)은 분명 사람의 능력과 열정을 이끌어내는 보이지 않는 힘이 있다. 그러므로 상대의 잘못이나 결점을 지적하기보다 칭찬할 만한 점을 찾아내는 안목을 기르는 것도 우리의 삶을 아름답게 하는 지혜다.

사람을 능동적으로 변화시키는 가장 좋은 방법은 칭찬밖에 없다. 아무리 문제가 많고 결점투성이인 사람이라 해도 그만이 갖고 있는 장점은 있기 마련이다. 그 부분을 찾아서 칭찬해 보자. 사람들은 하나같이 칭찬받기를 좋아한다. 그 칭찬에 감동을 받는다. 그리고 모든 사람은 자신의 장점을 칭찬해 준 사람에게 호의적인 감정을 갖게 된다.

필자는 교육 코칭을 통해서 칭찬과 인정 그리고 격려가 얼마나 중요하고, 학생들에게는 동기부여가 되는지 알고 나서부터는 의식적으로 칭찬하기 위해서 많은 노력을 해 왔다. 칭찬에 대한 자료도 많이 찾아보고, 칭찬에 대한 강의, 세미나 등 연수도 많이 받아 보았다. 많은 정보 중에서 칭찬의 중요성과 효과, 칭찬 방법, 칭찬의 좋은 사례, 필자가 사용한 칭찬 방법과 사례 등을 살펴보고자 한다.

(1) 칭찬의 중요성과 효과

사람을 가장 기분 좋게 하는 것이 칭찬이다. 인간은 누구나 칭찬받고 싶어 한다. 칭찬은 상대방을 인정해 주고 중요한 존재로 느끼게 만드는 힘이다. 또한 사람의 마음을 움직이게 하는 것이 칭찬의 힘이다. 사람이 칭찬을 받으면 자부심을 느끼게 되고, 이제까지 자신이 깨닫지 못했던 능력이 있음을 확인하게 된다. 또한 다른 사람을 자주 칭찬하면 대인 관계가 좋아지고, 자기 자신도 더 많이 칭찬받을 수 있게 된다.

어떤 심리학자가 재미있는 실험을 했다. 학교 교사에게 한 반에서 5명의 학생을 임의로 선택한 다음, 선택된 학생들에게만 일부러 계속해서 칭찬해 주라고 요청했다. "너, 요새 보니까 공부하는 자세가 많이 좋아졌어! 공부에 재미를 붙인 것 같구나. 너 이제 틀림없이 성적이 오를 거야. 내가 장담하지!" 그러면서 교사에게도 그 사실을 애써 믿도록 했더니, 나중에 그 학생들의 성적이 실제로 향상되었다는 것이다. 이것을 심리학에서는 '피그말리온 효과Pygmalion effect'라고 부른다.

피그말리온은 그리스 신화에 나오는 키프로스 왕의 이름이다. 그는 어느 날 왕궁에 있는 미녀 조각상을 보고 반해 버렸다. 그는 마치 사람인 것처럼 그 조각상을 사랑했다. 그러자 하늘에 있는 신이 그 모습을 보고 감동을 받아, 그 조각상에 생명을 불어넣어 사람이 되게 했다. 왕은 사람이 된 조각상과 사랑에 빠졌다고 한다.

누군가가 내 눈에는 조금 부족한 듯 보일 수도 있다. 그러나 그를 믿어 주고 칭찬해 주면 실제로 그렇게 된다는 것이다. 그것이 바로 '피그말리온 효과'다. 상대방을 인정해 주고 중요한 존재로 느끼게 만드는 힘, 그것이 바로 칭찬이다.

독일의 한 재상은 자신에게 반발심을 갖고 있는 부하가 있을 경우, 계획적으로 그 부하를 다른 사람들 앞에서 아낌없이 칭찬했다. 그럴 때마다 그는 열정을 다하는 충성스러운 부하를 또 하나 얻게 되었다고 한다. 본인에게 적이 많다면 평소에 칭찬에 인색하기 때문일 것이다.

칭찬 노트를 만드는 것은 어떨까? 다른 사람에 대한 칭찬이든, 자신에 대한 칭찬이든 칭찬거리가 생각나면 바로 노트에 기록하는 것이다. 한번 실천해 보라. 인간관계에 있어서 기적이 일어날지 누가 아는가. 칭찬은 평생의 기쁨을 안겨 준다. 다른 사람들을 만날 때 칭찬하고, 헤어질 때 칭찬하는 습관을 기르자. 우리 모두가 바라는 즐겁고 신나는 세상은 이렇게 해서 만들어지는 것이다.

(2) 칭찬하는 방법

칭찬은 사람을 성장시킨다. 말 한 마디의 칭찬의 표현은 언어적 칭찬과 비언어적 칭찬이 일치해야 한다. 또한 칭찬받을 만한 행동을 하면, 바로 그 자리에서 칭찬하는 것이 좋다. 칭찬은 타이밍이 중요하다. 상대의 성취가 어떤 것이든지 간에 다음으로 미루지 말고 그 자리에서 지체 없이 칭찬해야 한다. 또한 모호한 칭찬은 형식적인 느낌을 주므로, 구체적으로 칭찬하는 것이 더 효과적이다. 예를 들면, "너는 좋은 학생이야", "참 대단해"와 같은 표현보다는 "너는 이 문제를 푸는 것을 보니까 수학적 감각이 좋구나."라는 식으로 구체적인 표현을 사용하는 것이다.

그리고 핀잔 섞인 칭찬은 하지 않느니만 못하다. 칭찬을 하려면 확실하게 하라는 말이다. 마크 트웨인은 "좋은 칭찬 한 마디에, 두 달은 활력 있게 살 수 있다"라고 말했다. 칭찬을 들으면 누구나 기분이 좋아지고 활력이 생

강의하지 말고 참여시켜라

기기 때문일 것이다. 칭찬은 또한 군더더기 없이 해야 한다. 예를 들면, 수학을 40점 맞던 아이가 어느 날 80점을 맞았을 때, 교사나 부모는 어떻게 칭찬해야 할까? "참 잘했어. 열심히 하니까 성적이 오르지? 조금 더 열심히 하면 다음번에는 100점도 맞을 수 있을 거야."라고 말한다면, 칭찬같이 들리지만 마지막 말 때문에 아이는 부담감을 느끼게 될 것이다. 칭찬을 할 때는 결과보다는 노력한 과정을 높이 사되, 현재의 상태와 느낌을 넘어서지 않으면서도 창의적으로 하는 것이 좋다.

다음은 '칭찬 10계명'이다. 독자는 실천하고 있는 부분에 O 표시, 보완해야 할 부분에 △표시를 해 보자.

칭찬할 일이 생겼을 때 즉시 칭찬하라. (   )

잘한 점을 구체적으로 칭찬하라. (   )

공개적으로 칭찬하라. (   )

결과보다는 과정을 칭찬하라. (   )

사랑하는 사람을 대하듯 칭찬하라. (   )

진실한 마음으로 칭찬하라. (   )

긍정적인 눈으로 칭찬할 일을 더 많이 찾아라. (   )

일이 잘 풀리지 않을 때 더욱 격려하라. (   )

일이 잘못됐을 경우, 관심을 다른 방향으로 유도하라. (   )

가끔씩 자기 자신을 칭찬하라. (   )

그리고 다음은 '하나마나 한 칭찬의 5가지 유형'을 나열한 것이다.

- **입버릇처럼 칭찬한다.**
  - 칭찬을 받는 사람은 형식적인 칭찬이라고 생각한다. 별다른 감흥이나 대응할 가
    치를 느끼지 못한다. (예 "늘 저렇지 뭐.")

- **칭찬과 비난을 섞어서 한다.**
  - 비난을 하기 위해 칭찬을 이용했다는 느낌을 갖게 한다. 솔직하지 않은 것 같아
    서 기분이 더 나쁘다. (예 "결국 이 이야기를 하려고 그랬군!")

- **칭찬의 타이밍이 늦다.**
  - 오히려 평소에 상대방이 자신에 대한 관심이 부족했음을 깨닫는 계기가 된다.
    (예 "웬 뒷북?")

- **부풀려 칭찬한다.**
  - 마치 비꼬는 것처럼 들린다. 또는 뭔가 꿍꿍이가 있다는 느낌이 들어 상대방을
    경계하 게 된다. (예 "그 정도로 칭찬받을 일은 아닌데…… 다른 시킬 일이 있나?")

- **칭찬을 지나치게 의식한 나머지 잘못된 일에 대해서도 그냥 넘어가거나, 심
  지어 칭찬한다.**

　마음에서 우러나지 않은 사탕발림 식의 칭찬은 무의미하다. 칭찬이 진정
한 힘을 발휘하려면, 상대의 장점과 잘한 점을 발견하고 진심으로 지지해
야 한다. 모든 소통에서 그렇듯 상대에 대한 애정 어린 마음이 담겨 있지

않은 칭찬은 공허한 겉치레에 불과하다. 그러므로 칭찬은 막연한 감탄사보다는 상대의 가슴에 와 닿을 수 있도록 '짧지만 구체적'으로 표현하는 것이 좋다.

예를 들어, 시험을 망쳐서 속상해하고 있는 학생이 있다고 하자. 부모나 교사는 어떻게 반응해야 할까? "괜찮아, 다음에 잘하면 되잖아."라고 한다면, 학생은 부모나 교사가 솔직하지 못하다는 느낌을 받는다. 대신에 "엄마가 이렇게 속상한데, 너는 얼마나 속상하고 실망했겠니. 하지만 다시 기회가 있으니 포기하지 말고 잘해 보자."라고 하는 게 훨씬 더 효과적이다.

《칭찬은 고래도 춤추게 한다》라는 책이 있다. 필자도 이 책을 읽고 깊은 감명을 받았다. 길이 10m, 무게 10톤이 나가는 육중한 몸의 범고래killer whale가 관객들 앞에서 온갖 재주를 부리도록 하기 위해 조련사들이 사용하는 가장 효과적인 방법이 바로 칭찬이라고 한다. 이 범고래는 원래 식인종으로 불릴 만큼 매우 거칠고 사납다고 한다. 그런 범고래를 칭찬으로 조련시켜 사람들 앞에서 재롱을 피우게 한다니, 정말 놀랍지 않은가?

(3) 유명인들의 사례를 통해 본 칭찬의 힘

칭찬 한 마디로 인생이 달라진 좋은 사례들도 많다. 필자도 고등학교 때 담임선생님이 수학을 담당하셨는데 필자에게 많은 칭찬과 격려를 아끼지 않은 덕분에 나는 수학을 전공하게 되었고, 교직까지 선택하는 계기가 되었다. 선생님은 어려운 문제를 풀었을 때 칭찬해 주셨던 것은 물론이고, 정답이 틀렸을 때조차 격려와 위로를 해 주셨다. 그래서 그때부터 고등학교 수학 교사가 되고 싶었던 것 같다. 당시에는 진로 지도에 대한 프로그램이

거의 없었기 때문에 전공을 선택하는 데 많은 어려움이 있었다. 그런데도 고등학교 2학년 때 담임선생님은 필자에게 수학적인 감각이 있음을 아시고, 수학과에 대한 진로를 친절하게 안내해 주셨다.

《내 삶을 바꾼 칭찬 한마디》라는 책에는 중후한 멋의 유명 탤런트 최불암 씨에 대한 이야기가 나온다. 그는 대학 시절 연극 연습을 하다가 노역을 맡은 친구에게 연출자로서 시범을 보였다고 한다. 그런데 모습을 지켜보던 한 선배가 "야, 불암아! 할아버지 연기는 너 따라올 사람이 없겠다"라고 그를 인정해 주는 말을 했던 것이다. 이 한마디로 인해 최불암 씨는 아예 그 역을 친구 대신 맡게 되었고, 이것이 결정적인 계기가 되어 자타가 인정하는 노역 전문 배우로 대성했다고 한다.

또한 《열린 음악회》 등을 통하여 '천둥소리'로 잘 알려진 테너 임응균 씨도 중학교 1학년 때 음악 점수가 59점이었는데, 2학년 때 새로 만난 음악 선생님으로부터 "기막히게 좋은 목소리를 지녔다"는 칭찬을 듣고 용기백배하여 성악에 매진하였고, 한국예술종합학교 성악 교수의 자리까지 오르게 되었다고 한다.

그 밖에도 에디슨, 헬렌 켈러, 잭 웰치 등과 같은 유명인사의 성공 스토리에는 한 가지 공통점이 있다. 그것은 어린 시절 또는 가장 힘들었던 시절에 누군가가 했던 칭찬 한마디로 인해 인생의 변화를 맞이하게 되었다는 것이다.

그러나 칭찬과 관련하여 슬픈 이야기도 있다. 바로 칭찬을 하지 않았을 때의 극단적 결과에 대한 이야기다. 강도치사죄로 무기형을 선고받고 복역 중 탈옥을 시도했다가 검거되어 현재 무기형수로 있는 신창원의 옥중에서의 고백은 우리를 슬프게 한다. 그는 초등학교 때 선생님이 "너 착한 놈이다"라고 머리 한 번만 쓸어줬으면 자신이 그렇게 극단적으로 살지 않았을 것이라고 말한다. 그러나 초등학교 5학년 때 선생님은 그에게 "이 새끼야, 돈 안 가져왔는데 뭐하러 학교를 와! 빨리 꺼져!"라고 말했고 그때부터 마음 속에 악마가 생겼다고 술회했다.

(4) 칭찬 전도사 김상복 선생님의 '부모님 칭찬하기'

그렇다면 이러한 좋은 칭찬이 교사가 학생에게, 부모가 자녀에게, 조직의 상사가 부하 직원에게만 내려 줄 수 있는 선물일까? 그렇지 않다. 때로는 교사와 부모, 상사에게도 칭찬이 필요하다. 나이 많은 사람이든 어린아이든 남녀노소를 불문하고 모든 이들은 칭찬의 주인공이 되고 싶어 한다.

어쩌면 우리 부모님들이야말로 칭찬에 목말라 있을지도 모른다. 부모님의 마음을 알아주고 아낌없는 칭찬을 보냄으로써 자녀 키운 보람을 안겨 주는 것이야말로 자녀 된 도리 가운데 하나일 것이다. 무엇보다 자녀들의 이러한 칭찬 한마디는 부모님의 자긍심과 자신감을 높여 줄 뿐만 아니라, 세상을 더욱더 긍정적으로 바라보는 시각을 갖게 해 준다. 그리고 그것은 칭찬을 해 준 사람에게 부메랑이 되어 고스란히 돌아간다.

필자는 3년 전에 '감동이 있는 리더십 연수'라는 연수에 참여한 적이 있다. 좋은 프로그램이 많았는데 그중에서 '부모님 칭찬하기'라는 강의에 많은 감명을 받아 지금까지도 수업시간에 부분적으로 적용하고 있다.

현재 중학교 도덕 과목을 담당하고 있고, 칭찬 전도사로도 잘 알려진 김상복 선생님은 '부모님 칭찬하기'프로그램을 9년 동안 수업에서 수행 과제로 실시해 오셨다. 김상복 선생님은 '특별한' 교사다. '칭찬 전도사'라는 별명에 맞게 수업이 온통 칭찬 일색이다. 물론 학교 현장에서 그 효과는 엄청나다. 학생들의 인성 교육은 물론 학생들의 가정에까지 좋은 영향을 미치고 있다. 김상복 선생님의 '부모님 칭찬하기'프로그램과 그 칭찬이 가져온 변화에 대해서 간단하게 소개하고자 한다.

도덕 수행평가로 주제는 '부모님 칭찬하기 활동'을 통한 가족 공동체 의식의 함양이다. 약 두 달 간 부모님 모르게 부모임을 칭찬하는 내용을 칭찬 일기장에 20개를 기록하여 제출하는 것이다. 자녀가 부모에게 칭찬하고, 그 과정과 소감을 적은 네 줄짜리의 짧은 일기다. 과제를 완성한 후에 학부모님을 모시고 '부모님 칭찬 일기'에 대한 공개수업을 하게 된다. 학부모 공개수업에서는 그동안 부모님 모르게 칭찬 일기를 기록한 내용 발표하기, 학생의 칭찬 소감문 발표하기, 부모님의 편지 읽기, 부모님과 함께하는 시간, 부모의 자녀 지도 십계명 특강, 마지막으로 세족식이 이루어진다.

칭찬 일기 예시

날짜	월 일 요일 (첫 번째)
칭찬 상황은?	아픈 나는 학교에서 돌아오자마자 방에서 누워 잤다. 그런 나에게 오셔서 간호해 주시는 엄마. 자고 일어나니 아팠던 것이 말끔히 다 나았다.
칭찬한 말은?	"엄마, 마술사인가 봐. 다 나았는데? 이 손이 마술 손이네."
부모님의 반응은?	"쉿. 사람들에게 알리지 마."
오늘 칭찬 활동에 대한 나의 생각은?	엄마가 더 아픈 듯하다.

강의하지 말고 참여시켜라

날짜	월　　일　　요일 (첫 번째)
칭찬 상황은?	체육대회가 끝나고 집에 왔는데 엄마가 웃으시면서 어서 오라고 하셨다
칭찬한 말은?	"엄마가 웃으면서 문을 여니까 집이 환해 보이네."
부모님의 반응은?	"피곤하지?"하시면서 내 어깨를 주물러 주셨다. 그리고 가족과 함께 외식을 했다.
오늘 칭찬 활동에 대한 나의 생각은?	내 입에서 나온 칭찬 한마디 한마디가 가족 분위기를 더 좋게 해 주는 것 같아 나 자신이 뿌듯하다.

날짜	월　　일　　요일 (첫 번째)
칭찬 상황은?	아빠가 술을 끊겠다고 말씀하시는 저녁 식사 시간
칭찬한 말은?	"진짜지? 다른 말하기 없기! 할 수 있어요. 아자!"
부모님의 반응은?	"당연하지!"하며 술을 끊겠다는 다짐을 여러 번 되뇌셨다.
오늘 칭찬 활동에 대한 나의 생각은?	사실 아빠의 그 다짐은 100번 이상 들은 것 같다. 그래도 결심하신 아빠의 다짐을 무너뜨리기 전에 격려해 주었던 것은 정말 잘한 것 같다.

날짜	월　　일　　요일 (첫 번째)
칭찬 상황은?	직장에 다니시는 어머니께서 늦게 들어오셨는데 기분이 안 좋아 보인다.
칭찬한 말은?	"엄마, 힘들어 보여. 엄마 옆에는 항상 내가 있다는 것 알지?"
부모님의 반응은?	"말로만? 안마라도 좀 해 줘야지?"라고 웃으면서 말씀하셨다.
오늘 칭찬 활동에 대한 나의 생각은?	약간 장난 식으로 엄마의 기분을 풀어 드리려고 노력했는데, 반응이 괜찮아서 즐거웠다. 하지만 안마는 힘들었다!

　학기 초에 부모님을 칭찬하라는 숙제가 내주면 학생들의 반응은 한결같다. '뭐 이런 숙제가 다 있어!'라며 시큰둥한 반응을 보이는 것이다. 그러나 수업 시간에 칭찬했던 사례를 발표시켜 보면 부정적인 반응보다 긍정적인 반응이 훨씬 더 많다. 수행평가 때문에 어쩔 수 없이 한 것이 아니라, 정말로 칭찬의 원칙들을 철저히 지키기 위해 노력하며 성의껏 해 온 것을 진심으로 느낄 수 있다. 이렇게 1~2주가 지나면 처음에 칭찬 활동을 제대로 하지 못했던 학생들도 용기를 얻어 더 열심히 부모님을 칭찬하기 시작한다.

어느 교사가 학생들의 가정 문제를 극복하기 위한 실마리로 선택한 '칭찬 일기'. 부모님을 칭찬한 뒤, 부모님의 반응과 자신의 느낀 점을 기록하는 네 줄 짜리 짤막한 일기가 바로 '칭찬 일기'다. 아이들은 '칭찬 일기'를 처음에는 단순한 수행평가 과제 정도로 받아들이지만, 시간이 흐를수록 '열심히 칭찬하여 우리 집 행복은 내가 지키겠다.'는 다짐을 하는 수준에 이른다.

고래도 춤추게 한다는 칭찬. 그러나 가장 소중한 사람에게는 이상할 정도로 인색해지는 것이 또한 칭찬이다. 게다가 '칭찬은 윗사람이 아랫사람에게 하는 것'이라는 고정관념 탓에 자녀가 부모에게 칭찬하는 경우는 매우 드물다. 처음에는 서툰 칭찬으로 민망함도 많이 느끼지만, 시간이 지날수록 아이들은 가정과 부모에 대한 애정을 깨닫고, 동시에 자기 자신이 얼마나 소중한 존재인지를 알게 된다.

칭찬 일기는 학생들끼리, 혹은 부모가 자식에게 하는 칭찬이 아니다. 오히려 우리의 고정관념을 깨고 자녀가 부모를 칭찬하는 방식을 취한다. 또한 단순히 칭찬하는 것에 그치는 것이 아니라, 칭찬 상황, 칭찬의 말, 부모님의 반응, 자신의 느낌 등을 일기장에 기입하도록 함으로써, 학생들에게 자신과 부모 그리고 가족에 대해 다시 생각해 볼 수 있는 계기를 만들어 준다.

또한 학생들은 칭찬 일기를 쓰면서 가정에서 자신들의 역할에 눈을 뜨게 된다. 이전에는 스스로를 단지 사랑을 받아야만 하는 존재로 인식했다면, 이제는 자신들도 사랑을 베풀어야 하고, 베풀 수 있는 존재라는 사실을 깨닫게 된 것이다. "이제는 내가 우리 가정을 지키겠다."는 다짐을 일기에 써넣은 아이들을 심심찮게 볼 수 있었다. 부모도 결국은 자신들과 똑같이 관심이 필요한 존재라는 것을 알게 되는 것이다. 이처럼 칭찬 일기는 학생들에게 부모님을 새로운 시각에서 바라볼 수 있게 해 준다는 데도 의미가 있다.

· 학생의 소감

그동안 부모님을 칭찬하면서 느꼈습니다. 부모님도 관심을 필요로 한다는 것을요. 저는 그동안 잊고 있었는지도 모릅니다. 제가 해 달라는 대로 다 해 주시는 부모님을 어쩌면 저는 요술방망이 정도로 생각하고 있었는지도 모릅니다. 저는 부모님을 칭찬하면서 부모님도 저와 같은 인간이며, 관심을 필요로 한다는 것을 느꼈습니다. 저는 부모님을 사랑합니다. 물론 부모님도 저를 사랑하시겠지요. 저는 이제부터라도 부모님께 칭찬을 많이 해드리겠습니다. 기나긴 14년 세월의 은혜를 다 갚을 수는 없겠지만, 이 길만이 제가 효도할 수 있는 방법이라고 생각합니다.

♥ 엄마, 아빠, 사랑합니다! ♥

아이들은 칭찬 일기를 쓰기 위해서 부모님을 끊임없이 관찰해야 한다. 그러면서 부모님의 인간적인 측면, 약한 모습 등을 보게 된다고 한다. 반대로 훌륭한 점, 장점을 발견하기도 한다. 어느 경우든 모두 긍정적인 방향의 관찰이었다는 점이 중요하다. 부모님의 약한 모습을 보았기에 더욱 관심을 가져야겠다는 아이, 부모님의 훌륭한 점들을 발견하면서 존경심이 마구 생겼다는 아이, 이 모두를 뛰어넘어 자신의 부모라는 이유 하나만으로 사랑할 수 있게 되었다는 아이까지 모두가 칭찬 일기 덕분이라고 이야기하곤 한다.

- **부모님의 소감**

딸아, 미안하다!

나 역시 칭찬 일기를 통해 많은 생각을 할 수 있었단다. 너희의 칭찬이 너무 상상 밖이었고, 부모의 입장에서는 엄청난 경험이었단다. 이런 기회를 통해 엄마도 지금의 삶을 돌아보고, 부모 자식 간, 부부 간의 관계를 재정리하는 계기를 가질 수 있었단다.

가정이라는 울타리 안에서 함께 산다는 이유로 서로 간의 장점을 발견하거나 사소한 일에도 칭찬할 수 있는 너그러움을 잊고 산 것 같다. 엄마는 너에게 칭찬을 들을 만한 게 없는 것 같아 늘 미안한 마음이야. 충분하게 보살펴 주지 못하고, 한 끼 밥을 먹더라도 따뜻하게 차려 주지도 못하고, 함께 오순도순 오랜 시간을 보내지도 못하고, 늘 바쁘다는 핑계로 학교생활에 별로 관심을 가져 주지도 못하고, 형제도 없이 외롭게 자란 너를 혼자 내버려 두고 잘하라는 말만 하곤 했었지……

뒤돌아보면 부족한 게 너무너무 많구나. 가끔은 성의 없이 밥상을 차려줄 때도 맛있게 먹어 주는 모습에, "엄마가 해 주는 음식이 제일 맛있어요."라는 너의 말 한마디에 엄마는 왠지 뿌듯하고 기분이 좋아진단다. 엄마도 앞으로는 너를 많이 칭찬하고 기분 좋게 해 줄게. 엄마는 너를 아주 많이 사랑한단다.

- **눈물의 세족식**

칭찬 수업은 일기만으로 끝나는 것이 아니다. 학기가 끝나 갈 무렵 그동안 학생들이 칭찬 일기를 비밀리에 진행해 오던 것을 가정통신문을 통해 부모들에게 알리고 학교에서 자녀들과 함께하는 마지막 수업을 하게 된다. 수업 시간은 밤 8시부터 10시까지 두 시간. 김상복 선생님은 "낮에는 부모님들의 참여가 저조해서 퇴근 후인 저녁시간에 하게 됐다. 그 시간에 하니 거의 모든 부모님들이 함께 자리할 수 있었다."라고 말했다.

부모님들이 모이면 학생들과 함께 그동안의 칭찬 사례들을 나누며 1시간 30분 동안 웃음꽃을 피운다. 네 줄 일기를 통해 자녀들의 변화뿐만 아니라 부모들의 변화도 크다는 것을 공감하면서 마음을 조금씩 열어 나가는 시간을 가지게 된다.

이때 마지막 30분은 칭찬 수업에서 가장 중요한 시간이다. 자녀들은 맨발로 기다리는 부모님들에게 물이 담긴 세숫대야를 들고 다가가 "어머니! 아버지! 사랑해요!"라는 고백과 함께 발을 씻겨 드리는 시간이다. 김상복 선생님은 "이 시간만큼은 어느 누구도 마음을 열지 않을 수 없다. 이때 부모님들은 눈물을 흘리며 자녀를 축복하는 시간을 가지게 된다"라고 이야기했다.

- **부모님을 칭찬합니다(예시)**
  - 질문하면 언제나 친절하게 대답하시니 참 좋아요.
  - 역시 옷 입는 감각이 있으세요.
  - 화를 안 내서서 너무 좋아요.
  - 가끔씩 제 편을 들어 주셔서 든든해요.
  - 우리 엄마, 아빠가 최고예요.
  - 엄마, 아빠가 같이 걸어가시는 모습이 참 좋아요.
  - 재미있는 비디오를 같이 시청해 주실 때 좋습니다.

– 엄마가 제 친구들에게 잘해 주셔서 친구들이 엄마를 좋아해요.

– 다른 아줌마들처럼 아줌마 파마를 하지 않고 예쁘고 젊어 보이셔서 좋아요.

– 엄마의 웃는 모습이 정말 예뻐요. 이제부터 자주 웃으세요.

– 엄마가 화장을 하니까 하늘에서 내려온 천사 같아요.

– 엄마, 생신 축하드려요. 엄마가 있어서 참 좋아요. 감사해요.

– 역시 음식 냄새부터 엄마의 정성이 느껴져요.

– 엄마는 내 마음을 어떻게 그리 잘 아세요? 엄마는 족집게예요.

– 엄마, 많이 힘드시죠? 가족을 위해 항상 수고해 주셔서 감사해요.

– 엄마가 안아 주니까 너무 포근해요.

– 저와 친구처럼 이야기하시는 엄마가 좋아요.

– 엄마가 만든 음식은 너무 맛있어요.

– 저의 의견을 존중해 주시는 아빠가 자랑스러워요.

– 우리 가족을 위해 열심히 일하시는 아빠가 자랑스러워요.

– 아빠가 청소하시니까 집이 너무 깨끗해요.

– 아빠의 뒷모습이 든든해요.

– 제가 바른 길을 가도록 이끌어 주신 아버지께 감사해요.

– 때로 저와 장난치며 웃고 즐기는 아버지가 좋아요.

– 엄마와 다정스러운 모습을 보이시는 아버지가 좋습니다.

– 본인은 힘들어도 내색하지 않고 항상 웃으시는 아버지가 좋아요 .

– 학교와 학원을 보내 주시는 아버지께 감사합니다.

– 제가 하는 일을 믿어 주시는 아버지가 고맙습니다.

– 넉넉하게 나온 배가 좋습니다.

강의하지 말고 참여시켜라

– 용돈을 주시는 아버지께 감사합니다.

– 저의 미래를 개척하는 데 도움을 주시는 아버지가 있어 든든합니다.

– 야구 경기장에서 저와 함께 열광하는 아버지가 계셔서 기쁩니다.

– 술을 적게 마시는 아버지가 자랑스럽습니다.

– 할머니와 할아버지께 효도하는 아버지가 자랑스럽습니다.

– 안전 운전하며 법을 잘 지키시는 아버지가 자랑스럽습니다.

– 아버지가 든든히 계셔 주시는 그 자체가 감사합니다.

(5) 우리 주변의 사례로 본 칭찬의 힘

다음은 현직 고등학교 교사가 학창 시절 어느 선생님의 칭찬으로 오늘의 본인이 있었다고 고백한 감동적인 실화다.

■ 사례 1 : 넌 나중에 선생님이 될 거야

초등학교 5학년 때 할머니가 돌아가시면서 헤어져 살던 온 가족이 모여 살게 되었다. 그때까지 나는 누나와 조부모와 함께 살았다. 당시 열아홉 살이었던 외아들인 아버지에게 시집 온 어머니를 할머니는 질투하셨다고 한다. 그리고 우리 가정은 둘로 나뉘었다. 여동생과 남동생은 부모님과 그리고 나와 누나는 조부모와 살았던 것이다.

부모의 정을 느끼지 못하고 살았는데, 희한하게도 나는 내가 싫어하는 아버지의 성격과 외모를 닮고 있었다. 어느 날 거울을 보았을 때 내 모습이 아니라 아버지의 얼굴이 보여서 나는 그날 거울을 깨버릴 뻔했다. 한 주에 한두번 왔다 가는 부모님을 보며, 나는 내성적이고 고집이 세며 말이 없는 아이로 자라고 있었다. 중학교 때 인성검사를 했을 때 나의 남향성(남자다운 성격)은 5%, 잘하는 것은 고무줄, 줄넘기, 공기놀이였으니, 나의 별명은 색시였다. 나는 가족의 어른들로부터 사랑과 축복의 말을 한 번도 들어 보지 못하고 자랐다.

가정이 합해진 지 얼마 지나지 않은 어느 날, 교실 수업 중에 화장실에 가고 싶었다. 지금 같으면 선생님께 얼마든지 이야기할 수 있겠지만, 그때의 나는 그러지 못했다. 할아버지의 권위적인 목소리가 압박감으로 다가오는 듯했기 때문이다.

'수업 시간에는 앞만 봐라. 절대로 움직여서는 안 된다. 선생님께 주목!'

나는 참았다. 그리고 결국 참다못해 의자에 앉아 그대로 실수를 하고 말았다. 그렇게 두 시간이 흘렀고, 나는 쉬는 시간에도 움직이지 못했다. 종례를 마친 후 아이들이 다 돌아가고 나서야 나는 자리에서 일어났다. 내가 몹시 힘들어하며 어기적어기적 집으로 돌아갔을 때 엄마는 내 바지를 벗기면서 우셨다. 그러면서 이렇게 말했다.

"너…… 병신이니?"

어린 나이에 그 말이 얼마나 가슴이 아팠는지……. 나는 그 말이 뇌리에 선명하게 남아 꽤 오랫동안 지워지지 않았다. '누가 나를 병신으로 만들었는데…… 엄마, 아빠가 그렇게 만든 것 아닌가?'하는 생각이 들었다. 그렇게 초등학교 생활을 마쳤다.

중학교 1학년 때도 나는 어디에서나 말 한마디도 하지 않는 얌전한 아이로 통했다. 어떤 아이들은 나를 병자라고도 불렀다. 얼굴이 하얗고 조그마한 아이, 그 아이가 바로 나였다. 어느 날, 국어 담당이셨던 ○○○ 선생님께서 수업시간에 내 옆을 지나가셨다. 그러면서 얌전히 앉아 있는 나를 보시더니 이렇게 말씀하셨다.

"○○야, 너는 나중에 크면 선생님을 하렴. 너는 내가 보니까 선생님을 하면 아주 잘할 것 같구나." 나는 그때까지 어느 누구에게서 이런 축복의 말을 들어 본 적이 없었다. '내가 잘못 들었나?'하고 생각할 겨를도 없이 선생님의 말씀은 이어졌다.

"○○야, 그리고 너, 글 쓰는 사람이 되어라. 너는 내가 보니까 멋진 글을 쓰는 사람이 될 것 같다. 알았지?"그렇게 말씀하시고는 나의 등을 두드리며 가시는 ○○○ 선생님. 그때 이후로 나는 이런 생각이 들었다. '나에게는 나도 모르는 무엇인가가 있나 봐!'

그 이후 나의 인생은 바뀌었다. 종이가 없어 신문지 여백에 글을 쓸 정도로 나는 글을 많이 쓰는 학생이 되어 있었다. 그리고 중학교, 고등학교 백일장 때 상을 휩쓸었다. 결국 나는 국문학과를 나와 국어 교사가 되었고, 시인으로 문단에도 데뷔해 현재 12권의 책을 발간한 작가로 살고 있다. 중학교 1학년 때 선생님의 격려의 말 한마디가 한 학생의 인생을 결정한 것이다.

내가 교사 직업을 희망하던 때 나는 그 선생님을 떠올렸다. 그리고 이렇게 결심했다.

'나는 선생님이 되면 그런 선생님이 될 거야. 언제나 아이들을 사랑하는 선생님이 될 거야. 아이들을 격려하고 사랑을 베푸는 선생님이 될 거야. 절대로 포기하지 않는 선생님이 될 거야.'

그리고 현재 부족하지만 아이들을 위해 눈물로 기도하며 그들을 감싸 안는 '울보 선생'이 되었다. 지금도 나를 격려해 주셨던 선생님의 음성이 귓가에 들리는 듯하다. 선생님의 모습이 밝은 달에 그리움으로 겹쳐진다. 나는 그 선생님을 나의 '멘토'라고 부른다.

■ 사례 2 : 필자의 칭찬 이야기

어릴 때 칭찬을 받은 기억이 많지 않아서인지 모르지만 필자 역시 칭찬하는 데 익숙하지 않고 인색한 것 같다. 담임으로서, 수업하는 교사로서 학생들을 칭찬하기보다는 나도 모르는 사이에 꾸중하고 있는 자신을 종종 발견한다. 교육 코칭을 배우면서 칭찬은 이론적으로 알아서 되는 것이 아니고 숙달되고 훈련이 되어서 자연스럽게 실행해야 한다는 것을 깨달았다. '어떻게 칭찬 습관을 숙달해야 할까?'라는 생각을 하고 있던 중에 다음과 같은 글을 읽게 되었다.

어느 회사 사장은 아침에 출근할 때마다 주머니에 동전 다섯 개를 넣고 나온다고 한다. 그래서 직원들을 한 번 칭찬할 때마다, 주머니 속의 동전 하나를 다른 쪽 주머니로 옮겨 놓는다는 것이다. 처음에는 어색하고 힘들었지만 몇 주가 안 되어 동전 옮기는 일은 아주 익숙해졌고, 그의 입에서는 습관처럼 자연스럽게 칭찬의 말이 흘러나오더란다. 사장의 칭찬을 듣고 인정받는다는 느낌을 갖게 된 직원들은 전보다 훨씬 더 열심히 일했고, 회사 분위기도 활기차게 바뀌었다고 한다.

필자는 이 글을 읽고 '바로 이것이구나!'하는 생각이 들었다. 그래서 바로 실천으로 옮겼다. 매 수업시간마다 다섯 개의 구슬을 오른쪽 주머니에 넣었다. 그리고 한 명 칭찬할 때마다 구슬 한 개를 왼쪽 주머니로 옮겼다. 처음에는 어려웠지만 조금씩 익숙해지기 시작했다. 깜박하고 놓치는 날도 많았다. 어떤 때는 수업이 끝나기 2분 전에 생각나서 2분 안에 연속해서 다섯 명을 칭찬한 적도 있었다. 칭찬할 수 없는 상황에서 칭찬거리를 찾아서 억지로 한다는 것이 제일 힘든 것 같다. 야단치고 싶은데 그 유혹을 뿌리치고 칭찬해야 한다는 것이 쉬운 일은 아니다. 이런 과정을 거치면서 학생들을 칭찬하는 데 조금은 적응이 되고 익숙해지는 것과 같다. 그러면서 아이들과의 소통, 관계, 신뢰 등이 좋아지면서 전보다 훨씬 보람 있는 학교생활을 하게 되는 것 같다.

그리고 협동학습 연수에서 어느 선생님의 '칭찬 릴레이'라는 프로그램을 운영 이야기를 들었는데, 그 선생님은 이 프로그램을 통해 학생들과 좋은 신뢰 관계를 유지한다는 것을 알게 되었다. 이 '칭찬 릴레이'에 대해 간단히 소개하자면 다음과 같다.

하루에 한 명씩(1번부터 35번까지) 다른 친구들 네 명이 칭찬을 해 준다. 1번이 칭찬을 받을 날이면, 먼저 담임선생님이 그 학생을 칭찬하고, 이어서 35번부터 31번까지 4명의 학생이 한 가지씩 칭찬해 준다. 그러면 그 학생은 다섯 명에게 칭찬을 받게 되는 것이다.

필자도 이 칭찬 릴레이를 학급에서, 수업에서 실천하기 시작했다. 먼저, 칭찬에 대한 자료를 얻기 위해서 서점을 탐색하기도 하고, 인터넷을 두루 검색하여 좋은 자료를 모으기 시작했다. 파워포인트 자료, 사진 자료, 동영상 자료 등을 만들어서 학생들에게 칭찬의 좋은 점에 대해 설명해 주고, 칭찬하는 방법에 대해서도 자세히 알려 주었다.

칭찬 대상인 친구의 칭찬거리를 보게 하기 위해 미리 한 학기 동안의 칭찬 릴레이 순서를 만들어서 공지하였다. 충분한 시간도 주었다. '이만하면 학생들도 칭찬을 잘할 수 있겠지?' 하는 큰 기대감을 갖고 실행했다. 첫날, 다섯 명이 1번 학생을 칭찬하는 시간이다. 그런데 칭찬이 이상한 방향으로 흐르는 것이다. 칭찬거리를 찾는다는 것이 친구의 외모만을 칭찬하는 것이 아닌가? 어떤 내용은 칭찬이라기보다는 마음의 상처가 되는 말들도 엿보였다. 그리고 칭찬 자체를 아예 꺼리는 학생들도 있었다. 이처럼 초기에는 많은 난관에 부딪혔다.

그럼에도 그런 위기를 극복하고 재정비하면서 계속 이어 나갔다. 그렇게 한 달, 두 달이 흐르면서 아이들의 칭찬이 변하기 시작했다. 칭찬하는 내용이나 방법이 많이 좋아졌고, 관계가 틀어졌던 학생들이 그 시간을 빌려 화해하는 기회가 되기도 하고, 힘들어하는 친구들에게는 진심 어린 격려의 시간이 되기도 하였다. 나중에는 칭찬하는 시간이 기다려진다는 학생들의 말이 들리기도 했다.

물론 필자도 교사로서 학생들에게 아낌없는 칭찬을 쏟았다. 그런데 칭찬 릴레이를 실시하면서 놀라운 사실을 발견하였다. 매일매일 이처럼 풍성한 칭찬이 학급에 쌓이니까 학생들 간에 신뢰가 자연스럽게 형성되어 학급에 문제가 없어지게 된 것이다. 교실 분위기가 가족같이 화기애애해졌다. 더 놀라운 것은 교사와 학생들 간의 신뢰 관계였다. 이러한 신뢰 관계가 형성이 되면서 수업 중이나 담임의 생활 지도에서 별다른 문제가 생기지 않았다. 교사가 화를 낼 필요도 없다. 어떤 문제도 서로를 믿는 가운데 대화를 통해 풀리는 것이었다.

필자는 칭찬 구술 작전과 칭찬 릴레이, 부모님 칭찬하기를 실천하면서 칭찬의 힘에 대해서 많은 경험을 하게 되었다. 아이들을 진정으로 변화시키는 것은 체벌, 벌점, 훈계가 아니라는 사실을 알게 되었다. 이러한 대처는 그때 잠깐뿐이지 학생을 진정으로 변화시키지 못한다. 끊임없는 칭찬과 격려가 필요할 뿐이다. 물론 적당한 꾸중과 체벌은 필요하다. 그러나 학교 현장에서는 이러한 칭찬 문화보다 부정적인 체벌 등을 일색하고 있다. 학교 현장에 칭찬과 격려의 문화, 코칭 문화, 코칭의 철학 등 진정한 교육이 이루어진다면 현재의 많은 청소년 문제가 해결될 것이라 생각한다.

창의성을 자극하는 질문을 하라

유대인은 평생 공부하고, 유대인 가정에서 아버지는 자녀들의 선생 역할을 한다. 특히 질문을 강조한다. 우리나라 부모들은 아이가 집에 돌아오면 "오늘은 뭐 배웠니?"라고 묻지만, 유대인 부모는 "오늘은 선생님께 무슨 질문을 했니?"라고 묻는다.

이처럼 유대인은 질문을 중요하게 생각한다. 이는 《탈무드》를 활용한 교육 방식으로 부모들은 자녀들에게 질문하는 데 익숙하고, 자녀들은 질문을 받으면 합당한 답을 찾기 위해 생각하면서 사고력이 발달한다. 평생에 걸쳐 이러한 과정이 반복되면서 다른 민족은 따라올 수 없는 유대인들만의 탁월한 교육이 완성된다. 유대인 학교에서 가장 훌륭한 학생은 최고의 질문을 하는 학생이다. 나쁜 질문이란 없다. 변변찮은 답변은 있을 수 있겠지만, 모든 질문은 좋은 것이다.

유대인 부모들은 "댁의 아이는 무척 얌전하고 점잖네요"라는 말을 들으면 걱정이 되어 잠을 이룰 수가 없다고 한다. 부끄러움이 많아서 여러 사람 앞에 나서지 못할 정도로 소극적이라면 배움이 깊어지기 어려울 수 있기 때문이란다. 자신의 생각을 분명하게 말하는 것은 유대인 사회에서 존경받는 랍비에게 있어서 필수다.

또한 유대인 학교에서는 협력수업 방식을 도입한다. 학교에서 탈무드를 공부할 때 교사들은 일방적으로 강의하지 않는다. 2~3명의 학생들이 함께 탈무드를 공부한다. 서로 탈무드를 읽고, 연구하고, 질문을 주고받는다. 다른 수업 방식도 마찬가지다. 협력학습 방식으로 친구들과 함께 토론하고 질문하면서 이해하려고 노력한다. 학생들끼리 먼저 충분히 토론한 후에 교사가 강의하는 식으로 진행된다. 그런 다음 학생들은 스스로 어떤 부분을 제대로 이해했고, 어떤 부분에서 실수했으며, 앞으로 어떻게 해야 하는지 또다시 토론한다. 이러한 과정을 거쳐서 학생들의 학습 방법은 점점 진화하게 된다. 그곳에서는 좋은 질문을 하는 학생이 그 학급의 리더가 된다고 하니, 질문을 얼마나 중요시하는지 알 수 있는 대목이다.

교사가 일방적으로 학생들에게 지식을 전달하는 방식은 학생들의 사고력과 창의력 발달에 비효과적인 방법이다. 교사가 학생들에게 학습 내용을 가르치면, 학생들은 이와 관련해 자유롭게 질문하도록 해야 한다. 교사와 학생 간의 토론과 대화가 활발할수록 교육 효과는 상승한다. 서로 소통하지 않고 침묵하는 것은 곧 교육과 배움을 거부하는 것이다.

성공은 작은 질문에서 시작된다. 발명왕 토머스 에디슨은 전구를 발명하기 위해 1,200번의 실패를 맛보아야 했다. 1,200번의 실패를 겪었다는 것은 스스로 1,200번의 질문과 생각을 했다는 뜻이다. '어째서 기대했던 결과가 나오지 않았을까?', '어떤 가설이 잘못되었을까?', '그렇다면 어떻게 해야 할까?'같은 수많은 질문과 생각 끝에 에디슨은 전구를 발명했다. 인류의 발전을 돌이켜 보면 질문 없이 이루어진 것은 아무것도 없다는 사실을 알게 될 것이다.

미국의 커뮤니케이션 컨설턴트인 도로시 리즈Dorothy Leeds는 《질문의 7가지의 힘》이라는 책에서 "질문은 모든 학문과 생활의 기본적인 태도에 가장 직접적이고 강력한 영향을 미친다"라고 썼다. 다음은 그가 이야기하는 질문의 일곱 가지 힘에 대한 것이다.

- 질문을 하면 답이 나온다.
- 질문은 생각을 자극한다.
- 질문을 하면 정보를 얻는다.
- 질문을 하면 통제가 된다.
- 질문은 마음을 열게 한다.
- 질문은 귀를 기울이게 한다.
- 질문에 답하면 스스로 설득이 된다.

호기심은 인간이 가진 본능이다. 아이가 세상에 호기심을 느끼는 것은 뭔가를 배우겠다는 의지의 표현이다. 탐구력을 높여 주는 호기심은 모든 학생들에게서 끌어낼 수 있는 자산이다. 학생들이 호기심을 갖도록 부추기고 이끌어 주는 것이 바로 부모와 교사가 해야 할 역할이다.

호기심을 가지고 질문하는 학생에게 그 질문 자체가 교사에게 보람이 된다는 인식을 심어 주어야 한다. 그렇게 되면 학생들은 더 많이 질문하게 된다. 주의할 점은 학생이 질문한 것에 대해 너무 상세한 정답을 알려 주지 않는 것이다. 학생 스스로 그 답을 찾도록 유도해야 한다. 학생 스스로 생각해서 답을 찾았다는 성취감을 맛볼 수 있도록 "너는 그것에 대해 어떻게 생각하니?"라고 역으로 질문하는 것도 좋은 방법이다.

• **발견 질문의 예시**

- 오늘 코칭 주제는 무엇입니까

- 이것에 대해 어떤 느낌이 드나요?

- 어떻게 되기를 바라나요?

- 그것에 대해 좀 더 자세히 설명해 주시겠어요?

- 이제까지 시도해 본 것은 무엇입니까?

- 당신이 절대 실패하지 않는다면 무엇을 해 보겠습니까?

- 과거에 당신에게 무엇이 효과가 있었나요?

- 당신의 관점은 무엇인가요?

- 구체적인 실행 계획은 무엇인가요? 다른 대안은 무엇인가요?

- 여기서 해야 할 가장 중요한 것은 무엇인가요?

- 다음에는 무엇을 해야 할까요?

- 그것이 이루어졌다는 것을 어떻게 측정할 수 있나요?

- 예상되는 장애 요인은 무엇인가요? 제가 도와주어야 할 일이 있나요?

- 오늘 이야기한 것을 정리해 주시겠어요?

발견 질문을 통한 잠재 능력 개발

코칭에서 사용하는 질문을 수업에 잘 활용하면 학생들이 답을 찾는 데 많은 도움이 될 것이다. 먼저 학생들이 수업에 참여하는 비율을 높이기 위해 그들의 학습 의욕을 자극하는 질문을 한다. 너무 추상적이거나 막연한 질문은 피하고, 구체적으로 질문하도록 한다. 또한 질문에 대한 답이 "예" 혹은 "아니요"로 나올 수 있는 폐쇄형 질문은 피하고, 가능한 한 학생들의 사고를 자극하는 개방형 질문을 하는 것이 좋다. 이때 질문을 한 다음에는 학생들에게 생각할 시간을 주어야 한다.

질문은 일종의 의사소통 형식으로 수업 활동을 촉진한다. 학생들의 발산적 사고를 자극하여 창의적인 학습 활동이 가능하도록 하는 데 궁극적인 목적이 있다. 또한 질문은 교사와 학생들 간의 상호작용 방법으로도 매우 유용하며, 질문을 통해 학생들은 자신의 의견을 개진할 수 있고, 교사는 학습자를 강의에 끌어들여 학습 효과를 높이거나 피드백 자료로 활용할 수 있다. 교사의 질문은 우발적인 것보다는 미리 계획하고 준비하는 것이 더욱 효과적이다. 교사의 질문 태도도 중요하다. 만약 교사가 수업 중에 "질문 없지요?", "모두 이해하지요? 이해 못한 학생이 있나요?"라고 묻는다면, 학생들은 어떤 기분이 들까? 질문하고 싶어도 긴장감이나 두려움 때문에 선뜻 하기가 어려울 것이다. 따라서 교사는 다음과 같은 태도를 취하도록 힘써야 한다.

- 학생들의 질문에 무응답은 금물이다. 비록 어떤 학생이 너무 많은 질

문을 하더라도 그를 무시하지 않도록 한다.

- 질문한 학생의 질문이 부적절하다거나 어리석다거나 시간 낭비라는 느낌이 들지 않도록 한다. 즉, 질문 그 자체를 인정해 주어야 한다.
- 교사는 질문의 처음 의도를 다른 방향으로 이끌지 않도록 한다. 즉, 질문자의 의도를 왜곡해서는 안 된다.
- 교사는 질문에 대한 답을 하다가 옆길로 빠지지 않도록 한다. 질문의 내용과 상관없는 이야기로 주의를 흩트리거나 시간을 낭비하지 않는다.
- 두 가지 질문을 하나로 취급해서는 안 된다. 만약 두 사람이 비슷한 질문을 하더라도 따로따로 답해 주어야 한다.

질문의 효과

질문은 수업 과정에서 학생들의 학습 능력을 증진시켜 주는 효과적인 방법으로, 좋은 질문을 위해 지도 교사는 질문과 관련한 사전 지식과 기술을 익히고, 실제 수업 상황에서 적용하는 능력을 길러야 한다. 질문이 학생들의 학습 능력과 학업 성취에 미치는 효과를 지금까지의 연구 결과를 토대로 살펴보면 다음과 같다.

- 학생들과의 의사소통을 촉진한다.
- 주제 내용에 주의를 집중시킨다.

- 핵심 내용을 질문하면 학생들에게 이에 대한 중요성이 인지된다.
- 학생들의 지식, 이해 정도를 평가하고, 기본적인 내용을 검토하는 데 사용된다.
- 특정 유형의 사고와 인지 활동을 촉진하기 위해서 사용된다.
- 학생들의 고등 정신 능력을 길러 준다.
- 학생들의 학습동기를 유발한다.

이와 같이 질문과 학업 성취 간에 높은 상관이 있음을 재음미하면서, 교실의 학습 현장에서 학생들에게 어떤 질문을 던져야 하는지 고민할 때 위 사항들을 고려한다.

'무엇을 질문할 것인가?' 하는 문제는 질문의 목적과 학생들이 학습목표를 달성하는 데 필요한 질문의 역할 등에 의해 좌우된다. 일반적으로 교사들은 학습 능력을 증진시키고, 높은 성공률을 보장해 주고, 교과 내용과 적절한 관계가 있는 질문을 해야 한다.

교사의 질문에 대부분 신속하고 정확하게 답할 수 있다면 효과적인 학습이 이루어질 가능성이 높다. 높은 성공률로 과제를 수행하는 학생들은 같은 방법으로 과제를 계속 배우기를 원한다. 반면에 잦은 실패는 학습동기를 저해한다.

연구에 따르면, 교사의 질문 중 학생들이 70~80% 정도의 답을 맞히는 수업에서 학업 성취도가 가장 많이 향상되었다(Brophy & Good, 1986). 물론, 질문의 난이도는 절대적인 것이 아니며, 질문에 대처하는 학생들의 능력에 따라 다르다. 교사가 학생들에게 친숙하지 않은 새로운 교과 내용을 질문할 경우에 성공률은 낮아지지만, 새로운 교과 내용을 세분화하여 소개하면 좀 더 높은 성공률을 얻을 수 있다. 질문은 학습한 내용을 복습하고 그것을 공고히 하는 데 그 목적이 있다. 그러므로 교사는 학생들이 최소한의 실수를 하면서 새로운 내용을 학습하도록 이끄는 질문을 해야 한다. 다음은 올바른 질문 방법을 정리한 것이다.

- 질문의 타이밍을 고려해야 한다.
- 같은 내용의 질문이라도 항상 2~3가지를 준비한다.
- 이전에 배운 것을 질문으로 확인해 본다.
- 차례차례로 질문하지 않는다.
- 질문에 적극적으로 답할 것 같은 사람에서 소극적일 것 같은 사람 순으로 질문한다.
- 질문할 때는 묻고자 하는 바를 명확하게 한다.
- 목표에서 이탈된 질문은 하지 않는다.
- 가급적 많은 학생들이 질문에 참여할 수 있도록 한다.
  다른 여러 학생을 희생시켜 가면서 몇몇 학생에게만 질문해서는 안 된다. 모든 학생들은 교사와 상호작용하고 질문에 대답할 기회를 필요로 한다.
- 공평하게 질문한다.
- 이해하기 쉬운 내용과 말로 질문한다. 교사가 하는 일련의 질문들이 학생들 자신이 잘 아는 교과 내용에 기초를 두고 있다면 학생들은 자신감을 얻게 된다. 일반적으로 교사들은 학생들이 쉽게 답할 수 있

강의하지 말고 참여시켜라

는 낮은 차원의 질문들로부터 시작한다. 학생들이 교사의 질문에 자신 있게 답할 수 있을 때 자기효능감이 증진된다. 또한 교사들은 쉽고 사실적 정보를 바탕으로 한 질문에 먼저 초점을 맞춤으로써 고차원의 학습 선행 조건에 해당하는 중요한 개념들을 복습시킬 수 있다.

- 일상적인 대화처럼 자연스럽게 질문한다.
- 학생이 무시당한다는 느낌이 들지 않도록 질문한다.
- 감정적인 방향으로 흐르지 않도록 주의해서 질문한다.
- 질문한 후 상대가 답변을 말하기까지 시간을 여유롭게 준다. 충분히 생각할 시간을 주어 학생들이 더 나은 대답을 하게끔 한다. 교사가 학생들에게 답변할 시간을 더 많이 줄수록 학생들이 더 구체적으로 더 많은 경우의 수로 창의적으로 답하고, 참여도도 증가했다.
- 한 번에 한 가지 질문만 한다.

  대부분의 학생들에게 질문에 대한 답을 하라고 요구하기 전에 연속적으로 여러 가지 질문을 던지면 어리둥절해진다. 여러 질문을 한꺼번에 하는 교사보다 한 번에 한 가지 질문만 하는 교사가 학생들의 성취도를 더욱 향상시켰다.
- 논리적으로 질문한다.

  교사가 논리적으로 질문하면 학생들은 질문 내용을 더 잘 이해하게 된다. 만약 교사가 교과 관련 질문을 할 때 논리적이고 체계적으로 한다면, 학생들이 교과 내용을 더 잘 이해하는 데 도움이 될 수 있다.
- 같은 질문이나 질문에 대한 학생의 대답을 습관적으로 반복하지 않는다.

질문과 대답이 항상 반복된다는 것을 알게 되면, 학생들은 지속적으로 주의를 기울이지 않게 된다. 학생들의 주의를 계속 유지시키기 위해서는 질문을 반복하지 않아야 한다. 물론, 학생들이 처음에 질문을 잘 이해하지 못했을 경우에는 그 질문을 반복하거나 다시 쉽게 설명해 줄 필요도 있다.

- 중개 질문을 통해 학습 효과를 높인다. 즉, 학생의 대답에 교사가 즉시 반응하기보다는 그 학생의 답을 다시 전체 학생에게 전달해 학생들로 하여금 판단하도록 하는 것이 학생의 학습 능력 증진에 도움이 된다. 이 같이 학생의 응답을 되받아 다시 전체 학생에게 던지는 질문을 중개 질문이라 한다.

PART 11

교실을 춤추게 하는
이미지 학습의 힘

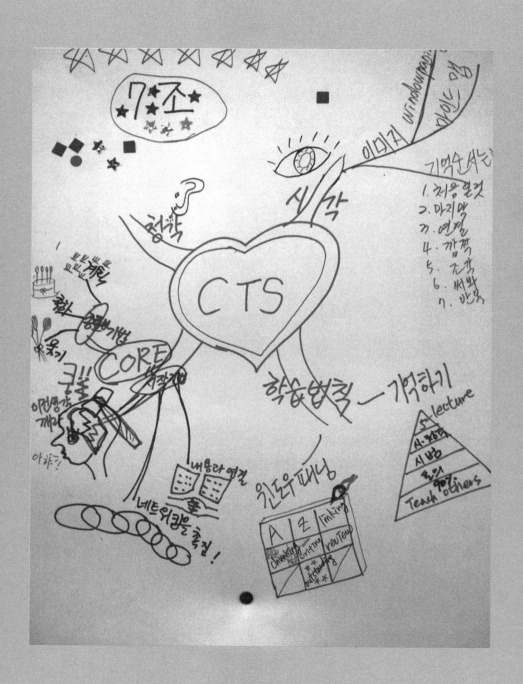

가드너의 다중 지능 이론

지능이 높은 아동은 모든 영역에서 우수하다는 종래의 획일주의적인 지능관을 통렬히 비판하면서, 인간의 지적 능력이 서로 독립적이며 상이한 여러 유형의 능력으로 구성된다는 가드너H. Gardner의 지능 이론이다. 가드너는 지능을 다음 8개 유형으로 구분하였다.

① 언어linguistic

② 논리 수학logical-mathematical

③ 공간spatial

④ 신체 운동bodily-kinesthetic

⑤ 음악musical

⑥ 대인 관계interpersonal

⑦ 자기 이해intrapersonal

⑧ 자연 탐구natural 지능

언어 지능은 사고하고 복잡한 의미를 표현하는 언어를 사용하는 능력이다. 이 지능이 높은 학습자들은 읽기, 쓰기, 말하기를 좋아하며 이름이나 장소, 날짜 등 언어로 표현된 정보를 잘 기억한다. 따라서 배운 내용을 다시 말하기, 공부할 내용의 목차와 점검표 만들기, 배운 낱말로 퀴즈 내기 등의 공부 방법을 사용하면 높은 학습 효과를 거둘 수 있다.

논리 수학 지능은 계산과 정량화를 가능하도록 하고 명제와 가설을 생각하고 복잡한 수학적 기능을 수행하는 능력이다. 효과적인 학습법으로는 나열된 숫자나 도형을 보고 규칙 찾기, 다른 그림 찾기, 이야기를 육하원칙에 따라 재구성하기 등 논리적 추론 능력을 더욱 발달시킬 수 있는 활동이 좋다.

공간 지능은 내외적 이미지의 지각, 재창조, 변형 또는 수정이 가능하도록 하며, 자신이나 사물을 공간적으로 조정하며 그래픽 정보로 생산하거나 해석이 능하도록 하는 능력이다. 공간 지능이 발달하면 한번 본 사물을 비슷하게 만들어 내기도 하고, 공간적 상상력을 동원해 지도나 도표 등을 잘 읽는다. 따라서 마인드맵이나 시각적 도식화 자료graphic organizer 등을 사용해 배운 내용을 조직적으로 배열하거나 자신만의 기호 만들어 기억하기 등의 습관을 기른다면 보다 효율적으로 학습할 수 있다.

신체 운동 지능은 대상을 잘 다루고 신체적 기술을 잘 조절하는 지능이다. 이 지능이 높다면 사물을 만지면서 인지하기를 좋아하고 제스처 등 신체 언어를 많이 사용하기 때문에 배운 내용으로 연극 꾸며 보기, 전신반응 교수법TPR 활동, 인형극을 통한 대화문 익히기 등의 방법을 사용하면 능력을 더욱 발달시킬 수 있다.

음악 지능은 음의 리듬, 음높이, 음색에 대한 민감성을 보이는 사람들이 갖는 지능이다. 일정하게 반복되는 패턴이나 음악에 관심이 높으며 멜로디를 쉽게 익히고 구별하기 때문에 공부 전이나 후에 음악 듣기, 기억해야 할 내용을 리듬에 맞춰 불러 보기, 단어의 억양 강조해서 읽기 등의 학습 활동을 하면 높은 효과를 낼 수 있다.

대인관계 지능은 타인을 이해하고 타인과 효과적으로 상호 작용하는 능력이다. 이 지능이 높은 학습자들은 그룹을 조직하거나 이끌고, 문제가 발생했을 때 이를 중재하고 조정능력이 뛰어나다. 따라서 친구들과 스터디 그룹을 만들어 공부하거나 팀 프로젝트 등 협동하여 학습하는 활동, 역할놀이role play 등을 한다면 더욱 효과적인 학습이 가능하다.

자기 이해 지능은 자신에 대한 정확한 지각과 자신의 인생을 계획하고 조절하는 지식을 사용할 수 있는 능력이다. 이런 학습자들은 자기주도학습 능력이 가장 뛰어나며 생활 계획표 짜기, 나만의 성적표 만들기 등 자신의 목표를 스스로 정하고 이를 달성해 나가는 활동을 하게 하면 좋다.

자연 탐구 지능은 자연의 패턴을 관찰하고 대상을 정의하고 분류하며 자연과 인공적인 체계를 이해하는 능력이다. 이 지능이 높은 학습자들은 오감을 통해 사물이나 현상을 관찰해서 그림이나 글로 표현하기, 동·식물 분류하기 등의 활동을 한다면 더 재미있게 공부할 수 있다.

가드너는 인지과학 및 신경과학의 이론, 뇌손상 환자들에 대한 임상적 자료, 천재·자폐성 아동 등 특수 집단의 지적 능력에 관한 자료들에 근거하여 8개의 지능 모두가 우수한 '전능한'사람은 없다고 주장한다. 그런 측면에서 정신지체 아동이라 할지라도 8개 지능 모두가 지체된 것은 아니라고 할 수 있다.

사람마다 많이 사용하는 지능과 적게 사용하는 지능이 각기 다르기 때문에 다중 지능 이론을 교수, 학습에 잘 응용하면 학습법의 차별화를 통해 개개인의 장점과 잠재력을 극대화시킬 수 있다. 특히, 수업에서 학생마다 다양하고 특성에 맞게 진행하려면 시각적, 청각적, 운동감각적 학습 활동을 함께 할 수 있도록 다양하게 구성해야 한다.

학생에게는 다양한 학습 스타일이 있다

젠슨Jenson의 연구에 의하면 모든 새로운 학습의 약 98%는 감각—주로 시각, 촉각, 청각—을 통해서 뇌로 전달된다. 사람들은 좋아하는 자신의 학습방법은 다르다. 예를 들어 메모를 잘하는 사람, 듣기, 토론하기, 메모학기를 통해서 학습하는 것을 좋아하는 사람, 정보를 눈으로 보려고 하고 학습하는 동안 시각적인 자료를 활용할 때 학습하기를 더욱 좋아하는 사람, 직접체험을 통해서 학습하기를 좋아하는 사람 등이 있다. 마찬가지로 학생들의 학습 현장을 보면 설명을 잘 듣고, 질문하고, 정리하는 것을 잘하는 학생이 있고, 제시된 시각 자료를 보고 생각을 발표하고 표현도 시각적으로 하는 것을 좋아하는 학생이 있으며, 설명을 듣고 자료를 보는 것보다는 실제 만들고 뜯어보고 활동하는 학습을 좋아하는 학생들도 있다. 과거의 주된 수업방법은 강의법, 즉 청각적으로 학습하는 방법이었다. 그러나 뇌 연구자들에 의하면 20%의 학생이 청각적으로 학습하며 나머지 80%의 학생들은 시각적 혹은 운동감각적으로 학습하는 것으로 밝혀졌다. 실제로 수업을 하다보면 학생마다 학습 습관이 다르고 좋아하는 학습과목이 있듯이 좋아하는 학습방법이 있음을 경험할 수 있다. 교사는 수업방법을 선택할 때 학생의 학습유형을 고려해야 한다. 이제부터 학생들의 학습 유형을 청각적 학습자, 시각적 학습자, 운동감각적 학습자로 구분하고 그 특징을 살펴본다.

1. 청각적 학습자의 특징

청각적Auditory 학습자들은 듣고 토론하는 정보를 가장 잘 기억한다. 청각적인 정보는 뇌의 좌우반구에 있는 측두엽에서 처리되고 저장된다. 대체로 청각적 학생들의 교실의 20% 정도라고 한다. 이들은 강의를 종하하고 강의에 잘 적응하며 전통적인 학교에서 성공하기 쉽다. 정보가 청각적 학습자에게 개인적 의미를 가지도록 하기 위해서는 학습자에 의해서 이야기 되고 토론되어야 한다.

스프렝어Sprenger가 제시한 청각적 학습자의 특성을 정리하면 다음과 같다.

① 교사가 말하는 동안 창 밖을 볼 수 있지만 교사가 말한 것을 알고 있다.
② 말하고 토론하는 것을 좋아한다.
③ 언어화할 기회가 주어지지 않으면 오랫동안 앉아 있기 어렵다.

2. 시각적 학습자 특성

시각적 정보는 뇌의 뒤편에 있는 후두엽에서 처리되고 저장된다. 시각적Visual 학습자들은 볼 수 있는 정신모형을 필요로 하는 사람들이다. 시각적 학습자들을 위한 효과적인 도구들 중의 하나는 비언어적 조직자이다. 이것은 의미를 전달하기 위해 많은 단어들보다는 구조에 의존하며, 순서, 비교, 대조 분류와 같은 개념을 이해하고 기억하는데 도움을 준다. 예를 들어 '만약 5명의 사람들이 서로 악수를 한다면 얼마나 많은 악수를 했을까?'의 답을 찾기 위해 시각적 학습자는 시각적으로 그림을 그려서 해결한다. 따라서 비언어적 조직자는 다음과 같은 방법으로 학습에 통합되어 사용될 때 효과적이다.

① 학습자들이 새로운 정보를 이전의 지식과 결합하거나 관련시키도록 도와주어야 한다.
② 그림을 이용하거나 Matrix를 이용하여 복잡한 기능을 이해하도록 한다.
③ 학습한 내용을 Mind map하도록 한다.
④ 사실과 개념간의 관계를 묘사하도록 한다.
⑤ 시각적 모형에 노출되도록 하여 창의적으로 첨가하도록 한다.

3. 운동감각적 학습 스타일

운동감각적 정보는 영구적으로 학습될 때까지 운동피질에 있는 뇌의 상단에 저장되었다가 후두엽 아래 영역인 소뇌에 저장된다. 운동감각적

강의하지 말고 참여시켜라

Kinesthetic 학습자들은 움직임과 접촉을 통해서 가장 잘 배운다. 서로 악수를 하는 횟수를 계산하는 문제의 경우 운동감각적 학습자는 실제로 악수를 서로 해 봄으로써 문제를 해결한다. 운동감각적 학습자들에게는 야외수업, 현장견학 혹은 역할놀이의 기회를 제공하는 수업이 효과적이다. 운동감각적 학습자들의 특성은 다음과 같다.

① 개인이 적극 참여하는 실제적인 활동을 필요로 한다.
② '등 두드리기'와 같은 격려의 신체적 접촉과 신체적 보상에 대해 반응을 보인다.
③ 움직이는 기회를 주지 않으면 생활지도상의 문제를 야기할 수 있다.
④ 앉아 학습하는 것에 대하여 의기소침하거나 안절부절 못할 수 있다.

교사가 수업을 계획하고 교실에서 수업을 진행할 때 학습자들의 특성을 고려하여 세 가지 유형 학습 지도 방법을 잘 조합하면 좋은 결과를 얻을 수 있을 것이다. 세 가지 학습자 유형이 혼합된 학급 상황에서 수업을 하는 교사는 할 일은 효과적인 청각적, 시각적, 운동감각적 학습 방법의 최적 조합을 찾는 것이다.

다양한 수업 방법과 학습자 역할의 이해

학교에서 이루어지고 있는 수업은 교사의 특성, 수업 내용의 특성, 학생의 특성, 수업환경의 특성에 따라 다른 형태를 띠게 되며 최적의 수업 방법을 교사는 스스로 선택하여 수업을 전개하게 된다. 일반적으로 수업은 교사 중심 수업과 학생 중심 수업으로 대별할 수 있으며 두 가지 수업 모두 어떻게 활용하는가에 따라 유용할 수 있다. 대체로 교사 중심 수업은 학습 내용을 체계적으로 정확하게 이해 할 수 있도록 하는데는 유용하지만 교사가 열정을 가지고 능동적으로 수업에 임하며 고도로 구조화된 절차가 있다고 하더라도 학생의 성취에는 한계를 갖고 있으며 학생개개인의 능력에 대처하기 어렵다.

교사 중심 수업의 한계를 극복하기 위한 방법으로서의 학생 중심 수업은 학급집단 학습의 형태를 유지하면서 학생 각각의 능력에 적합한 개별 수업, 협동학습, 프로젝트 학습, 토론학습 등을 적용함으로써 교사 중심 학습을 보완할 수 있다. 교사는 학생의 이해를 바탕으로 수업을 계획하고 실행하여야 한다. 이 과정에서 학생에게 적절한 수업모형을 적용하려면 학생 중심 수업에 대한 이해가 바탕이 되어야 한다. 학생중심 수업 유형 중 개별화 학습, 토론학습, 협동학습, 프로젝트 학습에 대하여 살펴보자.

개별화 학습은 학생들의 독특한 흥미와 욕구 및 능력을 고려하여 주어진 학습활동이 이루어질 수 있도록 한 학습방법이다. 교사는 개별화 학습을 위해 학생 개개인을 위한 시간과 학습목표가 다양하게 설정하고, 다양한 수업방법을 적용하며, 다양한 수업자료와 학습활동을 준비해야 한다.

토론학습은 학습을 통해 다른 사람의 말을 경청할 수 있고 상대방의 관점을 존중하는 민주적인 절차를 배우며, 이해와 태도 및 가치 등을 친구들과 더불어 비판적으로 점검하기 등의 목표를 가지고, 토론 활동의 과정에서 학생들의 사고를 자극하고, 태도나 신념에 대한 도전과 대인관계 기술을 발달시키는 수업이다. 교사는 토론을 통해 학습자 중심의 수업을 전개하기 위해서는 학생들의 관심과 흥미에 적절한 주제나 문제를 제시하고, 모든 학생이 참여할 수 있도록 사전에 계획된 전략적 질문을 통해 토론을 이끌어가야 한다. 교사는 학생들이 다른 학생의 의견을 경청하고 상호작용을 유도할 수 있는 질문을 던지는 기술이 필요하다

협동학습은 소집단 구성원 간의 긍정적 상호작용을 최대화해서 인지적 발달을 도모하는 것을 특징으로 하고 있다. 협동학습은 서로 다른 학습능력을 가진 학생들이 집단을 이루어 도와가며 학습하도록 하는 교수 방법으로 협동적인 학습활동을 통해서 학생들은 학습내용을 이해하고 스스로 발견하며, 교사가 전달하는 학습내용에 대하여 토의하고 집단의 구성원이 모두 이해할 수 있도록 협조적인 학습 분위기를 조성하는 등의 목적을 갖고 있다. 이를 위해 교사는 학생들 간의 사회적 관계성에 유의하여야 하며, 협동학습에 필요한 사회적 기술을 충분히 훈련시켜야 하며, 모둠이나 개인학생들을 개별지도하는 여유가 있어야 하고, 문제가 있는 모둠의 문제를 해결해 주어야 하며, 학생스스로 모둠활동에 대한 반성을 할 수 있는 기회를 제공해 주어야 한다.

프로젝트 학습project learning은 소집단 또는 개인이 학습 가치가 있는 특정 주제를 정하여 심층적으로 연구하는 목적 지향적 활동이다. 교사가 제시한 문제에 대한 정답을 찾는데 있는 것이 아니라 학생과 교사 또는 학생과 학생이 함께 어떤 주제가 제시하고 있는 문제에 대한 해답을 얻고자 장기간에 걸처 탐구하는 과정이다. 프로젝트 학습은 학습자에게 내적 동기유발

책임감, 긍정적인 자아개념, 협동심, 사회성, 사회에 대한 관심과 문제해결 능력, 다양한 탐구와 표현 능력, 사고의 유연성을 신장시키는 장점이 있다. 교사는 학생들의 흥미와 능력을 고려하여 주제를 제시하고 가능한 학습과 정을 안내하되 스스로 학습할 수 있도록 하여야 한다.

학생을 알면 성공하는 수업을 할 수 있다

학교에서 수업은 '사전에 계획된 내용으로 수업을 준비한 교사가 교실이라는 같은 공간에서 다양한 학생들에게 지적. 정의적, 기능적 다양한 목표를 달성하기 위한 활동'이다. 각기 다른 특성의 학생들이 의미 있는 성취를 하고, 행복감을 느낄 수 있는 수업을 위해서는 학생들의 다양한 특성을 파악하는 것이 중요한 일이다. 학생들은 다양한 학습욕구를 가졌고 각자 다른 방식으로 학습하기 때문에 수업은 학생들 각자가 최선으로 학습할 수 있는 맞춤 수업이 되어야 한다. 즉 교사가 수업을 이끌어가는 중심이지만 실제적인 활동은 학생 중심 수업이 되어야 한다. 지금까지 논의를 바탕으로 교사가 학생 중심의 성공적인 수업을 위해 이해해야 할 내용들을 정리하면 다음과 같다.

－ 학생을 이해한다는 것은 학생의 완전성을 이해하는 것이다.
－ 발달심리의 측면에서 일반적인 학생들의 특성을 이해하되, 개인적인 차이가 있음을 이해해야 한다.

- 학생들의 개인차는 지능, 창의성, 사회경제적 지위, 성, 성격, 학습유형 등 다양한 요인에서 차이가 있음을 이해해야 한다.
- 특수한 학습자인 영재학생과 다양한 유형의 특별학생에 대하여 이해해야 한다.
- 학습방법에 따라 학생의 역할이 다르므로 교사는 학생의 개인차를 고려하기 위한 학습방법을 선택하기 위해 다양한 학습방법에 대하여 이해해야 한다.
- 생을 이해한다는 것은 학생을 존중한다는 것을 의미함을 인식해야 한다.

만약 수업에서 교사가 1시간 동안 영어 단어와 회화를 하는 수업을 한다면 어떤 방법을 동원하겠는가? 연습장에 쓰면서 학습하기, 소리 내어 발음하기, 손짓 발짓 해가면서 외우기 등 다양한 학습 방법이 있을 것이고 그중 본인에게 가장 효과적인 방법을 좋아할 것이다.

이와 같이 학습자들은 각기 다른 학습 스타일을 갖고 있다. 시각적 학습 스타일, 청각적 학습 스타일, 신체감각적 학습 스타일 등이 대표적인데, 모든 사람이 반드시 한 가지 스타일만 지닌 것은 아니다. 개인에 따라 두 가지 이상의 스타일을 함께 갖고 있기도 한다. 교사는 다양한 학습자들의 학습 스타일이 있음을 알고 다양한 방법으로 수업시간에 활용을 해야 한다.

교사, 강사로서 다음을 체크해 보자.

- 시각적 학습방법이 무엇이 있을까요?
- 청각적 학습방법이 무엇이 있을까요?

- 운동감각적(촉각) 학습방법이 무엇이 있을까요?
- 내가 선호하는 스타일은?
- 학생들이 선호하는 학습 스타일의 비율은?
- 나의 교수 방법 스타일의 비율은?

  시각_____%, 청각_____%, 운동감각_____%

시각이 학습 과정에 미치는 영향

정보 전달을 위한 최선의 방법은 무엇인가? 토론, 읽기 자료, 또는 컴퓨터를 활용한 방법인가? 피스케Fiske와 테일러Taylor(1984)가 말하는 답은 아니라는 것이다. 구체적이고 선명한 이미지가 가장 영향력이 크다.

그러나 오늘날의 교실은 텍스트화된 정보들을 획일적인 방법으로 암기하고 반복하는 활동, 그 자체의 반복에 지나지 않으며, 이러한 이유로 아이들은 교과에 흥미를 잃고 그저 교실에 내던져진 채 방치되어 있는 것이 사실이다. 전달되는 언어 정보의 난해함과 학습자 스스로의 무관심, 그리고 그로 인한 부주의와 무기력으로 인해 세상 속에 살아가는 한 사람으로서 갖추어야 할 창의력, 상상력, 지적 안목과 문제 해결능력 등은 그 노력과 시간에 비해 요원하기만 하다. 따라서 아이들과 교실 현장에서 직접 맞닥뜨리는 교사로서 우리들에게 주어진 가장 중요한 과제이자 그들의 삶을 행복하게 만드는 가장 중요한 열쇠는 바로 이런 무기력한 수업을 일소하고 새롭게 활기찬, 즐거운 수업을 만드는 것이라 할 수 있다.

강의하지 말고 참여시켜라

보통 사람들의 일상적 활동 속에서 나타나는 지적 행위와 그 행위의 이면에 내포된 뇌기능의 면모를 분석한다면, 그림과 영상을 접하고 손과 몸으로 결과물을 창조해내는 활동 속에서 언어, 수리, 이성적, 분석적 기능을 좌우하는 좌뇌의 역할보다 시공간과 감상, 직관 등을 좌우하는 우뇌의 역할과 기능이 더 발달했을 것임을 가정할 수 있다. 이러한 가정은 사람들에게 전달되는 정보의 형태가 활자화된 언어적 정보보다는 영상이나 그림, 혹은 직접적인 체험을 통한 이미지 정보의 형태로 구성될 때 더 큰 교육적 효과를 보여줄 수 있을 것이다.

동일한 정보를 학습했다고 하더라도 그 정보에 대한 처리와 가공, 재생의 과정이 학습자마다 개별적으로 이루어지며, 그 결과 또한 상이한 형태로 나타난다. 이러한 상이한 과정이야말로 오늘날의 학교교육 현장에서 다루어져야 할 새로운 교육적 관심의 대상이며, 그 관심의 출발선 상에서 나타난 것이 바로 이미지 학습법이다.

우리는 항상 이미지를 그리고 있다. 일상 생활 속에서의 의식적, 무의식적 활동을 통해 끊임없이 무엇인가를 머릿속에 그리고 있으며, 이러한 과정 속에서 우리는 지난날의 기억과 다가올 미래에 대한 예측, 그리고 현재의 경험이 가지고 있는 의미를 파악하기도 한다.

이미지를 통해 학습한다는 것은 "마음속에 그림을 그리면서 공부한다"는 것이다. 이는 그 동안 우리의 생활 속에 자리 잡고 있는 문자 중심, 언어 중심, 기호 중심의 학습 방법을 버리고 문자로 제시된 내용과 관계된 음성, 그림, 사진, 동영상 자료를 함께 제시하여 학습자의 상상력을 자극하고 더 높은 집중력을 발휘하게 함으로써 기억의 효과를 높이고 더 나아가 결과의 창의적인 재생산을 가능하게 한다. 어떤 글자나 문장이든지, 마음속에 그 장면을 그림으로 떠올리면, 굳이 억지로 외우려고 하지 않아도 저절로 기억되고 재생되는 경우가 많기 때문이다.

또한 마음속에 그림을 그리는 일, 다시 말해, 이미지를 활용한 학습은 상상력, 창의력, 사고력, 이해력, 표현력, 논리력, 감성력 등, 인간 두뇌의 모든 영역의 고른 발달에도 도움을 준다. 단적으로 말하자면, 마음속에 그림을 많이 그리는 일을 할수록 그만큼 두뇌 자체가 개발된다고 할 수 있다. 이는 평소에 사용하지 않던 우뇌에 대한 자극이 활성화됨으로써 두뇌의 전 영역의 고른 발달에 도움이 된다는 것이다.

1. 좌뇌의 기능적 특성과 학습 방법

좌뇌는 언어적 지시나 설명에 잘 반응한다. 일반적으로 좌뇌는 언어적 지시나 설명에 반응하며, 기억하고 생각하는 데 언어를 사용한다. 따라서 청각적 자극에 잘 반응하며 말하고 쓰는 것을 좋아한다. 몸짓 언어나 은유, 유추 등의 기능을 거의 사용하지 않기 때문에 정확한 단어를 사용해서 이해하는 학습에 익숙하다.

좌뇌는 객관적으로 판단한다. 좌뇌는 한 가지 익숙한 방법으로 학습하는 것을 좋아하며 확고하고 확실한 지식을 선호한다. 따라서 한 가지 방법으로 문제를 해결하는 학습, 다시 말해, 특정한 공식이나 논리적 부호를 사용하는 학습을 선호하며, 증거를 제시하여 타인이 동의할 수 있도록 객관적인 판단을 하는 학습에 익숙하다.

강의하지 말고 참여시켜라

우뇌
종합능력
시공간영역
직관능력
추상적 · 감성적 능력

좌뇌
언어능력
수리능력
추리능력
이성적 · 분석적 능력

이미지
형태로 생각함

논리
텍스트로 생각함

· 좌뇌와 우뇌의 기능적 특성 ·

좌뇌는 구체적으로 계획된 연구나 일을 좋아한다. 좌뇌는 계획적이고 구조적인 것을 좋아한다. 잘 통제된 상황에서 실험하거나 공부하는 것을 좋아하며 감정이나 정서적인 자극을 외면한다. 따라서 지시에 따라 실험하는 학습이나 냉정한 입장에서 사물을 보고 생각하는 학습, 교사의 지시에 따르는 교사 중심의 학습을 선호한다.

좌뇌는 내용을 부분적으로 나누고 논리적, 계열적으로 문제를 해결하기를 좋아한다. 좌뇌는 분석적인 방법으로 공부한다. 논리적인 추리나 경험적인 검증에 의하여 해답을 찾는다. 따라서 내용을 상세하고 세부적으로 파악하는 학습을 선호한다.

2. 우뇌의 기능적 특성과 학습 방법

우뇌는 시연, 그림에 의한 설명, 상징적인 지시(몸짓 설명)에 잘 반응한다. 우뇌는 기억하고 생각하는 데 이미지에 의존한다. 그림을 그리고 물건을 조작하는 것을 좋아하며 동작에 잘 반응한다. 은유나 유추, 몸짓 언어를 잘 해석한다. 따라서 그림이나 사진, 도해 등을 사용하여 심상image을 떠오르게 하는 학습, 그림이나 그래픽으로 그려보게 하거나 직접 조작하는 학습, 몸의 동작을 통해서 설명하거나 신체적인 표현을 통한 학습에 잘 반응한다.

우뇌는 주관적으로 판단한다. 우뇌는 자유기술형 검사를 좋아한다. 파악하기 힘들며 불확실한 정보도 잘 처리하기 때문에 정답을 원하지 않고 폭넓은 융통성을 활용할 수 있는 질문을 선호한다. 비유를 들어 설명하고 글을 읽힌 수 그 글에 제목을 붙이도록 하는 학습이나 문제해결을 위해 여러 각도에서 접근하는 학습에 잘 반응한다.

우뇌는 임의적으로 설명하고 타인의 제약에 개의치 않는다. 사전에 구체적으로 계획되지 않는 일을 좋아한다. 자발적이고 유동적이며 비교적 자유롭게 감정을 표현하는 데 익숙하다. 따라서 통제가 적고 자유로운 작업이나 탐구를 요하는 학습, 자발적으로 일하고 느낀 것을 자유롭고 솔직하게 몸짓이나 말로 표현하는 학습에 유리하다.

우뇌는 문제를 전체적으로 주관적인 생각으로 해결하기를 좋아한다. 직관적으로 문제를 해결하기를 좋아하고 종합적으로 파악, 해결하려고 한다. 전체적으로 윤곽을 그리고 문제해결에 접근하는 학습이나 전체적 줄거리에 따라 내용을 이해하며 이야기를 전개하는 학습에 익숙하다.

3. 이미지학습법을 활용한 수업 「Window Panes(창틀)」

시각적 학습 방법으로 Window Panes(창틀)이 있다. 핵심 내용을 텍스트로 암기하여 기억을 하면 오래가지 못한다. 이럴 때 학습 내용을 창틀에 그림으로 그려서 암기를 하면 기억이 오래 지속이 된다. 물론 학습자들이 그림으로 참여하면서 배울 수 있는 좋은 방법이다.

필자는 교사 대상으로 시각적 학습에 대한 내용으로 강의할 때 다음과 같은 내용을 텍스트로 실시한 학습과 그림으로 그려서 하는 학습을 비교하여 어느 것이 효과가 있는지를 확인해본다.

우리는 학습과정에서 다음과 같은 것들을 잘 기억한다.

- 학습 단계 중 제일 처음 받아들인 것(초기 효과)

- 학습 단계 중 제일 마지막에 받아들인 것(최근 효과)

- 학습 내용을 조각으로 나눈 것

- 오감 중 하나에 특히 강하게 호소하는 것

- 직접 써본 것

- 6회 이상 반복 학습한 것.

- 이미 알고 있거나 현재 학습하고 있는 것의 다른 면들과 연결되어 있는 것

위 학습 내용을 텍스트로 암기하여 얼마나 기억을 할 수 있는지 테스트를 해본다. 학습 직후에는 모두 기억을 하거나 1~2개 정도 기억을 못한다. 그러나 하루 지난 후에 기억을 테스트하면 50% 이상 기억이 어렵다는 것을 알 수 있다. 텍스트로 암기한 내용은 대부분 단기기억장치에서 머물다 사라지는 것이다.

이번에는 위 그림과 같이 같은 내용을 창틀에 그림을 그려서 기억하게 해본다. 그리고 1일 후에 기억을 하게 하면 대부분 기억할 수 있게 된다. 창틀과 같은 형태가 아니더라도 학습한 내용을 그림(이미지)으로 그려서 학습을 하면 효과가 있을 것이다.

필자는 이 방법을 수학 수업에서 자주 활용한다. 한 단원이 끝나면 그 단원의 학습 내용 중에서 핵심적인 수학적 내용을 그림을 그리게 한다. 본교 학교는 미술학교여서인지 학생들이 어려운 수학적 내용을 쉬운 그림으로 척척 그려 낸다. 어떤 그림은 감탄할 정도로 아이디어가 뛰어나다. 완성된 그림은 개인별 또는 모둠별로 전체 학생들에게 그림에 대한 설명을 하게끔 한다. 이런 활동을 통하여 학생들은 한 단원에서 중요한 내용을 기억 속에 각인할 수 있는 계기가 된다.

다음 그림들은 본교 학생들이 수학의 내용을 그림으로 표현해본 것이다. 앞의 그림의 핵심 내용은 '교집합, 합집합, 공집합, 부분집합, 서로소, 결합법칙, 분배법칙, 드모르간의 법칙, 벤다이어그램'이고 뒤의 그림의 내용은 '조립제법, 이차방정식의 판별식, 이중근호, 유리화, 이차방정식의 근과 계

강의하지 말고 참여시켜라

수와의 관계, 통분, 약분'을 나타낸 그림이다.

마인드맵을 통한 학습방법

'마인드맵'은 인간이 글자 위주의 텍스트보다 독특한 이미지와 색깔을 이용하면 오랜 기간 정확히 기억한다는 연구 결과에 바탕을 두고 있다. 머릿속에 지도를 그리듯이 이미지, 컬러, 핵심 단어를 사용해 공부할 내용의 전체 구조를 파악하고 그 안에서 가장 중요한 요점을 파악하는 방법이다. 마인드맵은 논리적인 좌뇌가 아닌, 감성적이고 이미지적인 우뇌를 자극하는 기억법이어서 아이들이 공부할 때 핵심 내용을 더 쉽게 기억해 낼 수 있도록 도와준다. 우리 뇌는 새롭고 재미있는 것을 잘 기억하는데, 마인드맵을 통해 재미있는 그림을 그려 기억하면 공부도 더 재미있고 핵심도 쏙쏙 파악할 수 있다.

오랜 시간 동안 교육학자들에 의해서 마인드맵은 학습효과가 매우 높음이 검증이 되어 왔다.

■ 마인드맵의 효과

- 생각이 자연스럽게 흐른다
- 빠르고 쉽게 이해한다
- 어떻게 관련을 맺는지 쉽게 알 수 있다
- 보다 창의적인 아이디어를 생각나게 한다
- 기억하기 쉽다(기억력이 5배 이상 지속 된다)
- 첨가하기가 쉽다
- 핵심단어와 중요 단어를 중심으로 한다
- 한 장에 모든 것을 얻을 수 있다
- 재미있다!!
- 핵심 단어나 그림만을 사용하니까 정리할 때 시간을 절약할 수 있다
- 여러 가지 색과 그림, 기호를 사용하니까 노트 정리의 즐거움을 준다.
- 체계적으로 정리하니까 기억과 회상 능력을 향상시킨다.
- 책을 읽으면서 마인드맵을 그리면 인물 파악이 쉽고 다음에 읽을 때 도움이 된다.
- 현시점에서 배우는 중심단어, 개념, 사실들과의 관계를 이해한다
- 중요 개념들 사이의 연결망을 형성한다.
- 보다 구체성이 높은 그림과 사물을 함께 도입함으로써 기억을 증가시

킨다

- 자료 제시 방법에 있어서 자료가 그림-문자, 문자-그림, 문자-문자
의 순으로 연합되었을 때 학습이 보다 효과적이다.
- 핵심단어와 이미지를 사용하는 마인드맵 수업방식은 기억력과 이해력
을 높이는 데 효과적이다
- 과학자들은 현재 우리 필기 내용의 90%이상이 불필요한 단어들이라
고 한다. 그만큼 기존의 필기 방식도 많은 시간과 노력을 요한다는 것
이다.

마인드맵은 분류 개념을 기본으로 한다. 가장 중심이 되는 생각(중심 개
념)을 가운데에 두고 중심 개념에서 나온 세부 개념을 주가지로 표현한다.
더 세부적인 개념들은 주가지에서 나온 부가지, 세부가지의 형식으로 생각
을 펼쳐나가면 된다.

이처럼 상위 개념에서 하위 개념으로 생각이 펼쳐지므로 머릿속으로 숲
을 먼저 그리고 세부적인 나무를 그리게 되어 세부 내용만 암기하던 공부
습관이 고쳐진다. 또한 내용을 분류하기 위해 깊이 있게 생각하는 습관이
생겨 논리적으로 사고하고 분석하는 능력도 향상되고 자신 만의 언어를 사
용해 정리하므로 기억력과 창의력도 향상된다.

1. 마인드맵 그리는 방법

① 주제나 테마를 표현하는 이미지를 선택한 후 종이의 중심에 그린다.

중심 생각에서 시작한다

② 중심 이미지로부터 주제를 가지쳐 나간다. 첫 번째 가지들은 유기적(흐르는 듯 유연성 있는)이어야 하고 각각 다른 색으로 그려야 한다.(3가지 색 이내). 이러한 가지들은 중심에 가까울수록 두꺼워지고 멀리 퍼져나갈수록 가늘어 진다.

③ 주제에서 부주제로 가지를 쳐나간다. 부주제는 앞의 가지를 명확하게 하거나 상세하게 하는 역할을 한다. 가능한 그림이나 이미지를 많이 사용한다.

④ 부주제를 더욱 상세하게 가지쳐 나간다. 세부 사항들은 이전의 부주제 가지에 대한 정보를 더 많이 제공한다.

⑤ 모든 가지에 세부사항을 계속 덧붙여 나간다.

마인드맵을 표현할 때는 핵심어와 이미지, 색깔 등이 사용되는데 핵심어는 간단해야 하고 내용을 잘 반영하고 있는 중심단어가 되어야 한다. 마인드맵을 여러 번 반복하다보면 글의 핵심내용을 파악하는 연습이 되기도 한다. 이미지는 특징이 잘 드러날 수 있도록 간단하게 표현해야 한다. 이미지를 자세히 그리다 보면 시간도 낭비되고 내용도 쉽게 전달되지 않으므로 주의해야 한다. 색깔은 주가지 별로 구분하여 사용하며 내용과 연상되는 색감의 색을 사용하면 더욱 좋다. 예를 들어 우리나라 지형을 북북, 중부, 남부로 주가지를 나누었다면 북부는 차가운 색, 중부는 중간색, 남부는 따뜻한 색을 사용하여 정리하면 효과적이다.

2. 마인드맵으로 학습을 넓게 하자

필자는 우뇌 활용으로 학습에 좋은 효과를 나타내는 마인드맵을 각 교과 시간에 활용을 많이 한다. 처음에는 핵심어를 찾는 것, 세부 내용을 통합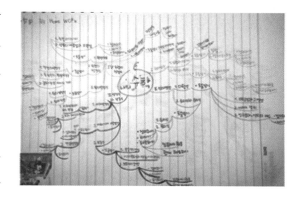

하고 분류하는 것을 어려워했는데 꾸준하게 하면 점차로 익숙해져서 곧잘 하곤 한다. 일단 학생들이 재미있게 적극적으로 참여를 한다. 평소 공부에 관심이 없던 아이들도 마인드맵을 할 때는 나름대로 그려 나가면서 이미지도 첨가를 한다. 어떤 학생은 마인드맵을 통해서 전체적인 것을 보는 눈이 생겼다고 말한다. 전에는 교과서의 세부적인 내용의 암기는 잘 했는데 전체적인 흐름, 개념, 핵심 내용 등이 조금씩 보이기 시작했다는 것이다. 핵심어 위주로 분류해 정리하다 보면 개념 사이의 연결이 잘돼 이해도 쉽고, 관계를 따라가며 외우기 때문에 기억도 잘된다. 마인드맵은 정보가 다양한 방식으로 입력되기 때문에 습득한 지식을 저장하고 인출하는 데 유리하다. 학생들의 장점인 이미지(그림)를 활용하면 더욱 효과를 얻게 된다.

수업을 들을때도 그냥 공책에 그대로 필기를 하는 것보다 맵을 이용하면 어떨까? 개념을 그림으로 바꿔 표현하기 위해 고민하다 보면 전체 흐름을 파악할 수 있고, 핵심 개념을 요약 · 정리하면서 암기도 된다. 그래서 학생들이 '예전에는 무조건 암기를 하면서 벼락치기를 했는데 지금은 스스로 핵심 내용을 찾아 정리하기 때문에 보람도 있고 자신감도 생긴다'라고 말을 한다.

　필자는 학기 초에 교과서 본문을 학습하기 전에 마인드맵으로 목차를 정리하게 한다. 수학에 대한 전체를 알기 위한 방법이다. 수학을 많이 배웠지만 정작 수학을 분류하라고 하면 잘 못하는 경우가 많다. 수학은 집합과 명제, 식과 연산, 방정식과 부등식, 함수…. 큰 주제인 방정식을 또 분류하면 일차방정식, 이차방정식, 근의 판별…. 이런 분류들을 마인드맵으로 정리를 하면 한눈에 파악을 할 수 있다. 모든 과목도 마찬가지이다. 단원별 내용에만 치우칠 것이 아니라 단원 간 연계성을 파악해야 한다.

3. 수학에서의 마인드맵

　마인드맵으로 수학을 정리하면 수학에 관한 전반적인 배경지식을 이해한 후 수학의 개념과 원리를 한

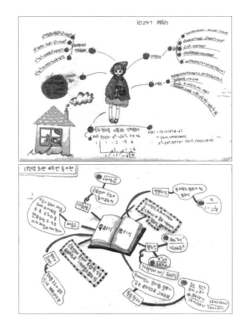

눈에 알기 쉽게 볼 수 있다. 특히 수학 서술형 문제를 풀 때에 마인드맵으로 하면 학생들 스스로가 개념을 정리하기 때문에 문제풀이가 쉬워진다. 평소 객관식에 익숙해 있어서 마인드맵이 처음에는 어렵지만 개념을 파악한 후 서너 번만 반복하면 익숙해져서 효과적으로 할 수 있게 된다. 수학에 관한

전반적인 배경지식을 머릿속에 먼저 심어준 후 반복 학습에 들어가기 때문에 최근 증가 추세를 보이고 있는 서술형 문제를 해결하기에 가장 적합하다. 장기기억을 위해 마인드맵 작성을 통한 개념을 정리한 후, 그 잔상 위에 문제풀이가 들어가므로 기억력이 오래 유지된다. 마인드맵으로 수학을 배우면 수학의 전체 개념과 원리를 기억하기 쉽게 되고, 수학이 재미있어지게 됨으로써 성적이 올라간다. 그리고 학생들로 하여금 수학에 자신감을 갖게 한다.

4. 독서와 글쓰기

독서에도 마인드맵이 학습에 좋은 역할을 하고 있다. 책을 많이 읽어도 머릿속에서 구조화되어 정리가 되지 않으면 그 많은 독서가 별로 소용이 없다. 마인드맵을 이용하여 모든 공부의 기본인 읽기와 쓰기 그리고 구조화를 통해 자기 것으로 구축하는 과정을 익히는 것이 매우 중요 하다. 많은 연습을 통해서 이것들을 가능하게 한다. 먼저 글을 읽고 핵심 찾아내는 연습을 하고 그 다음이 이미지화하여 마인드맵으로 정리를 한다. 학습을 하고 구조화 한 내용을 색깔이나 그림을 넣고 이미지 형상화 시키면서 이야기를 만들게 되고 기억하는데 큰 도움을 준다. 즉 자신만 알아보는 자습서를 만들게 되는 것이다. 이렇게 색이나 그림을 이용해 이미지 형상화 시키는 것은 우뇌를 활용하는 행동이다. 글을 읽을 때에는 좌뇌로 읽고 우뇌를 활용해 결과를 도출하다 보면 양 뇌를 자유롭게 쓸 수 있는 훈련이 된다.

책을 제대로 읽고 그 내용을 분류 정리하여 구조화시키고 더 나아가서는 마인드맵으로 이미지화 하면 기억하는데 매우 효과적이다. 딱딱한 책 한

페이지의 이미지 보다 그림 한 장이 사진 찍히듯 더 기억에 잘 남는다는 것을 생각하면 이해가 쉽다. 이런 결과를 도출하기 위해서는 글의 내용을 완벽히 이해를 해야 가능하다고 한다. 독서뿐아니라 과제 발표, 독후감, 일기, 복습 노트, 여행 계획 등 다양한 것들을 마인드맵으로 표현할 수 있다.

우리가 사용하는 문장은 약 80~90%가 없어도 그 뜻을 이해할 수 있는 중요하지 않은 내용이 많다고 한다. 따라서 10~20%의 정확한 핵심단어를 바르게 찾을 수 있다면 그 뜻을 정확하게 이해할 수 있다. 핵심 단어를 쓰면 시간을 절약할 뿐만 아니라 단어와 단어를 정확하게 연결함으로써 기억력과 이해력이 놀라울 정도로 향상된다. 핵심단어 찾는 능력을 길러 줄 수 있는 문장의 요약 지도는 다음 단계를 거쳐 지도하면 효과적이다.

① 짧은 한 문장에서 핵심 단어 한 개를 찾는다.

② 2-3 문장에서 핵심 단어 한 개를 찾는다.

③ 짧은 문장에서 핵심 단어 한 개를 찾는다.

④ 긴 문장에서 핵심 단어 2-3개를 찾고 나중에 한 개를 찾는다.

⑤ 신문의 광고에서 핵심 단어 2-3를 찾는다.

⑥ 신문 기사에서 육하원칙에 맞는 단어를 찾는다.

⑦ 교과서 한단원에서 핵심 단어 4-5개를 찾아 그 낱말들을 이어 주제 문장으로 만든다.

⑧ 책 한 권에서 핵심단어 10개, 5개, 1개 등을 찾는 연습을 한다.

마인드맵을 이용한 교수-학습의 중 대표적인 것이 과정 중심 글쓰기 지도의 교육과정이다. 과정 중심 글쓰기에서는 마인드맵을 약간 변형하여 생각그물이라는 과정으로 나타낸다.

과정 중심 글쓰기에서 생각그물은 쓰기 초기 단계에 머리 속의 생각을 밖으로 끄집어 내는 역할을 하는데 기존에 머리로 구상만하고 쓰기를 시작하는 방법보다 확산적인 사고가 가능하다고 생각되어 이용된다.

이런 원리에서 국어, 문학, 비문학 등 수능의 언어 영역에서도 마인드맵을 그려가며 공부하면 좋다. 긴 산문의 경우, 글의 핵심이 무엇인지 한 번에 파악하기 힘들다. 때문에 글을 읽으며 연관되는 개념들을 마인드맵으로 정리해보면 글의 핵심을 쉽게 파악할 수 있다. 예를 들어 소설에 등장하는 인물들의 관계를 마인드맵으로 그리면 인물간의 갈등관계 상황을 파악할 수 있어 줄거리를 이해하는 데 도움이 된다.

5. 다양한 활용이 가능한 마인드맵

사회 교과는 대표적인 암기 과목이라 할 수 있다. 암기를 위해서는 정확한 개념의 이해가 필요하다. 개념이 많아 요약이 복잡하고 제목과 세부 내용의 연관 짓기를 놓치기 쉬운데 마인드맵으로 한 번 정리해보면 내용이 잘 분류되고 흐름이 파악된다. 특히 지리나 역사 과목 같은 경우는 지도를 적절히 활용하면 기억을 오래할 수 있다. 직접 그리는 것이 어려우면 오려서 붙여 넣거나 백지도를 활용하여 내용만 정리해 넣는 것도 좋은 방법이다. 단원의 핵심 단어를 1단계에 그린 후 2단계부터 연관되는 단어를 적어 내려가는 형식으로 마인드맵을 작성한다. 단어로 이루어진 마인드맵을 외울 때는 각 가지별로 독특한 문장을 만들어 외우면 재미있다.

사회과에서 마인드맵은 개념들이 정리가 안 되서 이리저리 떠다닐 때 유리하다. 주제를 가운데 적고, 큰 번호들을 그 주변에 가지를 치게 그린다. 그 다음, 하위 내용들에 또 가지를 친다. 일례로 주제가 '의열단과 한인 애국단의 활동'이면, 이를 가운데 크게 쓰고 '1.무장독립투쟁의 대두', '2.의열단', '3.한인애국단'을 그 주변에 가지를 친다. 그 다음에 '의열단의 형성', '행동지침'등을 '3.의열단'주변에 다시 가지를 치면 된다. 이런 식으로 정리를 하다보면, 그 단체가 한 일, 조약에 따른 조항 등을 차곡차곡 정리할 수 있다. 단 마인드맵을 그릴 때는 '예쁘게 그려서 또 봐야지'란 마음보다는 '프린트를 한 번 쓴다'는 차원으로 생각하는 게 더 유리하다. 그러나 이 방법에는 단점이 있다. 마인드맵으로는 전체 인과관계를 알기 어렵기 때문이다. 인과관계를 놓치면 역사적 순서까지 치명적이다. 따라서 사건의 흐름은 연표로 정리한다. 하나의 사건을 보기로 주고 그와 같은 시대의 일을 고르는 문제야말로 연표가 효과적이다.

사회와 국사 과목을 공부할 때는 한국사나 세계사 책을 읽고 맥락을 파악한 뒤 문제집을 푼다. 예컨대 학습해야 할 단원이 시민혁명에 관한 것이라면 먼저 책에서 시민혁명에 관한 내용을 찾아 읽고 포스트잇에 간략하게 메모한 후 이 메모를 참고해 참고서에 있는 개념을 익히고 문제를 푼다. 마지막으로 마인드맵을 그려서 머릿속으로 정리하는 단계를 거친다.

교사 개개인의 창의적인 발상으로 얼마든지 폭넓게 학습에 응용할 수 있으리라고 본다. 연구 조사 활동의 일환으로 소집단 단위의 주제 학습이나 보다 광범위한 탐구 활동인 프로젝트 학습의 개요를 작성할 때 적절히 활용할 수 있다. 또한 협동학습에 의한 수업 방법인 직소우jigsaw학습 과정에서 각기 조사한 학습 내용을 마인드맵으로 작성하여 발표력을 키울 수 있고. 상호 평가와 반성도 집단별 마인드맵으로 만들어 다음 학습 때 고쳐서 보다 나은 발표가 되도록 유도한다. 흥미와 관심이 있는 과제를 선택하여 자율적으로 활동하는 '열린 시간'에서는 마인드맵을 활용하여 자유롭게 상상하고 편하게 정리하고 즐거운 마음으로 마무리를 할 수 있다.

아침 교과 시간 전이나 재량 시간에 자유롭게 발표할 다양한 정보를 종류에 따라(날씨, 새소식, 독후감, 연구 조사 내용 등)간단한 마인드맵으로 작성하면 주의 집중과 함께 발표에 학습 시간외에 아동 각자 자유롭게 무엇이나 기록할 수 있는 '낙서장'또는 '상상력', '기록장', '푸른꿈 공책'등의 이름을 붙인 공책을 가지고 다니면 언제 어디서나 떠오르는 기발한 생각이나 상상을 마인드맵 그리기로 나타낼 수 있어 내재된 잠재력과 창의성을 계발하는데 도움이 된다.

6. 「Window Pane(창틀)」 과 마인드맵의 결합

위에서 살펴본 것처럼 마인드맵에는 그냥 텍스트만으로 구성한 것보다 적당한 그림이 들어가면 더욱 효과적이다. 나는 수업 중에 학생들에게 한 단원이 끝날때마다 Window Pane(창틀)으로 핵심 내용을 그림으로 그리게 한다. 또 마인드맵을 그리도록 한 다음 Window Pane(창틀)로 그렸던 그림을 마인드맵에 그려 넣을 수 있도록 하면 최고의 마인드맵이 만들 수 있다. 이런 기법이 익숙해지면 마인드맵을 하면서 핵심 내용들을 직접 그림으로 표현을 할 수 있게 된다. 정말 멋진 작품이다. 전 교과를 이런 방법으로 학습을 한다면 분명 좋은 성과를 얻을 것이다.

다음은 수업 중에 실시한 학생들의 마인드맵 작품이다. 고등학교 1학년 수학 유리식과 무리식, 방정식의 단원이다.

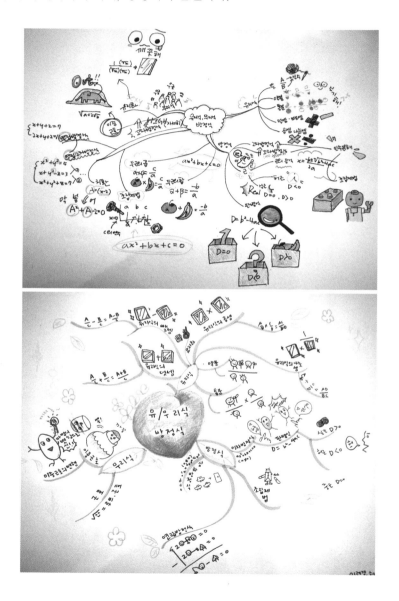

강의하지 말고 참여시켜라

PART 12

학생 참여 중심의 수업지도안 고안하기

- 학생 참여 중심의 수업지도안 구성 요소
- 학생 참여 중심 수업 고안하기
- 학생 참여 중심의 수업지도안 만들기

지금까지 학습한 내용 중에서 학생 참여 중심의 수업지도안 구성 요소가 되는 핵심 내용을 간단히 정리하고자 한다. 그동안 학습한 내용을 함께 정리해 보며 참여 중심 수업지도안을 어떻게 구성할 것인지 그려 보기 바란다.

　수업지도안 구성 요소의 핵심 사항은 다음과 같다.

수업 오프닝과 클로징(복습)을 생동감 있게 시작하라	생동감 있는 수업 오프닝의 4가지 원리	• 수업 참가자의 4가지 유형 • 오프닝의 효과 • 생동감 있는 수업 오프닝의 4가지 원리
	수업 내용과 관련된 생동감 있는 오프닝 사례	• 수업 내용과 관련된 간단한 퀴즈, 게임 등을 활용한 오프닝 사례 • 학기 초에 활용 가능한 오프닝 사례 • 복습과 함께하는 오프닝 사례
	아이스브레이킹을 위한 다양한 오프닝 사례	• 수업 분위기를 집중시키는 오프닝 사례 • 수업에 활력을 불어넣는 다양한 오프닝 사례 • 뇌체조를 통한 다양한 오프닝 사례
	효과적인 클로징과 활발한 복습의 원리	• 망각 곡선과 복습 주기 • 팝파이크의 C–P–R 법칙 • 수업 클로징의 원리 • 효과적인 복습의 원리

	학생 참여 중심의 클로징 사례	• 간단한 수업 클로징 사례 • 효과적인 클로징 사례 • 단원 마무리 사례
	활발하고 효과적인 복습 사례	• 간단한 복습 사례 • 효과적인 복습 사례
강의하지 말고 참여시켜라	학생 참여 중심의 상호 교수 사례	• 24시간 후의 학습 기억률에 대한 학습 피라미드 • 수업 중 상호 교수 사례 • 상호 교수 인터뷰
	학생 참여 중심의 다양한 수업 사례	• 토론 수업이란? • 수업 시 간단히 사용 가능한 토론 기법 • 창의적인 질문 • 다양한 학생 활동 중심의 수업 사례
이미지 학습으로 해마를 자극하라	이미지 학습법을 활용한 수업 사례	• Window Panes (창틀) • 마인드맵을 통한 학습 방법 • 이미지 학습법의 몇 가지 수업 사례
청각적 학습으로 감동적인 수업을 하라	스토리텔링 만들기 및 수업사례	• 감동적이고 재미있는 이야기 만들기 • 이야기를 탁월하게 전달하는 비결 • 스토리텔링으로 재미와 감동이 있는 수업하기
학습동기 부여로 풍성한 수업을 하라	학습동기 부여의 원리	• 학습동기 부여의 원리 • Keller의 ARCS 모형과 학습동기 부여 기법 • 동기부여와 보상의 관계
	학습동기 부여를 방해하는 요인과 상벌의 원리	• 학습동기 부여를 방해하는 5가지 요인 • 상의 원리 • 벌의 원리
	학습동기를 부여하는 방법	• 학습동기를 부여하는 11가지 방법
	주의 집중하는 방법	• 주의 집중의 장애 요인 • 주의력 집중과 유지 방법

학생 참여 중심의 수업지도안 구성 요소

1. 생동감 있는 수업 오프닝

수업의 도입 부분에서 보통 5~10분에 해당하는 부분을 수업 오프닝이라고 한다. 올림픽에서도 개막식과 폐막식이 중요한 것처럼 수업의 시작을 어떻게 하느냐에 따라서 수업의 50% 이상 영향을 미친다. 많은 교사들이 수업 오프닝을 지루하고 딱딱하게 진행한다. 그러나 수업에 활력을 불어넣기 위해서는 오프닝을 학생들의 흥미를 유발하여 역동성 있게 시작해야 한다.

다음은 생동감 있는 수업 오프닝의 네 가지 원리로, 퀴즈를 풀어 보기 바란다.

- 이 방법은 _____ 을 깨뜨리는가?
- 정답 : 선입관

- 이 방법은 _____ 을 촉진하는가?
- 정답 : 커뮤니케이션

- 이 방법은 _____을 유지하는가?
- 정답 : 자긍심

- 이 방법은 _____과 연관성이 있는가?

12장 | 학생 참여 중심의 수업 지도안 고안하기

◐ 정답 : 수업 내용

2. 생동감 있는 수업 오프닝 사례

(1) 아이스브레이킹을 위한 다양한 오프닝 사례

- 수업 분위기를 집중시키는 오프닝 사례
  - 명상
  - 다양한 침묵신호
  - 재미있는 동영상과 이야기, 간단한 게임: 재미있는 동영상과 이미지
    보여주기, 재미있는 이야기 들려주기, 눈 감고 시간 재기 게임
- 좋은 음악으로 집중력 키우기
- 자기암시 하기

(2) 수업에 활력을 불어넣는 다양한 오프닝 사례

- 《개그콘서트》 활용하기
- 다양한 박수 치기
- 쥐잡기 게임
- 위, 아래로, 쾅
- 땅, 따당 게임
- 특정 단어가 나올 때마다 손뼉 치기
- 청개구리 게임
- 다 같이(또는 가라사대) 게임

(3) 생동감 있는 수업 오프닝 사례

- TOP 10 활용
- 진진가(하얀 거짓말) 활용
- 퀴즈, 또는 넌센스 퀴즈 활용

(4) 학기 초에 활용 가능한 오프닝 사례

- 규칙 정하기
- 스스로 학습목표 세우기

(5) 복습과 함께하는 오프닝 사례

- 복습 내용 기록하기
- 핵심 복습 내용 맞히기: 핵심 내용을 빈칸으로 두고, 빈칸에 들어갈 내용 맞히기

3. 효과적인 수업 클로징

수업의 마무리 부분은 수업이 종료하기 직전 5~10분에 해당하는 부분으로, 보통 수업 클로징이라고 말한다. 대부분의 교사들은 수업 클로징에서도 그날 학습한 내용을 일방적으로 정리해 주는 식이다. 그러나 효과적인 클로징을 위해서는 학생들의 적극적인 참여가 이루어져야 한다. 교사가 일방적으로 학습 내용을 전달하면, 주의 집중력이 떨어지고 효과적인 정리가 어려워 학생들의 기억에 오랫동안 남지 않는다.

다음은 효과적인 수업 클로징의 원리로, 퀴즈를 풀어 보기 바란다.

- 교사의 일방적인 강의 위주의 수업이 아닌 _____ 를 하게 한다.
○ 정답 : 학생 참여

- _____ 하기
○ 정답 : 축하

- 배운 내용을 _____ 복습하며 정리한다.
○ 정답 : 묶어서

4. 참여 중심의 수업 클로징 사례

(1) 간단한 클로징 사례
- 훑어보면서 별표 하기
- 키워드로 정리하기
- 퀴즈식으로 문제 내기

(2) 활발한 클로징 사례
- '시장에 가면' 게임
- 10초 퍼즐
- 자음 퍼즐

(3) 단원 마무리 사례

- 자음으로 마무리하기
- 갤러리 감상으로 마무리하기
- 마인드맵으로 마무리하기
- 모둠 골든벨로 마무리하기
- 빙고 게임으로 마무리하기

5. 효과적인 복습

기억력을 높이려면 철저한 반복 학습 습관을 만들고, 그것을 꾸준히 실행하는 것이 가장 효과적이다. 학습에 있어서 기억력은 대단히 중요하며, 반복 학습은 그 '기억'을 만들어 가는 과정의 한 가지 대안이라고 말할 수 있다.

독일의 심리학자인 에빙하우스의 연구에 따르면, 인간의 두뇌는 복습하지 않으면 기억하고 있던 것들도 급속도로 망각한다고 한다. 따라서 학습에 있어서 적절한 주기로 반복 학습을 하는 것이 가장 좋은 방법이다. 두뇌는 외부에서 받아들인 정보를 장기기억 장치로 영구 보관하기 전에 일단 해마에 임시 저장한다. 그런데 해마에는 학습한 내용 이외에도 수없이 많은 정보들로 가득하다. 이 정보들 중 일부만이 장기기억 장치로 저장되고, 나머지는 사라지는 것이다. 따라서 공부한 내용을 오래 기억하려면, 계속해서 해마에 신호를 보내야 한다. 이 신호가 바로 반복 학습이다.

다음은 효과적인 복습의 기본 원리로, 퀴즈를 풀어 보기 바란다.

- _____하지 말고 그냥 하라.

  ➡ 정답: 예고

- _____ 방법을 사용하라.

  ➡ 정답: 다양한

- 학생들을 _____ 만들어라.

  ➡ 정답: 움직이게

- 성공을 위한 _____를 하라.

  ➡ 정답: 준비, 또 준비

6. 효과적인 복습 사례

(1) 간단한 복습 사례

- 생각–짝–나누기(또는 버즈 토론)로 복습하기
- 번개 토론으로 복습하기
- 공 던지며 복습하기
- 가위바위보 게임으로 복습하기

(2) 활발한 복습 사례

- 암호 해독 퀴즈로 복습하기

- 이구동성 게임으로 복습하기
- 뜨거운 감자로 복습하기
- 스무고개로 복습하기
- 눈치 게임으로 복습하기

7. 수업 조각내기

밥 파이크의 창의적 교수법을 보면 90/20/8의 법칙이 있다. 성인들은 보통 90분 동안 이해하면서 들을 수 있고 20분마다 변화가 있어야 하며 8분마다 학습자를 참여시켜야 한다는 내용이다. 그렇다면 학생들은 어떨까? 개인적 차이는 있겠지만 보통 초등학생의 집중력 시간은 8분, 중학생은 12분, 고등학생은 17분 정도 된다고 한다. 이를 고려하면 수업이 50분이면 보통 15분마다 학습 단위를 조각내어 변화를 주고, 5분마다 학습자를 참여시켜야 효과적으로 진행할 수 있다.

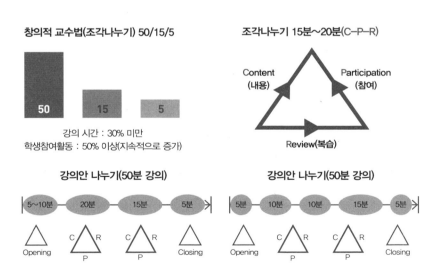

창의적 교수법(조각나누기) 50/15/5

50 15 5

강의 시간 : 30% 미만
학생참여활동 : 50% 이상(지속적으로 증가)

조각나누기 15분~20분(C-P-R)

Content (내용)   Participation (참여)

Review(복습)

강의안 나누기(50분 강의)

5~10분 20분 15분 5분

Opening C R / P C R / P Closing

강의안 나누기(50분 강의)

5분 10분 10분 15분 5분

Opening C R / P C R / P Closing

밥 파이크는 여기에 C–P–R 법칙을 제시한다. 이는 10~20분 조각으로 나눈 부분마다 C(Content 내용), P(paticipation 참여), R(Review 복습)의 3가지 요소가 들어가면 좋은 효과를 낼 수 있다는 내용이다. 한 조각인 10~20분 안에 학습할 내용이 있고 학습자의 참여가 있으며 반드시 복습이 있어야 한다. 물론 3가지 요소가 항상 있을 필요는 없다. 수업 마무리에서 조각난 부분의 복습을 전체적으로 다시 복습을 하면 되기 때문이다. 그만큼 1시간 강의 안에서 복습은 중요한 부분이 된다. 복습의 방법을 다양하게 할 수 있다면 학습의 효과는 더욱 클 것이다.

주당 3시간 수업이고, 다음과 같은 시스템으로 수업과정안을 계획하여 실시한다면, 5회 이상 복습이 가능하다.

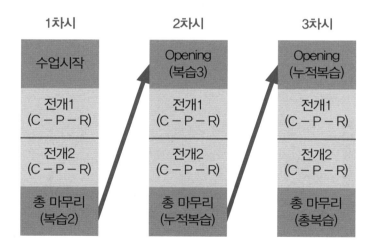

첫 시간에 두 개의 조각으로 나누고, 그 조각 안에는 C–P–R인 복습이 포함되므로 마무리에서 총 마무리하면 2회 복습한 것이 된다. 두 번째와

세 번째 시간에도 오프닝에서 복습하고 마무리에서 복습하면 5회 이상이 가능하다. 이렇게 여러 번 복습하려면 앞에서 언급한 것처럼 다양한 방법으로 해야 효과적이다. 학습자들은 배운 것을 다시 복습하는 데 대한 지루함이 있어, 그들의 적극적인 참여와 흥미 유발 없이는 효과적인 복습이 이루어질 수 없다.

8. 다양한 학생 참여 방법

학습한 후에 기억에 남는 것은, 보고 들은 것의 50%, 읽은 것의 20%, 본 것의 30%, 들은 것의 10%, 말하고 행동한 것의 90% 말한 것의 70%라고 한다.

(1) 말하게 하고, 행동하게 하라

학습한 내용이 오랫동안 기억에 남게 하려면 학습자들 스스로 학습 내용을 소리 내어 말하고, 다양한 행동과 함께 학습하는 것이 효과적이다.

(2) 상호 교수 수업 사례
- 멘토와 멘티를 통한 상호 교수
- 이동하면서 가르치기(셋 남고, 하나 가기)
- 갤러리 가르치기(하나 남고, 셋 가기)
- 수준별 가르치기(텔레폰)
- 모둠 내 과제 분담 학습법
- 돌아다니면서 상호 교수하기

- 질문카드로 토론하며 가르치기
- 3단계 인터뷰, 6단계 인터뷰

(3) 수업 시 간단히 사용 가능한 토론 기법

살아 숨쉬는 감동의 수업

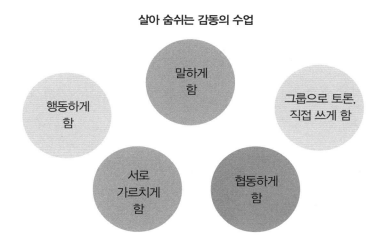

- 브레인스토밍, 브레인라이팅
- 벌집 토론
- 두 마음 토론

(4) 창의적 질문하기

(5) 다양한 학생 활동 중심의 수업 사례

- 모둠별 토너먼트 퀴즈 수업
- 스피드 퀴즈

- 골든벨 퀴즈

9. 다양한 학습 스타일

(1) 시각적 학습

중국 속담에 "그림 하나는 천 마디 말과 똑같다"라는 말이 있다. 그림은 말보다 세 배의 효과가 있고, 말과 그림을 같이 제시하면 말보다 여섯 배의 효과가 있으며, 성인은 1분에 약 110~160개의 단어를 말하지만 머릿속으로는 400~500개의 단어를 떠올리는데, 시각 교구가 그 간격을 좁혀 준다. 따라서 텍스트보다 시각을 이용한 이미지 학습 방법을 활용해야 한다. 학습 주제나 내용을 단순한 텍스트로만 학습한 것과 그림 그리기를 통해 학습한 것의 효과는 확연히 차이가 난다.

- Window Panes(창틀)
- 마인드맵을 통한 학습 방법
- Window Pane(창틀)과 마인드맵의 결합
- 이미지 학습법의 몇 가지 수업 사례
    - 시 수업과 이미지 학습
    - 이미지로 배우는 영어
    - 만평 그리기를 활용한 이야기식 국사 학습
    - 우뇌 이미지 학습과 실생활 수학을 활용한 수학 수업

(2) 청각적 학습

청각 위주의 학습자는 사람 간의 의사소통과 공감하는 것을 좋아하며, 다른 사람과 대화할 때 가장 지적으로 몰입하게 된다. 청각 위주의 학습자들은 책을 읽는 것과 마찬가지로 테이프를 듣는다. 이들은 강연자가 흥미로운 사람인 경우, 강의와 비슷한 환경에서 더 잘 배우게 된다. 시각적인 정보가 청각적인 정보와 연계되어 제시될 때, 청각 위주의 학습자들은 청각적인 정보에 주력하고, 시각 위주의 학습자들은 시각적인 정보에 주력한다.

만약 자신이 청각적 학습자라면 학습 정보에 대해 토론하고, 듣는 것이 가장 효과적으로 학습을 촉진할 것이다. 이들은 새로운 정보를 배우거나 새로운 일을 할 때 음악 역시 상당히 효과적이다.

- 음률과 노래로 수업을 재미있게 진행하기

(3) 스토리텔링을 통한 학습
- 스토리텔링 만들기 및 수업 사례

각 교과별로 스토리텔링 기법으로 수업하기
1. 수업 내용 선정
2. 이야기 만들기
3. 연습하기
4. 수업하기

- 감동적이고 재미있는 이야기 만들기
  - 재미있는 이야기 특징
  - 재미있는 이야기 구조

강의하지 말고 참여시켜라

- 이야기의 구성 요소
- 이야기 만들기 연습

• 이야기를 탁월하게 전달하는 비결
- 몸으로 이야기하라.
- 기막힌 타이밍을 잡아라.
- 억양 속에 진실을 담아라.

• 밥 파이크의 스토리텔링 기법
- 이미지를 사용하라.
- 말하지 말고 보여 주어라.
- 적절한 침묵을 사용하라.
- 자신의 이야기를 들려줘라.
- 연습하고, 연습하며, 또 연습하라.
- 다양한 목소리를 사용하라.
- 몸으로 보여주면서 이야기하라.
- 마치 자신이 하는 것처럼 이야기하라.
- 사람들이 감정의 파도를 타게 하라.
- 사람들의 마음속에 이미지를 그려 내는 생생한 단어를 사용하라.
- 항상 사람들과 눈을 마주치며 이야기하라.
- 수업 오프닝에서 이야기를 활용하라.
- 유모를 사용하라.

– 보편적인 이야기를 하라.

10. 학습동기 부여하기

(1) 동기 부여하는 방법

- 학습자들 스스로 학습의 필요를 느끼게 하라.
- 개인적인 책임감을 키우도록 하라.
- 학습자들의 흥미를 불러일으키고 지속시켜라(질문과 격려).
- 학습한 내용이 생활에 어떻게 적용되고 있는지 알려라.
- 인정하고, 격려하고, 칭찬하라.
- 건전한 경쟁을 유도하라.
- 교수자 스스로 즐겨라.
- 학습자들과 눈을 맞추어라.
- 장기적인 목표를 세워라.
- 개인적 동기를 인정하라.
- 학습자들 사이의 관계를 강화하라.
- 일방적으로 강의하지 말고 학습자들을 참여시켜라.

(2) 동기부여를 방해하는 요인

- 학습자들과의 개인적 접촉을 적게 하라.
- 학습자들을 수동적으로 만들고, 그 분위기를 유지하라.
- 학습자들이 배운 내용을 적용할 것이라고 가정하라.

- 학습자들을 즉시 비판하라.
- 교육 시간에 질문하는 것은 멍청한 일임을 참가자들이 알게 하라.

학생 참여 중심 수업 고안하기

1. 생동감 있는 수업 오프닝

학기 초에는 아이스브레이킹으로 학생들이 모두 참여할 수 있는 쉬운 문제를 주로 다루고, 학기 중에는 오프닝으로 수업 내용과 연관된 내용으로 점차 다양화한다.

(1) 복습과 함께하는 오프닝

복습과 함께하는 오프닝의 한 가지 예를 들어 설명하겠다. 먼저 이전 시간에 배운 내용을 모둠원들이 함께 협동하여 켄트지에 기록하게 한다. 학습 내용, 교사의 농담, 이야기, 제스처 등 모두를 기록함으로써 지난 시간에 학습한 내용을 정리하고, 수업을 활력 있게 시작할 수 있다. 기록한 내용의 양이 많고 질이 좋은 모둠에는 즉각 보상한다.

(2) 문제 풀이 복습과 함께하는 오프닝

모둠원들이 함께 지난 시간에 배운 내용을 복습하는 차원에서 협동하여 문제를 풀어 볼 수 있다. 이때 문제는 다양하게 수준별로 분배한다. 협동을 잘하고, 문제를 적극적으로 풀이한 모둠에 보상한다.

예 • 수학: 2008년도 수학올림피아드 10위 나라를 모둠별로 기록한다.

 • 과학: 과학 퀴즈를 풀어 본다.

 • 사회: 지난 시간에 배운 '고려시대 조세법'에 대해서 모둠별로 기록한다.

 • 영어: 지난 시간에 학습한 단원을 마인드맵으로 모둠별로 협동하여 그리게 한다.

2. 효과적인 수업 클로징

다음과 같은 방법으로 수업 마무리를 해 보자.

• 학습 내용 중 가장 중요한 부분을 기록하게 한다. 가장 많은 내용을 기록한 모둠에 보상한다.

• 오늘 학습한 내용 중 중요한 부분을 모둠별로 돌아가며 발표하게 한다.

• 모둠별로 역할을 분담하여 학습 내용을 정리한 다음 칠판에 기록하게 한다.

• 간단하게 마인드맵으로 정리하게 한다.

• 브레인라이팅: 오늘 배운 내용 중 핵심 내용 세 가지를 포스트잇에 쓰게 한다.

• 갤러리 감상: 포스트잇에 쓴 내용을 벽에 붙이고, 다른 모둠으로 돌아다니며 복습하게 한다.

• 스티커 평가: 핵심 내용을 가장 잘 정리한 모둠에 스티커를 붙이게 하여 칭찬해 준다.

• 이삭줍기(6분 토론): 혼자서 오늘 배운 내용 중 핵심 내용이라고 생각

하는 세 가지를 포스트잇에 쓰게 한다. 그다음에는 모둠원들과 함께 그 내용을 나눈다.

- 번개 발표: 돌아가면서 오늘 배운 내용 중 생각나는 핵심 단어나 문장을 한 가지씩 말하게 한다.
- 퍼즐 맞히기: 오늘 배운 내용 중 핵심 내용을 설명하는 문장을 흩어 놓고, 원래는 어떤 문장이었는지 맞히게 한다. PPT 화면이나 칠판에 직접 써도 된다.

3. 활발한 복습

활발한 복습 방법으로 다음과 같은 것으로 해보자.

- 지금까지 학습한 창의적 교수법에 대해서 토론하여 기록한다(모둠별 활동).
- 오늘 배운 것 중에서 중요한 내용은 무엇인가?
- 오늘 학습한 것으로 무엇을 할 수 있을까?
- 마인드맵으로 정리한다.
- 공을 돌려 가며 발표하라(먼저 언급하지 말고 그냥 하라).
- 다양한 방법을 사용하라(학습자들을 움직이게 만들라).
- 결과물을 교실에 1~2일 정도 게시한다.
- 20분 안에 복습한다. ➡ 수업 설계를 수정한다(오프닝에서 지난 시간에 배운 내용을 복습하고, 클로징에서 오늘 배운 내용을 복습한다).
- 24시간 안에 복습한다. 그날 배운 내용은 그날 복습한다.

- 처음 며칠간 집중적으로 복습한다. 일주일간 날마다 복습한다.
- 영구 기억은 20%만 저장된다. 완전 학습을 위해 5~6회 복습한다.
- 마인드맵 학습법

    - 수업 전에 교과서를 읽고 맵으로 그리기

    - 자기가 그린 맵을 첨삭하며 수업 듣기

    - 수업 끝나자마자 한 번 더 복습하기

    - 집에 와서 완전한 맵으로 완성하기

    - 다음 날 복습하기

    - 주말에 일주일간 그린 마인드맵 복습하기

    - 시험 전에 마인드맵만 다시 복습하기(시험 준비 시간이 대폭 줄어든다.)

4. 다양한 학생 참여 방법

(1) 상호 교수법 사례

- 모둠에서 짝꿍과 상호 교수하기(멘토와 멘티)
- 4명으로 구성된 모둠에서 한 명이 가르치기
- 4명으로 구성된 모둠에서 서로 가르치기
- 4명으로 구성된 모둠에서 한 명을 교실 밖으로 내보내고, 나머지 모둠원들을 학습시킨 다음, 나갔던 학생이 들어오면 남아 있던 모둠원들이 가르쳐 준다.
- 각 모둠에서 한 명이 본인 모둠의 문제를 다른 모둠에 다니면서 가르쳐 준다.

강의하지 말고 참여시켜라

- 테스트를 하여 모둠별로 보상한다.

(2) 네모 피자를 활용한 교과별 이미지 학습 방법

각 교과의 학습 내용을 그림으로 만들어 보고 모둠별로 실습해 본다.

⑩ 수학: 이차함수를 여러 형태의 그래프로 그려 보기.

과학: 주기율표를 그림으로 그려서 외워 보기

국어: 시나 소설을 이미지로 표현하여 학습하기

사회: 암기가 어려운 내용을 이미지화하여 암기하기

영어: 게임이나 역할극을 활용하여 수업하기

학생 참여 중심의 수업지도안 만들기

1. 연수 중에 만든 사례

강의하지 말고 참여시켜라

2. 나의 수업 지도 사례

(1) 등차수열을 활용한 수업 사례

교과	수학 1	학년 학기	2학년 학기	수업자		
단원	등차수열			수업 모형		학생 참여 중심
학습 주제	등차수열의 정의와 일반항					
학습 목표	1. 등차수열의 정의를 알고 설명할 수 있다. 2. 등차수열의 일반항을 구하여 이를 활용할 수 있다.					
학습 자료	포스트잇, 모둠칠판, 보드마카, A4용지, 타이머		투입 시기	도 입	전 개	정 리
				○	○	○

학습 단계	학습 흐름	교수 – 학습 활동

도입	생동감 있는
	수업 오프닝
	
	지난 시간 복습하기
	(모둠 활동)
	
	학습목표 제시
		• 마음 열기 : 모둠 구호 외치기
		  – 다 같이 모둠 구호 시작
		• 패턴에 대한 수학 퀴즈 맞추기
		  – PPT로 문제(5문제) 내기
		  – 먼저 정답을 맞힌 학생에게 칭찬 티켓 주기
		• 지난 시간에 배운 내용을 쓰기(교사의 행동, 제스처, 농담
		  등 포함)(제한 시간: 3분)
		  – 양이 많은 모둠에 칭찬 티켓 주기
		  – 한 모둠이 대표로 발표하기
		  – 지난 시간에 배운 내용을 PPT로 다시 한 번 정리하기
		• 학습목표를 제시하고 간단히 설명하기

전개	발문을 활용한
	동기부여
		• 등차수열의 정의를 질문을 통해 유도하기
		  – 질문: 2009년 6월 1일은 월요일입니다. 다음 월요일은
		    몇 월 며칠일까요? 그러면 그다음 월요일은?
		  – 질문: 그렇다면 월요일의 날짜를 구하려면 어떤 규칙을
		    적용하면 될까요? 수를 나열하면 1, 8, 15, 22, 29, …

전개	효과적인 질문을 통한 학습 전개	• 다양하고 효과적인 질문으로 학습 전개하기
		  – 다음 수열들의 패턴 특징은 무엇일까요?
		  – 일정한 수를 더하여 다음 항이 되도록 하는 수열을 무슨 수열이라고 할까요?
		  – 일정하게 더하는 수를 무엇이라고 할까요?
		  – a_n을 어떻게 하면 구할 수 있을까요?

학습 단계	학습 흐름	교수-학습 활동
전개	상호 교수하기	• 문제를 모둠별로 풀게 한다. 짝 점검 후에 모둠칠판을 통해 확인하다. 문제 풀이 후 짝끼리 점검하고, 모둠별로 공통 답을 끌어내며 서로 가르쳐 준다. 모둠칠판에 정답을 적어서 확인한다.

	또래 가르치기	• 모둠별로 문제를 해결하도록 한다. 또래 가르치기를 실시한다.
		  ①, ②번 학생은 중상위에 해당, ③, ④, ⑤번 학생은 하위에 해당함
		  – 열심히 참여한 조에는 적절한 보상을 한다.

	이동하면서 가르치기(셋 남고, 하나 가기)	• 학생들에게 활동지에 있는 문제를 풀게 한다.
		  1)번 문제를 1, 4, 7모둠, 2)번 문제를 2, 5, 8모둠, 3)번 문제를 3, 6, 9모둠, 4)번 문제를 10모둠에 주어서 풀게 한 후에, 각 모둠장은 2개 모둠을 돌아다니며 또래 가르치기를 한다. 모둠칠판을 활용한다.
		  – (제한 시간: 4분씩 2회)

정리 및 평가	효과적인 복습으로 정리하기	• 당일 학습한 내용을 확인하기 위하여 넌센스 퀴즈 문제를 풀게 하여 문제를 해결한 모둠에는 칭찬 티켓으로 보상한다.
		  – (제한 시간: 3분)
		  – 당일 배운 내용을 PPT를 통해 정리한다.

	마인드맵으로 정리하기	• 모둠별로 만든 마인드맵에 당일 배운 것을 첨부한다. – 적극적인 모둠에 칭찬 티켓으로 보상하다.

	수준별 문제로 평가하기	• 자신의 수준에 맞게 한 문제를 풀게 한다. 각 모둠의 ③번은 1)번, ④, ⑤번은 2)번 문제, ①번은 3)번 문제, ②번은 4)번 문제를 풀 수 있도록 유도한다.
		  – 문제 해결이 잘 안 되면 모둠에서 해결하거나 교사에게 질문할 수 있다.
		  – 적극적으로 도움을 준 학생에게는 수시로 칭찬 티켓을 준다.
		  – (제한 시간: 3분)
		  – 정답을 확인한다.

강의하지 말고 참여시커라

(2) 이차방정식을 활용한 수업 사례(황금비)

<table>
<tr><td colspan="6" align="center">본시 학습 지도안</td></tr>
<tr><td>단원</td><td colspan="2">Ⅲ. 방정식과 부등식</td><td>소단원</td><td>(2) 이차방정식의 활용(황금비)</td><td>차시</td></tr>
<tr><td>일시</td><td colspan="2">2010.</td><td>반</td><td>1~3반</td><td>교과서</td></tr>
<tr><td rowspan="3" align="center">학습
목표</td><td colspan="5">1. 이차방정식으로 황금비를 구할 수 있다.
2. 생활 속에서 황금비를 발견할 수 있다.
3. 예술에 황금비를 응용할 수 있다.</td></tr>
</table>

단계	수업 흐름	교수-학습 지도안 교사	학생	시간
열기		(학생 발표) 2명이 1인조가 되어 이미지 학습법과 관련된 문제, 수학 퀴즈 등의 문제를 학생들에게 발표한다. (2문제 발표)	문제를 보면서 답한다.	5분
도입	생동감 있는 수업 오프닝	〈전시 학습〉 – 이차방정식 풀이: ① 인수분해 이용 ② 완전제곱식으로 변형 ③ 근이 공식 이용 – 지난 시간에 배운 내용을 포스트잇에 쓰게 한다. – 모둠별로 돌아가면서 발표한다. 〈학습목표 제시〉 학습목표 설명	파워포인트 자료 응시 학습목표를 확실히 안다.	5분
전개	강의식 학생 참여 모둠별 활동	1. (작은 부분) : (큰 부분) = (큰 부분) : (전체) $1 : x = x : x+1$, $x^2 = x+1$ $x = \dfrac{1 \pm \sqrt{5}}{2} = 1 \cdot 618 \cdots$ 식을 풀면 2. 황금비의 어원과 유래 설명 3. 피보나치수열, 황금 사각형 설명 4. 모둠별 활동	파워포인트 자료 응시	37분

단계	수업 흐름	교수-학습 지도안 교사	교수-학습 지도안 학생	시간
전개	모둠별 활동 및 발표	〈모둠별 과제 및 발표 내용〉 - 1모둠: 황금 사각형을 작도하고, 등각 나선(황금 나선)을 그려 보자. - 2모둠: 정오각형을 작도하고, 정오각형에 있는 황금비를 찾고, 황금 사각형이 몇 개인지 구해 보자. - 3모둠: 우리 주변에서 황금 사각형이 적용된 것들을 찾아보고, 황금비로 그려 보자. 만년필 회사의 디자이너라고 생각하고 만년필 뚜껑을 황금비율을 활용해 이차방정식으로 구해 만들어 보자. - 4모둠: 책, 공책, A4용지는 어떤 비율인지 이차방정식으로 구해 보자. - 5모둠: 바다, 산을 배경으로 한 일출 장면을 황금비를 구도로 적용하여 그림을 그려 보자. - 6모둠: 본인의 몸(상하 길이, 얼굴, 손, 이 등)이 황금비로 되어 있는지 짝꿍과 서로 확인해 보자. - 7모둠: 본인이 작곡가라고 생각하고 황금비를 음악에 적용해 5분짜리 음악을 만들 때 클라이맥스가 몇 분쯤에 있는지 이차방정식으로 구해 보자. - 8모둠: 본인의 인생에 황금비를 적용하여 몇 세쯤이 황금 나이이며, 일 년 동안과 하루 동안의 시간에도 황금비를 적용하여 이차방정식으로 구해 보자.		37분
정리	효과적인 수업 클로징 (복습하며정리하기)	- 오늘 학습한 내용을 넌센스 퀴즈 문제로 풀게 하여 문제를 해결한 모둠에는 칭찬 티켓으로 보상한다. (제한 시간: 4분) - 오늘 배운 내용을 PPT를 통해 정리한다. - 모둠별로 만든 마인드맵에 오늘 배운 것을 첨가한다. (제한 시간: 3분) - 적극적인 모둠에 칭찬 티켓으로 보상하다.		5분

강의하지 말고 참여시켜라

(3) 함수의 개념

<table>
<tr><td colspan="7" align="center">본시 학습 지도안</td></tr>
<tr><td>단원</td><td>Ⅲ. 함수</td><td>소단원</td><td>(1) 함수의 뜻과 그래프</td><td>차시</td><td colspan="2">1/17</td></tr>
<tr><td>일시</td><td></td><td>반</td><td>1-3반</td><td>교과서</td><td colspan="2">96~104p</td></tr>
<tr><td colspan="2">학습
목표</td><td colspan="5">1. 함수의 개념과 함수의 사고 및 관계를 알 수 있다.
2. 함수의 그래프를 그릴 수 있다.</td></tr>
<tr><td rowspan="2">단
계</td><td rowspan="2">수업
흐름</td><td colspan="2" align="center">교수-학습 지도안</td><td rowspan="2">시간</td><td colspan="2" rowspan="2">유의점
및 지도
방법</td></tr>
<tr><td align="center">교사</td><td align="center">학생</td></tr>
<tr>
<td>강
의
시
작</td>
<td>모둠별
(학생
참여)</td>
<td>• 영화 '다이하드3'의 수학적 문제
　장면을 보여 주면서 문제를 풀게
　한다.
– 문제) 5갤런짜리 물통과 3갤런짜
　리 물통으로 4갤런짜리 물통을
　만드는 문제
• 깔끄미 장판에 문제를 풀게 하고
　모둠별로 동시에 답을 들게 한다.
• 정답인 모둠에 즉시 보상한다.</td>
<td>영화를 보면서
문제를 푼다.

그룹별로 깔
끄미 장판에
문제 해결 과
정을 기록한
다.</td>
<td>5분</td>
<td colspan="2">4분 안에
문제를 풀
도록 지도
한다.

깔끄미 장
판 준비</td>
</tr>
<tr>
<td>도
입</td>
<td>강의</td>
<td>〈전시 학습〉
• 함수를 왜 어려워할까?
– 여러 가지 추상적인 성질, 정의,
　정리, 일대일 대응, 정의역, 공역,
　치역, 역함수, 합성함수 등등 함수
　의 심오함을 모르고 단순 암기로
　시작
– 충분한 이미지 훈련으로 함수의
　개념과 그래프를 충분히 알자.

〈학습목표 제시〉
• 학습목표 설명</td>
<td>파워포인트 자
료 응시

다 같이 읽는
다.</td>
<td>5분</td>
<td colspan="2">부드럽고
적극적인
분위기
조성

함수의 개
념에 80%
목표를
둔다.</td>
</tr>
</table>

	일제	• 함수의 개념을 이해시키기 위해 일상생활에서 볼 수 있는 자동판매기, 마술 상자 등을 예로 들어 설명한다.	파워포인트 자료 응시	30분	일상생활에서의 함수 개념
	모둠별 (학생 참여)	− 주변에서 볼 수 있는 함수, 함수가 아닌 것, 상수함수, 일대일 대응 등의 예를 생각해서 모둠별로 켄트지에 기록하게 한다. − 모둠별로 다니면서 확인한다.	모둠별로 제한 시간한에 협동하여 기록하게 한다. 잘된 모둠은 발표한다.		켄트지 준비 즉시 보상하기
전개	일제	• 함수적 사고란 무엇인가? 함수적 사고란, 함수적으로 생각하는 것이고, 이는 깊은 수학적 사고를 형성하며, 창조적 아이디어를 만드는 동적인 생각이다.	파워포인트 자료 응시		
	학생 참여	• 규칙성 없는 함수관계와 규칙성 있는 함수관계의 예를 그래프를 통해 보여 줌으로써 함수적 사고의 개념을 이해시킨다.	이미지 학습법		

본시 학습 지도안					
단계	수업 흐름	교수−학습 지도안		시간	유의점 및 지도 방법
		교사	학생		
전개	학생 참여	• 좌표평면을 발견하여 해석기하학을 발전시킨 데카르트에 대하여 모둠별로 발표한다.	발표할 모둠은 그림과 더불어 데카르트에 대해서 발표한다. 프린트 자료를 보고 문제를 선택하여 푼다.	5분	규칙성 없는 함수관계는 함수적 사고를 이해하기 위한 예이고, 수학에서 함수는 규칙성이 있는 것으로 한다. 발표한 학생을 격려한다.
	강의	• 규칙성 없는 함수관계: 성적과 행복, 아빠의 기분과 용돈 등 • 규칙성 있는 함수관계: 통신요금의 예, 호랑이와 토끼, 직사각형의 넓이 • 주변에서 함수적 사고의 사례 찾기 (모둠별로 두 문제씩 풀게 한다.)			
	모둠별 활동	• 우리 주위에서 함수적 사고를 하는 예를 찾아보고 수치화하여 그 래프를 그려 보자(불규칙적인 예).	모둠별로 의논하여 문제를 푼다. 상호 교수하기 문제의 풀이와 정답을 확인한다.		

316

강의하지 말고 참여시켜라

학습 단계		교사	학생 활동	시간	지도상의 유의점
도 입	모둠별 학생 참여	〈상호 교수 방법으로 학습한 내용을 정리하여 풀어 보게 한다. 각 모둠에 두 문제씩 주어서 상호 교수 방식으로 문제를 푼다.	4인으로 구성된 모둠에서 2명씩 상호 교수하여 모르는 문제를 서로에게 가르쳐 주고 배운다. 문제를 모둠별로 공유한다. 파워포인트 자료 응시	10 분	모둠 전체가 모르는 경우에는 교사가 문제를 해결해 준다.
	정리	• 함수의 개념을 다시 한 번 정리한다. • 함수관계 및 함수적 사고에 대해 정리한다. • 함수 그래프를 충분히 그리고 분석하고 이해함을 강조한다. • 먼저 일차함수와 이차함수의 그래프를 능숙하게 그릴 수 있도록 한다.			본시 학습을 정리할 수 있도록 개념 위주로 설명해 준다.
전 개	정리	〈과제〉 1. 일차함수 식과 그래프 그리기 10개 – 기울기와 절편 관계를 통한 관계 익히기 2. 이차함수 식과 그래프 그리기 10개 – 꼭짓점, 절편, 중심축 등을 통한 관계 익히기	과제로 형성평가 문제 풀기 및 그래프 그리기를 한다.		

(4) 전개 부분에서 학생들의 다양한 활동

학습 단계	교사	학생 활동
전 개	• 모둠별로 활동을 잘한 모둠에 스티커를 붙이는데 스티커가 가장 많은 모둠은 끝날 때 상품을 받는다고 알려 준다. • 모둠별로 가위바위보를 하여 이긴 학생의 오른쪽에 앉은 학생을 오늘의 모둠 도우미로 정한다. • 합의 법칙을 설명한다. • 합의 법칙 또는 곱의 법칙으로 풀 수 있는 유인물을 나누어 준다.	• 모둠별로 가위바위보를 하여 이긴 학생을 한 명 뽑는다. • 모둠별로 이긴 학생의 오른쪽에 앉은 학생이 그 모둠의 도우미가 된다.

전개		

전
개

- 모둠별로 교과서 등을 찾아보면서 합의 법칙이 무엇인지 토론하고, 교과서와 유인물에서 합의 법칙으로 풀 수 있는 문제를 찾아본다(제한 시간 : 3분).
- 모둠별로 의논하여 합의 법칙에 관한 문제를 켄트지에 쓰도록 한다(제한 시간: 4분). 모둠원들이 모두 함께 켄트지에 문제를 써도 되며, 질보다는 양으로 승부한다고 말해 준다.
- "그만"이라고 외치면 도우미는 켄트지를 가지고 앞으로 나온다(이때 가장 늦게 가지고 나온 모둠은 탈락이다).
- 가장 많이 쓴 모둠의 문제를 다른 모둠의 학생이 합의 법칙에 관한 문제인지 확인한다.
- 가장 많은 문제를 낸 모둠은 모둠장이 스티커를 한 장 붙인다.

- 켄트지에 쓴 합의 법칙 문제를 모둠별로 바꾸어 3문제를 선택한 다음 함께 풀도록 한다. 가장 먼저 푼 모둠에는 스티커를 붙여 주기로 한다.
- 가장 먼저 푼 모둠은 문제를 교실 앞으로 가져와서 다 함께 풀어 본다.
- 다 맞혔으면 스티커를 2장 주고, 틀렸으면, 스티커를 1장만 준다.
- 다른 모둠 학생들도 문제를 다 풀면, 문제를 낸 모둠에 돌려주어 채점하도록 한다.

- 스티커를 받지 않은 모둠의 문제들도 다른 모둠들이 채점한다. 문제를 틀리게 푼 모둠을 발견한 모둠에도 스티커를 주고, 문제를 다 맞힌 모둠에도 스티커를 준다고 말한다.

- 합의 법칙이 무엇인지, 어떤 문제들이 있는지 교과서와 유인물을 찾아보면서 토론한다(제한 시간: 3분).
- 모둠별로 합의 법칙에 대한 문제를 낼 때 교과서 또는 유인물 문제를 사용하거나, 그냥 생각해서 문제를 만들어 켄트지에 쓴다(제한 시간: 4분).

- 모둠별로 합의 법칙에 대한 문제를 낼 때 교과서 또는 유인물 문제를 사용하거나, 그냥 생각해서 문제를 만들어 켄트지에 쓴다(제한 시간: 4분).
- 문제를 다 내면 도우미가 켄트지를 가지고 앞으로 나간다.
- 모둠 학생들은 다른 모둠에서 낸 문제가 합의 법칙에 대한 문제인지 검토한다.
- 가장 빨리 정확하게 문제를 낸 모둠에 스티커를 붙이고, 합의 법칙이 아닌 문제를 발견한 모둠에도 스티커를 붙인다.

- 켄트지에 있는 문제 3개를 선택하여 모둠별로 함께 푼다.

- 가장 먼저 3문제를 푼 모둠의 문제를 다 함께 풀어 본다.
- 다 맞았으면 스티커를 2장 붙인다.

- 자기 모둠에서 낸 문제를 푼 것을 돌려받아 채점한 후, 돌려준다.

- 스티커를 받지 않은 모둠의 문제들도 다른 모둠들이 채점한다. 문제를 틀리게 푼 모둠을 발견한 모둠에도 스티커를 주고, 문제를 다 맞힌 모둠에도 스티커를 준다고 말한다.

- 합의 법칙으로 문제를 풀지 않거나, 틀리게 푼 문제를 발견한 모둠, 3문제를 모두 맞힌 모둠에 스티커를 붙인다.

- 자기 모둠에서 푼 문제를 학생이 나와서 설명하면 스티커를 주겠다고 말한다(혹시 답이 틀리더라도 발표하면 스티커를 주겠다고 한다).

- 합의 법칙을 활용하지 않고 문제를 낸 모둠을 발견한 모둠과 문제를 틀리게 푼 모둠을 발견한 모둠은 스티커를 받는다.

- 3문제를 모두 맞힌 모둠도 스티커를 받는다.
- 나와서 문제를 설명한 모둠도 스티커를 받는다.

참여수업을 위한
수업 아이디어

추가로 네이버 참여수업연구회(독수리연구회, 독수리는 '독창적인 수업원리'의 약어) 카페http://cafe.naver.com/doksurifive에서 발췌한 수업 아이디어를 몇 가지 소개하고자 한다.

전시학습을 상기시키는 방법으로
5단계 OX퀴즈(4단계로 진행해도 무방)

– 김은조(분당 정보산업고등학교 상업정보)

방법 : 교사가 사전에 5단계로 ○, ×판을 만든다.

- 1단계에는 ○, ×가 각 1개
- 2단계에는 ○에도 ○, ×가 각 1개, ×에도 ○, ×가 각 1개, 즉 4개의 ○, ×가 존재
- 3단계에는 ○, ×의 개수가 8개
- 4단계에는 ○, ×의 개수가 16개
- 5단계에는 ○, ×의 개수가 32개

○, ×아래쪽에 동물이나 식물 이름을 적어서 마지막까지 모두 진행시키면서 5단계까지 모두 맞아야 해당 동물의 이름과 일치하게 하는 게임이다.

전시학습에 했던 수업 내용을 퀴즈로 1단계부터 5단계까지 문제를 주고 서로 의논해서 답을 찾아가도록 한다.

이 활동은 모둠으로 주로 진행을 하고 모둠별로 의논해서 답을 정하도록 하면 좋다(옆의 모둠학생들에게 답이 공개되지 않도록 주의를 줌).

학기 초 수업 일지

— 이문행(한양공업고등학교 수학)

1. 첫 시간 수업 일지

① 팀별 협력학습의 필요성을 강조한다(혼자가 아니라 함께의 중요성을 예를 들어 설득함).

② 팀을 만든다. 종이에 1을 4개(1팀), 2를 4개(2팀)··· 7을 4개(7팀), 총 28장을 접어 바구니(보조가방)에 넣고 흔들어 학생들에게 1개씩 뽑도록 하여 7개 팀을 구성한다.

③ 감성출석부를 만든다(A4용지를 4등분하고 왼쪽상단에 구멍에 고리로 연결함).

1) 애칭/별명

2) 자기를 나타낼 수 있는 형용사 3개 이상 기록함.

3) 희망이나 꿈을 기록함(진학/취업)

4) 취미/특기

5) 연락처

6) e—mail

7) 주소(동까지)

8) 교사, 담임,부모님에게 하고싶은 말

④ 작성 후 짝끼리 서로 자기소개를 하고, 분단별로 가위, 바위, 보(가위:1, 바위:2, 보:5)로 명함 빼앗기의 게임으로 연결하여 한 분단에 1명씩 대표로 다시 가위, 바위, 보로 한 후 한 사람으로 모아 받는다. 이긴 학생과 분단에 보상을 한다.

⑤ 팀 내에 이끔짱, 기록짱, 칭찬짱, 나눔짱을 팀별로 뽑게 하고 짱별 역할을 부여한다. 나눔짱에게 팀통장과 개별통장(활동 기록지)를 나누어 분배한다.

⑥ 팀 이름을 만들게 하고 팀장이 이름에 의미를 발표하여 최고의 팀 이름을 뽑는다. 한 시간 정신없이 보내면서 학생들은 모두 재미있다고 박수를 보낸다. 수업을 마칠 때는 항상 박수로 마친다.

2. 1, 2차시 수업

① '학생이 교사에게 바란다.'

이 주제를 팀별로 '기록짱'이 기록하게 하고, 다른 짱이 말하게 하였다 (시간 3분).

재미있는 내용으로는 '매점 신설(학교 매점이 없음)', '뽀뽀해주세요', 용돈주세요', '○○이는 관심 갖지 마세요', '팬티 입고 수업해주세요' 등등이 나왔다.

− 많이 기록한 팀 1·2등에게는 행복통장 3만원 입금(도장 1개에 만원), 3·4등에게는 2개, 5·6·7등에게는 1개

− 팀별로 꼭!! 바라는 것을 3개씩 기록짱이 불러주면 칠판에 기록함(모두 나누기).

− 눈을 감게 하여 꼭!! 필요한 것 기록한 팀에게 2번까지 손을 들어 몇 표를 얻었는지 경쟁하게 하였음(보상은 사탕).

최고 많이 기록한 팀이 67개 정도. 모두를 열심히 하고 재미있었다고 함

② '교사가 학생에게 바란다(수학교사, 담임, 부모님).'

　앞과 같은 방법으로 이 주제에 대하여 기록하게 하고 보상하였음.

　재미있는 내용은 '죽지말아라', '자위하지 마라', '자해하지마라' 등등.

③ 학습에 관한 이야기를 하면서 박수로 마무리한다.

　4차시부터 수업에 대한 이야기가 펼쳐집니다.

3. 3차시 수업

① 팀별로 모이도록 함(뒷 책상은 그대로, 앞 책상 두 개만 옆으로 돌리면 팀 형태가 됨).

② 활동지를 먼저 나누어줌(나눔짱에게 나누어 주도록 임무를 줌).

③ 교과서에서 1차로 초성 찾기를 한다(다한 팀은 마침박수 '팀원이 손을 옆으로 들어 짝짝짝'). 그리고 팀별 통장에 입금해준다. 3문항은 도장 3개(3만 원).

④ 오늘 학습목표 및 배울 내용을 간단히 설명한다(10분 이내).

⑤ 학생들에게 개인학습을 유도한다(6분).

⑥ 짝끼리 미진한 부분을 협력하여 해결하게 한다(3분).

⑦ 팀 내에서 해결이 어려우면 손을 들어 표시하면 교사가 가르친다(5분).

⑧ 학생들 문제 만들기(3분) – 숫자만 바꾸게 한다.

⑨ 어깨짝과 바꾸어 풀기(3분).

⑩ 답을 확인하고 채점한다(2분).

⑪ 친구에게 칭찬 한마디~~~

⑫ 다음 차시 설명하고 박수로 마친다.

생동감이 있는 학기 초 수업

– 양민욱(안산 광덕고등학교 수학)

2차시는 '모둠 이름', '모둠 구호', '선생님께 바란다', '선생님이 바란다'등을 실시했다. 그리고 3차시부터 처음 진도를 나갔다. 참고로 고등학교 2학년 문과 2학기 수열부터 진도를 진행하는 경우였다.

① 도입(12')

　– 먼저 학생들과 모둠구호 파도타기와 수열관련 수학퀴즈로 워밍업. (3')

　– 학습피라미드를 이용해 '가르치기 학습'의 유용성에 대해 설명, 모

둠별로 멘토–멘티조와 각 모둠별 학습짱을 정함. (3')

- 모둠별로 지난 시간에 배운 내용을 모둠칠판에 작성(양이 많은 모둠, 발표 잘하는 모둠에게 칭찬도장).

- 다 발표하고 난 후, PPT로 다시 한번 정리. (4')

- 학생들 각자의 노트에 학습목표 작성. (2')

② 전개(30' 30")

- PPT를 이용하여 전체 학생에게 발문(단계별 초콜릿 문제). (1' 30")

- 단계별 초콜릿 문제를 보고 패턴 찾기(모둠별 브레인스토밍 활동). (8')

- 강의와 적절한 발문을 이용한 개념 설명(수열, 항, 일반항, 유한수열, 무한수열의 뜻). (5')

- 또래 가르치기 활동을 이용하여 학습짱이 나머지 모둠원들에게 다시 한번 더 개념 설명 & 기본문제해결. (7')

- 짝점검 활동(멘토–멘티) 이용(개념 정리 및 기본 문제 연습). (9')

③ 정리 및 평가(7' 30")

- 각자 교과서 훑어보며 밑줄 긋고 정리하기. (2')

- 수열관련 수학퀴즈문제(모둠별로 생각할 시간 주기). (5' 30")

과학에서의 수업 아이디어

– 수니(과학과)

① 오프닝opening

– 점심 식사 후 식곤증에 시달리는 영혼을 위하여 전시 학습한 '구름의
　형성 원리'를 활용한 '과학송'으로 간단 체조. 졸음 털어내기.

　"공기 상승 상승~~~ 부피 팽창 온도 하강 이슬점 이하 수증기 응결(구름 구름)"

– 본시 학습 확인하기.

② 수업 마무리closing

– 본시 학습 정리 : 마음을 차분히 눈으로만

　"오늘 수업 정리를 온몸으로 느껴봐~"

　"한랭전선 허리를 둥글게, 구름 높이, 소나기 주룩주룩, 빨리빨리, 아이 추워라"

　"온난전선 팔을 쭉~~~ 뻗고, 구름 옆으로, 이슬비, 보슬비, 천천히, 아유 더워~"

③ 복습review

– 수업 직후 쉬는 시간에 순간 복습

– 지난 시간에 배운 것은 온 몸으로 복습(동영상을 보면서).

스팟 기법 활용하기

- 별꽃

1. 스팟 활용

수업 중간에 주위환기 또는 수업 끝에 남은 2~3분 자투리 시간에 하면 좋다.

> 교사 : 선생님을 이겨라 가위바위보(선생님도 손을 높이 들고)
>
> 학생 : (반 전체 손을 높이 들고 이긴 학생만 남는다)
>
> 교사 : 선생님을 이겨라 가위바위보
>
> 학생 : (반 전체 손을 높이 들고 이긴 학생만 남는다)

마지막 남은 학생에게는 사탕을 준다.

이를 응용하여 필요 학생 수만큼 뽑아 해야 할 일이 있을 때는 예를 들어 '5명이 남을 때까지 선생님을 이겨라 가위바위보로 활용하면 좋다. 시키는 것보다 게임하듯 선택되면 즐겁게 참여한다.

2. 수업 마무리, 복습

① 한 목소리로 말하기

– 제일 중요한 단어, 또는 문장을 찾아서 조별로 한 목소리로 말한다.

② 칭스(칭찬 스티커) 반전
- 넌센스 퀴즈나 수업중요 내용을 질문한다.
- 답을 맞춘 학생은 그동안 쌓였던 다른 조의 칭찬스티커를 정해진 개수 만큼 빼거나 뻥 터트려 0점으로 만들 수 있다.

국어과에서의 수업 아이디어

- 짱잼난국어(국어과)

쉬는 시간 동안 자고 있던 아이들을 조별로 앉게 했다. 그런데 조별로 이동하라는 이야기에 조별로 앉기는 했지만 여전히 잠을 깨지 않아 하는 아이들이 있다. 이런 모습들이 대부분인 학교에서 아이들을 깨우고 수업에 동참하게 하는 방법으로 생각한 것이 '눈치 게임'이다.

① 조별로 앉아 있거나 누워있던 아이들 앞에 서서 교사가 먼저 들어가자 마자 "1"하고 외치면 누군가가 "2"를 외치고, 그러다 보면 아이들은 술래가 되지 않기 위해 잠을 깨며 일어난다.
② 술래가 잡히기 전에 조원이 모두 번호를 외치고 일어서 있으면 상점을 개별 1점씩 준다.
③ 술래가 나오는 조는 앉아서 지난 시간 배운 내용에 대한 발표 준비를 한다.
④ 그렇게 해서 아이들이 잠이 다 깨고 수업 준비가 되면 수업을 즐겁게

시작한다.

1. 「귓속말 게임」

① 조별로 앉아서 각 조원이 순서를 매긴다.

② 순서대로 교탁으로 나와서 젠가를 한다. 나무 토막을 빼내다가 무너 뜨리면 자신의 조로 돌아가 오늘 배웠던 내용 중 원하는 부분의 내용 을 복습하는 형태로 요점 정리 및 마인드 맵 등의 자유로운 형태로 발 표 준비를 하게 한다.

③ 끝까지 해서 한 조가 남을 때까지 젠가를 하고 실패하게 되는 조는 복 습 내용 발표 준비를 한다.

④ 끝까지 남은 조는 상점과 상품을 받게 되고. 발표할 내용에 대한 준비 를 잘하거나 좋은 경우 상점을 받게 된다.

젠가를 할 때 넘치는 스릴 때문에 아이들은 자기 조원이 젠가를 할 때 긴 장을 하고, 성공했을 때 함께 기뻐하고, 개인이 나와서 젠가를 할 때는 무 서운 집중력을 보여줬다. 요즘은 자꾸만 젠가하자고 하는 아이들을 다른 걸 하자고 달랠 정도다.

2. 「규칙 정하기」

① 질문이 끝나는 동시에 조원 중 반드시 한 명만 일어나야 합니다.

② 한 번도 일어나지 않은 경우(질문에 해당하지 않는 학생이 있는 경우) 인 원 수만큼 벌점이 주어집니다.

빙고 게임 및 간단한 토론

1. 「단원이 끝날 때 단원의 주제와 관련된 빙고 게임」

　① 첫 문제는 교사가 내고 나머지 문제부터는 문제를 맞춘 사람이 내는 형식.

　② 문제를 맞추려는 사람은 자신의 이름 2글자를 외치며 손을 들며 일어난다.

　③ 지나치게 소란스러울 경우 문제를 맞추는 기회를 분단별로 돌아가면서 한다.

　④ 빙고 모양은 미리 예고하지 않고 시작 전에 다양한 모양으로. ㄱ, ㄴ, ㄷ, ㄹ 등등….

2. 「2가지 견해에 대한 생각을 다루는 내용 수업시 포스트잇 활용」

　① 적절한 사례를 주고 어느 한쪽의 의견을 정하여 몇 가지 질문에 모둠별 또는 개인별 자신의 의견을 쓴다.

　② 종이는 양면 색종이를 활용하여 찬성과 반대에 정해진 색깔에 자신의 의견을 쓴다.

　③ 칠판에 찬성이나 반대 의견 중 해당부분에 붙인다.

　④ 단, 붙이기전 친구들의 의견을 읽어보고 비슷한 의견이면 먼저 붙인 친구의 의견 아래에다가 붙인다.

⑤ 시간이 없어 발표가 부족하면 다음시간 오프닝에 정리해 줘도 잘 듣
는다.

참여하는 복습하기

-bang70

수업 내용을 마치고 시험을 대비하여 복습할 때 사용한 방법이다.

① 문제를 파워포인트로 만든다(주관식, 객관식 포함).

② 학생들을 앉은 자리에서 4명씩 모둠을 구성한다.

③ 모둠별로 1, 2, 3, 4번 위치를 정해준다.

④ 각 모둠별 1번은 1분단, 2번은 2분단, 3번은 3분단, 4번은 4분단으로
앉게 한다.

⑤ 자리이동이 끝나면 규칙을 알려준다.

⑥ 가장 점수가 높은 모둠에게 사탕을 준다.

⑦ 주관식은 가장 먼저 손을 든 학생에게 기회를 주고 맞히면 모둠점수
를 준다.

⑧ 각 문제에 대한 답은 손가락으로 번호 표시를 한다.

⑨ 틀리면 뒤로 나가 서서 연속으로 2번 문제를 맞추면 다시 자리로 들어
온다(패자부활 단계).

⑩ 문제가 모두 끝나면 점수계산을 한 후 보상한다.

패자부활 단계가 있어 아이들이 틀려서 뒤로 나가도 생동감 있게 참여한
다.

물레방아 수업

– 황정미(목포 애향중학교 수학과)

우리 반은 학급이 35명인 관계로 4인 1조 형태의 모둠이 9모둠 만들어진
다. 배치는 멘토–멘티로 구성된 협동학습 자리 배치다.

단원 마무리 단계에서 익힘책에서 완전학습이 되지 않은 문제를 9문제를
고른 다음(반 전체), 9문제를 가위바위보를 하여 한 문제(모둠원들의 희망을
가지고 이끔이들이 가위바위보)를 고른다.

선택된 한 문제만 철저히 공부해 온다(전 시간에 문제 결정함). 그리고 A4
용지에 색연필 등으로 식이나 그림을 준비한다(4명 모두 똑 같은 문제).

① 4명이서 1-2-3-4 순서나 자신있는 순서대로 5분안에 설명 하도록
  한다(전 시간에 결정된 한 문제).
② 4명 중에서 설명자를 지명한다(칭찬스티커가 제일 적은 학생을 몰아주기
  도 함. 가끔은 서로 설명하려고도 함).
③ 선택된 설명자는 물레방아처럼 1-2-3-4-5-6-7-8-9-1순서로 자
  리를 이동한다(교사의 지시에 따라서 이동–소란스러움을 잠재울 수 있음).
④ 설명자가 자기네 문제를 설명한 후 이동된 모둠원의 임의의 학생에게

자신이 설명한 문제를 다시 재설명을 요구한다(설명자네 문제 2번 반복).

⑤ 이동하는 설명자를 위해 현 모둠원 중 한 학생(설명자가 바뀔때마다 바 뀜)이 현 모둠이 준비한 문제를 설명한다.

(결과적으로 이동한 설명자는 한 번 설명, 현 모둠의 학생들은 2명이 각기 다른 문 제를 설명하게 된다. 설명자는 문제를 2번 듣고 자기네 모둠 문제 1번을 듣게된다.)

⑥ 교사는 그 과정을 타이머를 이용하여 통괄하고 3분씩 8번 반복한다. 설명을 듣는 태도가 좋거나 호응이 좋은 모둠과 개인을 스티커로 평 가한다(칠판에 진행 상황을 게시하여 학생들이 실시간 볼 수 있도록 함. 독 려 효과 있음).

⑦ 8번의 이동 후 설명자는 모둠을 평가하고 자리이동을 하지 않은 학생 들은 설명자를 평가하게 하여 종합한다. 그대로 수행평가에 적용한다 (학생 스스로 평가하도록 함. 호응이 좋고 꽤 믿을 만함).

5개 반중에 3명 정도만 입을 다물고 설명을 거부하는 편이고 대부분의 학생들은 모방이라도 해서 활기가 있는 수업이다(모든 학생이 적어도 2번은 설명하게 됨). 다소 어수선하고 무질서할 것 같지만 꽤 진지하고 학생들이 좋아하는 수업이다. 여기서 주의할 점은 설명자의 목소리 톤이 다른 모둠 에 들리지 않게 지도해야 한다는 점이다. 다만 모든 수업에 적용하기에는 시간이 부족하다.

이 도서의 국립중앙도서관 출판예정도서목록(CIP)은 서지정보유통지원시스템 홈페이지
(http://seoji.nl.go.kr)와 국가자료공동목록시스템(http://www.nl.go.kr/kolisnet)에서 이용
하실 수 있습니다.(CIP제어번호: CIP2015031206)

강의하지 말고 참여시켜라
— 마음을 움직이는 감동의 수업여행

2015년 11월 25일 초판 1쇄 발행
2019년 6월 17일 초판 4쇄 발행

지은이 │ 권순현
펴낸이 │ 이형세
인쇄 · 제본 │ 두성 P&L
펴낸곳 │ 테크빌교육(주)
주소 │ 서울시 강남구 주소 서울시 강남구 언주로 551, 8층(역삼동, 프라자빌딩)
전화 │ 02-3442-7783(333)
팩스 │ 02-3442-7793
ISBN │ 978-89-93879-77-3
정가 │ 15,000원